高等学校经贸类专业教学改革与应用研究

吴飞霞 著

中国纺织出版社

图书在版编目（CIP）数据

高等学校经贸类专业教学改革与应用研究 / 吴飞霞著 . -- 北京 : 中国纺织出版社 , 2018.1
ISBN 978-7-5180-3787-2

Ⅰ . ①高… Ⅱ . ①吴… Ⅲ . ①经济管理—教学改革—高等学校 Ⅳ . ① F2

中国版本图书馆 CIP 数据核字 (2017) 第 158558 号

责任编辑： 汤　浩　　　　**责任印制：** 储志伟

中国纺织出版社出版发行
地　　址： 北京市朝阳区百子湾东里 A407 号楼　　**邮政编码：** 100124
销售电话： 010-67004422　　**传真：** 010-87155801
http: //www . c-textilep. com
E-mail: faxing@c-textilep. com
中国纺织出版社天猫旗舰店
官方微博 http : //weibo. com/2119887771
北京虎彩文化传播有限公司　各地新华书店经销
2018 年 1 月第 1 版第 1 次印刷
开　　本： 787 × 1092　1/16　　**印张：** 19.875
字　　数： 320 千字　　**定价：** 79.50 元

凡购买本书，如有缺页、倒页、脱页，由本社图书营销中心调换

前言

PREFACE

本书是作者完成福建省精品资源共享课（创新创业教育与专业教育融合类）项目《国际贸易实务》、福建省创新创业教育改革项目《国际经济与贸易专业创新创业教育改革试点》，及校教学改革项目《“互联网 +”时代国际贸易专业应用型人才培养新模式探索》的阶段性成果，也是作者多年来一线课堂教学和社会实践的心得汇集。全书就高等学校经贸类专业的教育教学改革展开论述，在高等教育大众化和创新创业教育改革的大背景下，强调以实践检验真理，注重教改措施的实际应用。并呼吁教育改革应顺应“互联网 +”时代的发展要求，多种教育形式相结合，各个高校在加强合作运用 MOOC（大型开放式网络课程）来处理大众的互动和回应的同时，利用 SPOC（小规模限制性在线课程）进行深度的教育模式改革。结合地方高校转型发展研究了应用型本科院校经贸类专业教学改革的实践，以福建师范大学福清分校国际经济与贸易专业改革及《国际贸易实务》课程改革为例，对应用技术型高校创新创业人才的培养进行了深入的探讨。

目录

CONTENTS

第一章

教学改革

党的十八大强调，高校要把“立德树人”作为教育的根本任务，重视“培养学生社会责任感、创新精神、实践能力”。十八届三中全会进一步强调，要“全面深化教育领域综合改革”“推动高等教育内涵式发展”。十八大和十八届三中全会的精神，为我国新时期的高等教育改革和发展指明了新的方向，对全面深化教育领域综合改革做出了战略部署。在深化高等教育教学改革的大背景下，分析我国高等教育教学改革中的变与不变，是对当前我国高等教育面临的机遇与挑战的重新审视。

第一节 教学改革的背景与意义

21世纪，我国社会主义现代化建设已进入新的阶段，随着知识经济和全球化浪潮席卷而来，国际竞争空前激烈，紧迫而严峻的挑战凸现在我们的国家和民族面前。国家间竞争的主要表现形式是综合国力的竞争，综合国力的竞争关键在于科学技术的不断创新与发展，其实质是人才的竞争，而不断提高大学教育教学质量是培养高素质人才资源队伍的根本途径。自20世纪80年代末我国高等教育开始实施扩招政策以来，大学教育教学质量滑坡的倾向也伴随着高等教育规模的飞速发展而日益凸显。

在大学内部，我们的教学思想、教学内容、课程结构、教学模式、教学方法和手段等仍相对陈旧落后，这一系列的因素直接导致了大学教育教学质量不同程度的下降。大学教学改革，是高等教育改革的核心，是全面提高大学教育教学质量的根本途径和有效手段，它涉及学校新的教学思想、理念的树立，教学目标、目的的重构以及教学过程与教学方法的探索等方面。大学教育教学质量问题的日益显现，迫使大学教学改革不得不提到议事日程上来，其重要性和紧迫性已受到高度的关注。北京金海湖会议的召开，标志着提高高等教育教学质量的改革已成为我国高等教育改革的中心。

国家和教育部相继制定、出台了一系列推动和深化大学教学改革从教学内容与课程着手，提高教育教学质量的方针、政策，启动、实施了一系列提高高等教育教学质量的“质量工程”，如重点学科建设、精品课程建设、品牌专业建设、精品教材建设和教育部“十一五”规划教材建设以及国家教学名师奖励计划等省级教育行政部门负责组织落实与政策经费的配套。各高校则是具体组织实施的主体，有关教育教学理念与教育教学实践的思想论战率先开展起来，遍布各大高校，大学教学改革的具体实施方案相继出台并轰轰烈烈地在神州大地上推广开来，我国又掀起了一个大学教学改革的新高潮，即启动和实施了“高等学校本科教学质量与教学改革工程”，各个大学纷纷针对各自学校本科教学中存在的问题制定出相应的改革方案，继续推进教学改革。而这些自上而下以行政为主的教学改革尽管经历了十几年，成效却仍不是很大。

目前，人才培养模式仍然是重视知识的传授与智力的培养，课程体系与教学内容的改革无非也只是数量上有所变化，相近的学科内容和课程有所删减与合并而已，教学方法与教学手段的改革也大多流于形式，缺乏广大教师的积极参与，教学观念上仍然没有实质性的突破。面对教学上的这种举足不前的现状，我们应该考虑从深层次上、从文化底蕴和思维方式上探寻大学教学改革的出路，追溯和解构支撑传统教学的文化根源，重塑和建构传统教学所赖以支持的教育观念与思维框架。

一、何为教学改革

在我们的传统教育中，有着很多的优良传统，诸如两千年来中国教育中一直坚持的“有教无类”“因材施教”“温故知新”等等，这些都是经过无数代教师的实践而得出的真知灼见。唐代大文学家韩愈在“师说”里所论述的“传道、授业、解惑”，仍然是教育过程中必须遵循的“真理”。但我们同时要看到，时代在发展，社会在前进，在“知识爆炸”的今天，知识更新的速度不断加快，用新的教学方法、新的教学理念来补充、完善传统的教学方法和理念是社会发展对学校教育提出的新要求，大势所趋，时代使然。比如说，在新的教学方法中，应用“计算机辅助教学”在单位时间里为学生提供传统教育模式所不能达到的大量信息、知识，避免了传统教育模式中的死记硬背；传统教育中经常出现的“满堂灌”的教学方法为灵活多变的多媒体教学所替代。教学改革中大容量的知识信息与现代生活密切相关联的新观念，提供了在21世纪学校里学生对新知识的需求，所有这些都是教学改革的特点。

(一) 广义上的教学改革

我国学校教育实践领域的突出现象是：教学改革频繁不断，凡说到教学和教学质量，必言教学改革。改革已非教学工作的例外事态，而是日益成为学校工作的常态，“成为教育改革中备受关注的主题”。然而与教学改革实践日益热络的情势形成强烈对比的却是门庭冷落的教学改革理论。教学改革几乎在所有现行的教学论、教育学和教育管理学教科书中都没有专门的界定和解释，在诸多一般工具书和教育类工具书中也找不到对应的词条。教学改革若总是停留在直观的经验层面，而缺少理论层面的概念把握，将有可能流于盲目和散碎。教学改革在我国教育实践领域，一直是作为解决教学问题而使用的具有正面价值的概念，因此对教学改革的一些关键属性进行分析确认，提升到理论概念层面，对于把教学改革这一好事做正确，是很有意义的。基于此种考虑，着眼于教学改革的关键性质，对教学改革是什么进行一些理论解读和提升工作，无疑是很有必要的。

教学改革是教学方式去旧立新的过程，教学改革是一种目的导向性行为。我们发现自我国实施班级授课制以来，历史上在“教学改革”话语下采取的行动都是在两个基本目标的导向下展开的：一是提高教学质量，即变革不适合学生全面发展的教学方式，创造或选择适合学生发展的教学方式，使每个学生的各项基本素质全面发展，个性潜质得到开发彰显；二是提高教学效率，即减少或降低单位时间里，对学生发展无效或低效的教学要素及其作用，优化教学条件和教学过程，使它们在规定时间里最大限度地发挥促进学生发展的作用。因此教学改革就是以提高教学质量和效率为目的，改变不适合学生发展要求的教学方式，以新的更有效的教学方式影响学生发展的过程。

在教学改革概念中，“教学方式”是一个表示怎样教学的概念，是教学改革的对象。它包括教的方式、学的方式，也包括教与学的互动方式；既包括现实的方式，也包括可能的方式。可将其理解为“教学活动中各种相关因素在所有可能组合中所表现出的不同特征的总和”。教学是由教师、学生、教学目标、教学内容、课程设置、教学方法、教学手段、教学过程、教学条件、教学环境等诸多要素组成的复杂系统，在这个系统中，各种因素是相互关联、相互制约的，任何一个因素的改变都将使教学在整体方面表现出一种新的活动方式。

例如，以应用某种方法为特征的教学活动、以安排实施某种课程为特征的教学活动、以采用某种技术为特征的教学活动等等，都可以认为是不同的教学方式。因此，教学改革的内涵，从“改什么”的一般意义上讲，就是教学方式的去旧立新。教学活动中不论是教学内容、教学方法、教学手段、教学目标、教学结构、教学管理等单一项目的改革，还是教学系统整体模式的改革，都可以看做是教学方式的改革。以教学改革的基本界定为前提，可以得到四个推论：一是教学改革作为一种目标导向性行为，必然具有某种预定的目标状态或方式，因而教学改革所要达到的状态或可能方式主要取决于教学的目标。二是教学改革总是针对问题而发生的行为。所谓教学问题就是教学的现实状态与目标状态的差距，而教学改革就是将教学由现实状态转化为目标状态，以达到问题解决的过程。由于没有问题的教学是不存在的，因而任何教学都具有进行改革的必要性。而解决教学问题的必要性，决定了教学改革必然是一个需要长期进行和循环往复的过程。三是教学改革中各种因素是相互关联的，而教学改革就是处理或理顺各种相关的教学内外因素关系的过程。因而在进行教学改革时，要动员和充分利用有助于改革的一切知识和观点。四是教学改革总是处在走向未来的过程之中，而未来总是存在不确定性，因而改革在方法、手段、目的等方面都是可变的，具有动态性，必须根据信息反馈，灵活地采取改革行动。

教学是学校通过教师教与学生学的双边互动方式，指导和帮助学生学习，促进学生发展的过程。因而，我们可以在学习论视阈下，把教学看成是一种学习方式，即一种与自主型学习相区别的外导型学习。在这种学习中，教以学为前提，“教一学”的主体必然是有着学习需要的学生，教学的目的是促进学生发展，使学生“成人”——成为能够适应社会环境、为社会所需，能对社会作出贡献并能创造个人幸福的人。

学校通过教学要把学生培养成什么样的人，是由社会对人的要求决定的。社会在变革，经济在发展，科技在进步，文化在更新，使得社会对人的要求总是处在变化之中。学校面对动态的、变化不断而又必须去适应的环境，唯有不断地进行教学改革，不断地优化教学系统，保证教学指导学习的有效性，使培养出的人才为社会所需，教学才能赢得社会的承认和支持，才能体现出它应有的存在价值。

在传统的教学管理理论和实践中，稳定和秩序被认为是教学的常态，改革是例外；而对于一个社会急剧变化、经济高速发展的历史时代来说，如主要通过知识的生产、分配和使用来促进经济社会发展的知识经济时代，随着知识更新速度的日益加快，终身学习需求的不断增长，而导致的教学在适应性方面的问题日益增多，使得改革越来越成为教学的常态。在此种境遇下，学校如果不能不断调整教学目标、更新教学内容、变革教学方法、改进教学手段，教学将失去促进学生学习的有效性，其结果是学生将有可能脱离学校寻求更为有效的学习方式(事实上这种“教—学”分离现象已经出现)，“以教促学、以教助学”的原创教学内涵也将失去意义。因此唯有根据时代的变化、社会的发展，不断地进行教学改革，保持教学环境常新，教学才具有生命力。“变则通，通则存”，改革赋予教学以存在的意义或理由，是时代变革和学生发展对教学下达的“绝对命令”，对于教学的实存具有性命攸关的根本性意义，因此改革是教学生存的法则。

教学改革是人的全面发展的必然要求，教学改革作为目标导向行为，它的实质内涵是以学生的全面发展为目标，积极地改变或调整现实教学活动诸要素的存在状态、构成方式及其过程模式，使教学这一育人途径变得更适合学生发展，使培养出的毕业生更适合社会需要。

人的全面发展是教育追求的最终目的，是衡量学校人才培养质量的标准。人类之所以要设立专门的教育机构，组织专门的教学活动，其必要性和可能性在于人需要并能够通过教学来发展自己，而教学“能够比其他方式提供更充分、更有效的学习条件和程序”，能够促进学生全面发展，使他们成为社会所需要的成员。但是可能并不等于现实，应该有效并不等于事实有效。例如在学生的全面发展方面，现实中的教学就没有体现出它应有的有效性和充分性。长期以来，在应试教育的导向下，学校教学始终存在着用单一的教学目标及教学方式把完整的人分割开来进行“训练”的倾向，在教学内容及实施方面偏重智育，忽视德、体、美、劳等素质的培养，在学科教学中只重视知识灌输，忽视智力开发和情、意的发展；传统教育的课堂教学形式具有很大的局限性，课堂中心、教材中心、教师中心约束着教学活动，在使之标准化、同步化的同时也一统化了学生的学习，无法充分实现因材施教，不利于学生主动学习和个性的发展。

教学是学校育人的基本途径，当然也是实现全面发展的途径，“途径”出了问题，社会及国家从培养全面发展的人的需要出发，必然要求进行教学改革。事实上，“全面发展”也是我国教育教学改革实践一直追求的目标。纵观20世纪80年代以来至今，我国教育教学改革经历了从单项、单科教学改革到实施整体育人方案，再到实施素质教育和新一轮教育课程改革的深化历程。在这一历史过程中，一方面国家先后出台了一系列有关教育教学改革文件，以全面发展的教育方针为指导，大力推进教育教学改革。另一方面，全国各地广大教育工作者也以全面发展为指导，积极进行教育教学改革实践：城市中的学校先后开展了以“培养能力、发展智力”为中心内容的教学改革；开展了以培养“自学能力”为内容的多科或单科教学改革；进行了以大力开展“第二课堂”活动为内容，改革教学结构和教学组织形式的探索实践；开展了以“整体育人，促进学生全面发展”为目标的教育教学改革实验；开展了以“全面贯彻党的教育方针，全面提高教育质量，促进学生素质提高”为目标的教育教学改革实验，先后创造出了诸如“愉快教育”“成功教育”“和谐教育”“情景教育”“创造教育”“六步教学法”“尝试教学法”“自学辅导法”“读读、议议、练练、讲讲教学法”等一批体现素质教育思想或自主学习思想的教学模式和教改经验。

一些学校在课程改革的背景下开展了“突出学生主体地位，指导学生自主学习”为主题的变革课堂教学模式的探索。上述教育教学改革实践或实验大都取得了积极成果，不仅对深化教育改革起到了积极促进作用，也丰富了“全面发展”的途径。回顾之前我国教育教学改革的历程，它客观地表明：实现“全面发展”的教学途径，总是处在不断的改革探索之中，从而也就在实践方面进一步证明了教学改革是人的全面发展的必然要求。由此可以预见，在全面发展的引导下，以探索全面发展有效途径为内容的教学改革实践还将持续不断地进行下去。

教学的生命在于质量。教学改革作为改变教学系统生存及其运行状态的过程，其必要性和目的就是为了提高教育质量。所谓教育质量，就是教学系统及其诸要素满足学生发展需要和社会需要所具有的特性、能力、状态以及所达到的程度。它包括教育资源的质量、教育过程的质量和教育结果的质量。资源方面是指支持教学活动展开、可供教学利用的各种条件，它包括教学活动所需要的人员、环境、设施、设备仪器、图书资料、时空、信息、制度、资金等资源及其状况。过程方面是指课程、教学理念、教学目标、教学关系、程序方法、教学组织、教学手段、教学管理、教学评价等教学要素在一定时空序列中发挥作用的过程及程度。结果方面主要指学生在校期间德、智、体等方面的素质发展提高状况，学生毕业后的表现情况等。在这些质量载体中，学生的发展是核心和目的，条件和过程是保障与手段。保障条件、途径手段只有具备并表现出有利于学生发展和社会发展所需要的状态或性能，学生素质获得了全面提高，社会获得了所需要的成员，才能说教育质量高。

传统教学之所以频繁受到批判，一个原因是传统教学的片面知识教育，教师单向向学生灌输教材内容，忽视学生自主学习、主动探索等做法，缺乏培养社会发展所需成员的性能；另一个原因是传统教学的知识本位、学科本位的教育质量观和以知识掌握多少定优劣的学生质量观不适应社会发展对人才质量的要求。

教学改革意味着要改变教学系统及其诸要素的质量状态，最大程度地缩小教学条件、教学过程质量与学生各方面素质发展需要之间的差距，最大程度地促进学生全面发展。事实证明，教育质量是一个动态的、变化的、发展的概念，社会在发展，社会对人的素质要求在提高，因而对教育质量的要求也在不断地变化和提高。对于学生和社会的发展需要来说，教育质量如同“坡面滚球”，不进则退，因此要提高教育质量，保证教学的生命活力，就要不断地进行教学改革。所谓提高教育质量，就是将教学由现实的状态或存在方式，变革提升为适合学生及社会发展要求的状态或存在方式。因此，教学改革是连接教学的现实状态到目标状态的中介或桥梁。类比于教学是教育的基本途径，则教学改革就是提高教育质量的基本途径。

教育在本质上是一种“人类文化传递”活动。其目的是使受教育者身心受到人类文化的影响，形成与人类文化相适应的思想观念及行为方式，以保证人的生存与发展。而教学则是这一传递活动的基本形式，是文化传递活动在具体时空环境中，在具体的师生之间实际发生的行为。因此任何教育改革只有落实在教学方式的改变上，才能算是真正到位。教育改革一般都要经历一个从方向理念层面到实践方案设计层面，最后落定在行为方式层面的深化过程，这是教育改革的必然历程。而任何教育改革的要求如果没有具体体现在师生的思想观念及教与学的行为上，那肯定是空泛的，没有实在意义的，因此教学改革是教育改革深化的必然落脚点，是教育改革的实在领域。

教学改革需要探讨的问题很多，除目前已经在研究的教学改革的内容、任务、目标、实施等实践方面的问题外，教学改革的性质、类型、原则、规律、途径、方法、过程、标准、模式、时机、阻力克服、推进策略等都是需要研究的问题。

在进行教学改革时，组织行为理论很有借鉴价值。按照组织行为学理论，学校实际上是一种教学组织，学校中发生的大部分教学活动都可看做是组织行为或组织环境下的行为。在组织行为学中，变革作为一种组织行为，是组织行为学研究的核心问题之一，它包括组织变革的性质、形式、动因、阻力及化解、模式、过程、方法、技术等等，而这些问题也是教学改革必然涉及的问题。因此从学校作为教学组织的特点出发，借鉴组织变革理论对教学改革进行理论提升是完全有可能做到的。教学改革需要理论指导，因为教学改革已成为教学工作的常态，而非例外；教学改革实践必须要有理论的指导，因为我们不能在不知道何为“教学改革”的前提下，进行教学改革。

(二) 高等院校的教学改革

在改革开放以来我国高等教育的改革与发展中，高校教育教学改革始终是主要内容之一。特别是当计划经济体制向市场经济体制转轨、高等教育由精英教育阶段迈向大众化教育阶段之后，教育观念、教育价值、社会对人才需求等诸多方面的变化对高校教育教学提出了新的要求，促使高校教育教学在观念、内容、方法等各个方面不断深化改革，向前发展，以适应经济、社会变化的新需要。

1. 高校和中小学的区别

高校自身的教学特点和中小学是有着本质的区别的。首先，在高校的教学过程中，专业繁多，围绕某个专业所需要学习的课程也是比较多的，有必修课、限选课、选修课等，并且课程与课程之间围绕专业特性是存在许多内在联系的；而在中小学的学习过程中，课程相对单一，语、数、外三门主课外就是物理、化学、历史、政治、生物、地理等，所需学习的课程门数不多，并且课程与课程之间都是独立的，关联不大。

其次，在高校的教学过程中，不同的专业教学的方法、手段都有着巨大的不同。因此，在高校教学过程中要因“专”施教；而在中小学的教学过程中，所有学生所学的内容都是一样的。

最后，高校的教学改革是以社会需求为目标的，高校人才的培养目标是要适应社会的需求；而中小学的培养目标主要还是应试，提高升学率。

2. 教育教学理念的变革

在高等学校的教学及培养人才的过程中，理念的作用是不可或缺的。从中外高等教育发展历史的角度来看，理念在很大程度上决定着教学内容的性质、教学方法的选择和教学过程的走向。改革开放30多年来，我国高校教育教学的发展过程中，我们同样可以看到教育教学理念的变革对教育教学改革实践的影响与指导作用。这其中，特别需要提起并加以评述的是素质教育理念、通识教育理念、创新教育理念以及产学研合作教育理念，它们构成了近年来我国高校教育教学制度改革、教育教学实践发展的理论基础。

素质是在人的先天生理基础上，经过后天教育和社会环境的影响，由知识内化而形成的相对稳定的心理品质。从高等教育的角度来看，人才素质应包括四个方面，即思想道德素质、文化素质、业务素质、身体心理素质。其中思想道德素质是根本、是灵魂，文化素质是基础。以提高人才素质作为重要内容和目的的教育就是素质教育 。就高等教育而言，重视素质教育就是将素质教育的思想渗透到专业教育之中，贯穿于人才培养的全过程。

《中共中央国务院关于深化教育改革全面推进素质教育的决定》是高校开展素质教育的重要文件依据，《决定》特别强调：“高等教育要重视培养大学生的创新能力、实践能力和创业精神，普遍提高大学生的人文素养和科学素质。”《决定》的这一精神为高校从知识、能力到素质多方面推进素质教育、开展教育教学改革指明了发展方向。多年来，我国高校在全面推进素质教育课程与教学改革、加强高校社会实践活动等方面采取了许多切实可行的措施，取得了积极的成果。

长期以来，由于部门办学、学科分隔、重理轻文、专业先行、技术至上等过分强调专才教育性质的办学思想的影响，我国高校在人才培养方面存在着人文教育薄弱的问题。为了促进大学生全面素质的提高，积极推进素质教育实践，应该加强大学生文化素质教育的设想，希望通过课内外各种形式的活动，加强对大学生进行人文社会科学和自然科学有关理论和知识的教育，以提高全体大学生的审美情趣、文化品位、人文素养和科学素质。为此国家教育改革委员会制定了《关于加强大学生文化素质教育的若干意见》，成立了高等学校文化素质教育指导委员会，确定在全国普通高等学校建立若干个国家大学生文化素质教育基地。

深化课程与教学改革主要是在教学内容和方法中体现素质教育的要求。各高校根据实际，在课程与专业设置、教学模式与方法方面进行了许多卓有成效的实践。一些学校打破旧的教学体制，对大学新生的基础教育不分专业，对不同类别的学科提出具体的学分要求，对于学生综合素质的培养起到了良好的作用。在素质教育改革中，有的学校提出课程改革就是要培养“宽厚基础、一专多能”的复合型人才；有的提出“宽口径、厚基础、多方向、重实践、高素质”的课程改革指导思想，开设文、理科实验班，打通“数理化生地”和文史哲课程设置的界限；有的学校将课程改革“小型化”“模块化”“个性化”。一些学校通过开展院校文化建设，营造浓郁的院校文化气氛来实施素质教育，如开展书画、演讲、英语写作与口语、计算机操作、社会实践、歌咏、科技艺术节等竞赛活动。在教学方法上，强调发挥学生的主动性，由学生通过学习实践，独立地去获取知识，突出启发思维和师生情感交融等特征，以此来激发学生学习兴趣和热情，以及培养创新能力。

3. 构建科学的学生综合素质评价体系

许多高校将构建科学的学生综合素质评价体系作为全面深入推进素质教育，深化教育教学改革的重要组成环节。针对过去对学生的考核评价只重视知识性课程考试，不利于学生创新精神和实践能力培养、不利于学生全面综合素质培养的问题，积极结合学生个体状况与课程性质，创造多种途径，将只注重学生学业成绩的评价转变为注重学生全面素质的评价，注重学生素质形成的过程性评价，突出对大学生情感、价值与态度的考察。这种综合素质评价也被用于对毕业生的考核，从而起到了积极推进学生素质整体提高的导向作用。

学生综合素质评价的实施是一个复杂的过程，之所以称其为“综合”，就是因为它在评价的时间、空间上是多维度、多元素的，更何况它评价的是人，是各不相同的孩子。

所以，通常的做法是，充分利用信息技术的优势，开发了包括师生基本信息、评价任务、评价结果、成长记录、成绩管理等多个模块在内的“综合素质评价管理系统”网络平台。学生、教师、家长都可以登录平台发起或提交评价任务，都可以以相应的权限查看学生的综合素质发展情况。整个评价过程简便易操作，对评价数据的收集、分析高效低耗，大大减轻了评价人和被评价人的负担。评价结果以数字或柱状图、饼状图等直观的形式呈现每一名学生的发展情况，有利于对当前发展现状的积极干预和对未来发展方向的引导和规划。

最终，在对评价数据综合分析的基础上，我们可以为每一名学生提出一份客观、有效的发展方案。这种评价模式，打破了传统的综合素质评价受时间与空间的限制，使评价真正成为一个支持学生全面发展，提升学生综合素质的全方位、多视角、开放性的管理体系。

4. 产学研合作教育理念及其实践

产学研合作教育是以培养学生的综合素质、综合能力为重点，利用学校与企业、科研单位等多种不同的教育环境和教育资源，充分发挥各自在人才培养方面的优势，把以课堂传授知识为主的学校教育与直接获取实际经验、创新能力和实践能力为主的生产、科研实践有机结合的教育模式 。

改革开放以来，我国高校的产学研合作教育实践主要表现在以下几个方面。

第一方面是创新产学研合作教育的课程教学模式。

一些高校积极创新发展，形成了各具特色的产学研合作教育的人才培养模式，其主要形式包括：

(1) 三明治型

把学生在校学习过程分为三段：两头在校学习基本理论，中间段在企业进行生产实践训练，即学生首先在校学习基础课、专业基础课，然后到专业对口的企业参加实践，由产学双方共同实施人才培养的教学计划，最后，回校进行毕业设计，并有针对性地选学有关课程。

(2) 教学渗透型

结合学校专业的改革，实行全过程、全方位的产学合作教育，即打破旧课程体系，优化课程结构与内容，完善实践教学体系，强化实践教学环节，加强教学实践基地建设，产学双方共同参与专业综合改革和实施人才培养计划。

第二方面是实践探究式教学方法。

通过产学研合作教育，将高校科研创新与企业发展的市场需求结合，促进学生研究问题能力的提升。许多高校在教学中，利用问题导向的研究式教学方法，创设学术研究的情境，通过学生的实验操作、调查研究、搜集与处理信息、表达与交流等探究活动，引导学生自主、独立地发现企业生产的问题，获得解决问题的能力，从而促进学生探索精神和创新能力的发展。在产学研合作教育理念指导下，探究式教学方法改变了我国传统大学的讲授为主的教学形式，调动了学生学习的积极性，提高了教学质量和教学效益。

第三方面是建设校内外实践教学基地。

高质量校内外实践教学基地建设是创新人才培养的重要保证。一些高校为了保证学生实践能力与创新素质的培养，重视以校内外实践教学基地建设为主要内容的实践教学体系建设，将实践基地建设成为以学生实践教学训练为主，开展集技术培训、科研开发、技术服务于一体的多功能实践教学基地，全面有效地提高了人才培养的质量。

同时，对人才培养目标也发生着渐进式的变化。

高校教育教学改革的根本目的是提高人才培养质量。而人才培养质量与高等教育人才培养目标紧密相连。人才培养目标总是基于一定的抽象概括意义的教育教学理念，是教育改革的目的和方向。

(三) 对高等院校教学改革的认识

每一次高校教学改革都是在某种大的社会背景下开始的。比如，我国上一轮高校教学改革始于20世纪80年代，真正意义上的改革是在20世纪90年代，这次改革则是为了适应改革开放的进一步深化对人才需求的增加而展开的。从2006年开始，我国高校开始从规模扩张走向以提高质量为主的模式转变，与此同时，社会主义市场经济改革业已进入了攻坚阶段，经济水平、科技水平都在逐步提高，国际化也在进一步加强，尤其是加入WTO

后，国家对高级专业人才的需求越来越多，越来越多样。因此，高校作为培养人才最集中的地方，也需要与时俱进地改进、完善培养策略，顺应时代发展需要，在教学体制、机制、内容和方法上进一步深入改革和调整，把高等院校在促进国家经济、社会、文化发展方面的作用不断深化发展。其中，尤其是各高校的优势学科，一定要摆在高校教学改革的重要位置。因为，优势学科集中了各高校科研、教学领域最高水平的人才与技术、设备与成果，是学校发展科研与教学的成果集中地，是高校办学水平的集中体现。进一步加强优势学科建设，充分发挥其带动作用，使之更好地为深化高校教学改革提供理论基础、科研平台、教学素材，对于高校的可持续发展具有重大意义。

1. 从优势学科建设突破进行改革

高校优势学科是指高校在长期办学过程中形成的、相对其他高校同类学科处于优势地位、并得到社会公认和好评的学科。然而，这种笼统而模糊的认识既无助于人们把握高校优势学科的内涵，也无益于高校优势学科的建设。高校中的学科既指以知识系统为基础的学科，又指以具体的院系建制为依托的学科。作为前者，它是一个按知识门类划分的学术体系；作为后者，它是一个组织实体，有自己的机构建制、力量配置、运行机制等。也正是基于后者，不同高校中的同类学科表现出不同的发展水平和特色。因此，我们可结合学科组织的要素，对高校优势学科的内涵作进一步的分析。

学科队伍是学科的第一资源，是决定学科质量的关键因素。学科队伍包括学科带头人和学术梯队，其中学科带头人是核心，决定着一个学科的兴衰。优秀的学科带头人是学科的旗帜，因其具有较高的学术造诣和较强的组织才能，能够提出本学科的发展愿景，并能带领学科队伍抢抓发展机遇占领学术制高点。当然，一个学科的进步与发展仅靠学科带头人的个人力量是远远不够的，还需要有围绕学科带头人形成的学术梯队，它们能使学科带头人的作用得到更好的彰显，是推动学科发展的坚实力量。因此，拥有国际或国内公认的优秀学科带头人和高水平的学术梯队是高校优势学科的首要特征。

高校学科组织的运行是以学科带头人为代表的学科队伍，借助于一定的物质技术基础，围绕一定的学科方向，实现知识的生产、传递、融合与应用的过程。在此过程中，一定的物质技术基础是学者进行学术活动必不可少的支撑条件。特别是现代科学研究对高性能仪器、设备以及资金、信息等的依赖程度越来越高，能否取得先进水平的研究成果，很大程度上取决于研究所需的支撑条件是否得到满足。因此，充足的学术活动经费、先进的仪器设备、良好的现代化信息保障体系等是学科不断发展和壮大的重要保证，也是高校优势学科实力和水平的象征。

高校学科组织的运行机制是学科组织内部要素之间相互作用的运作方式，或者说是协调学科组织内部各要素之间相互关系的一种运作方式。良好的运行机制不仅能凝聚学科成员的智慧和力量，使不同的学术个体组成更为有效的整体，实现目标协同，朝着既定的学科发展目标前行，而且能有效整合学科要素，促进学科组织内部各要素之间的相互联系和相互作用，提高学科要素投入的效率与效益。因此，良好的运行机制，既是实现学科发展目标的重要保障，也是高校优势学科的重要特征。

为了解不同高校中同类学科的综合实力和比较优势，人们常借助于一定的指标体系对学科进行综合评价。虽然对高校学科的评价可以从师资队伍与资源、科学研究水平、人才培养质量、经济文化贡献、国际学术声誉等方面进行，但归根结底取决于学科的社会贡献，即学科的学术创新能力、人才培养能力和直接服务经济社会发展的能力。因此，只有培养出社会需要的高质量人才，产出高水平的科研成果，提供高质量的社会服务，对国家和民族乃至全人类的发展做出重要贡献并得到同行和社会认可的学科，才能被称为优势学科。

2. 优势学科之于高校发展的意义

高校依赖于学科而建立，提升高校办学水平，关键是抓好学科建设。一所高校如果没有合理的学科结构和若干个在国内外有影响的优势学科，是建不成高水平大学的。优势学科之于高校发展的意义主要有四个方面：

(1) 支撑学校美誉度

发展自身优势，树立良好形象，提高学校知名度和美誉度，是高校走向成功的关键因素，而这取决于其学科特别是优势学科的水平。优势学科是一所高校被社会认可的重要标志，无论是在学术界还是其他领域，当人们谈及某一所高校时，都会有意或无意地与其拥有的优势学科联系起来。纵观世界许多著名大学，它们都是因为优势学科的显现及其实力的不断提升而扩大了学校的社会影响，且因在某些学科领域取得了独特成就而赢得了较高的社会声誉。

如加州大学伯克利分校，就是因为其生物原子工程学科的迅速崛起而很快世界著名的。所以，有特色、高水平的学科是高校的代表性“名片”，在标示学校相对优势，显示学校办学实力，彰显学校办学特色，赢得社会的信任和赞美等方面，起着决定性作用。

(2) 吸引优秀师生

一所大学要实现卓越，第一或许也是最重要的一个决定因素就是拥有众多的优秀教师和学生。

对于任何一所追求卓越的大学来说，必须增强对高水平师资和优秀生源的吸引力，而这依赖于高水平的学科平台。

首先，高水平的学科平台有利于吸引、汇聚高水平师资。因为学者们深知，只有置身于高水平的学科平台，才可能形成人才聚集效应，才容易产生创造性成果，进而实现自身持续的学术进步。这种判断和预期，无疑会使高水平学科平台对高水平人才产生强大吸引力。

其次，高水平的学科平台有利于吸引具有创新潜质的优秀学生。一方面，优秀考生在选择高校时都会了解各高校的学科水平，尽可能地选择那些学科排名靠前、声望较大的高校。另一方面，高水平的学科拥有出色的科学家，这对任何要进入该研究领域的年轻人无疑是一种无法抗拒的力量。总之，优势学科有利于实现“卓越吸人才，人才促卓越”的滚雪球效应，促进学校卓越发展。

(3) 赢得社会支持

高校作为一种公共服务机构，其生存与发展必须以提供服务（人才、知识）的数量和质量为依据取得社会（政府、企业等）的支持（资金、信誉、期望等），这些支持作为收益（经济收益或信誉收益）又进一步扩大了高校服务数量和质量的“可能性边缘”，从而促进高校的建设与发展。也就是说，高校必须通过提供服务取得社会的支持而求得自身的生存与发展。然而，高校在多大程度上赢得社会的支持则取决于其提供服务的能力，而这又依赖于学科优势。因为优势学科在人才培养和科学研究方面具有较高的水平，它们既容易赢得政府的青睐和支持，也更容易从政府部门争取到竞争性科研与学科建设经费。此外，优势学科在运用知识解决经济社会发展难题等直接服务社会方面也具有优势，这也使得其更容易赢得政府、行业、企业等的支持。总之，优势学科更容易赢得社会各界的支持，从而使其领先地位得到进一步强化。

(4) 带动其他学科发展

提升整体学科实力，是全面提升高校办学质量和水平的基础。然而，办学资源有限，一所高校不可能在很多领域同时取得优势。这就决定了高校的学科建设必须考虑先后和有所侧重，这既是建成优势学科的前提和基础，也是有效提升学校整体学科水平的有效途径。因为，通过选择几个学科，集中力量，重点建设，使其率先形成优势，成为优势学科后，其他学科的水平也会得到提升。一方面，优势学科在发展过程中形成的成功经验，可以为其他学科的建设提供借鉴，促使其他学科提高思想认识，明确学科建设思路，形成有效的建设措施，加快建设与发展；另一方面，优势学科与其他学科的交叉融合，既能拓展自身的研究领域，促进自身的发展，又能发挥优势学科的辐射作用，带动其他学科的建设。

优势学科并不是凝固不变的，而是一个动态的概念。现有的优势学科既会因优势的不断发展与完善而继续保持优势地位，也会因优势的逐渐削弱甚至丧失而衰退为一般学科。因此，优势学科建设“只有进行时，没有完成时”，需要长期不懈地努力和坚持。加强优势学科建设，关键在于进一步培育学科优势，让其优势更加突出。

优势学科建设不仅涉及到学科方向凝练、队伍建设、平台建设、科学研究、人才培养和社会服务等环节，而且还包括学校与主管部门、地方政府及社会之间的沟通与协调。也就是说，优势学科建设不是某个部门、某个院系、某个学科的事情，牵涉到众多部门和人员。这就要求高校创新学科管理体制机制，努力形成从校领导到相关职能部门、院系和学科通力合作的局面。首先，要落实优势学科建设领导责任，建立由校长牵头、分管校领导具体负责、相关职能部门和学院负责人及学科带头人参加的领导小组，负责优势学科建设的协调推动、过程管理和督查考核，保证优势学科建设工作在常态下有条不紊地进行。其次，要建立起以打造学科新优势为主线的学科资源配置机制，保障优势学科建设所需的人力、财力与物力资源。第三，要努力营造有利于人才成就事业的良好环境，为他们充分施展才华提供机会和平台，使他们的创新潜能得到充分释放，更大程度地激发学科建设活力。

全面建设小康社会，需要把教育摆在优先发展的地位，需要高校为经济发展和社会进步培养千万计的专门人才，这是对高校培养人才作用提出的新要求。基于加强优势学科建设在深化高校教学改革中的意义，必须认识这一思路的本质，才能完整地理解加强优势学科建设过程的内涵，才能深入地开展优势学科建设的运行过程，才能将其纳入高校深化教学改革的系统工程，才能避免流于形式，失去更多实质性的东西。

因此，面对新时期日益更新的教育变革，需要不断更新理念，不断深化高校教学改革，端正人才培养质量的观念，把工作落到实处，切实把握好各高校的优势学科建设的经验，将其应用到弱势学科发展的过程中，促进学科之间的相互融合与发展。

对于教师而言，教学时也要体现自己的看法和观点，灵活巧妙地调节课堂气氛，了解和把握学生的思想脉搏，在师生之间架起一座情感桥梁。应改变传统的填鸭式、机械化教育，变学生“要我学”为“我要学”，培养学生的兴趣，调动学习的主动性和积极性，使学生依靠自身的力量去发展自己的创造性思维能力。

同时，应转变教育观念，摒弃传统陈旧的教法，改进教学手段，提高教学质量。采取灵活多样的教学形式，如现场教学、启发教学、讨论课、多媒体教学等，以提高学生的学习兴趣，改善教学质量理论知识传授应结合工作、生产和生活实际，运用案例教学来提高学生分析能力。

随着社会对创新人才需求的增大，高校教师培养创新人才的任务也越来越重。培养有创新能力的学生关键在于教师要有创新能力。教师要掌握创造性思维与技巧，在科研与教学工作的实践中进行创新，不断提高自己。教师有了创新能力，自然能将创新意识渗透进课堂。同时，教师要把每个学生都看做具有创造潜能的主体、具有丰富个性的主体，要重视学生的个性差异，注重学生的个性发展与创造精神。

创建丰富多彩的校园科技创新活力，促使形成创新人才成长的氛围，大学生直接参与教师的科学研究工作，培养大学生创新意识和创新精神的形成。开辟社会实践渠道，举办能让学生接纳社会、增长知识和阅历的活动，不仅是提高大学生动手能力和综合素质的重要因素，也是培养创新人才的重要途径。

良好的身体素质是基础。由于教学与科研任务过于繁重，教师为了备课、搞科研而经常熬夜、逆时而作，使身体的免疫系统受到影响，对疾病的抵抗力减弱；工作量考核、职称评定等工作压力也迫使部分教师经常超负荷工作。这些不健康的生活方式导致了亚健康状态的产生，对教师的工作和生活都带来不良的影响。因此，加强体育锻炼，增强身体素质，这是高校教师应当引起重视的。同时，必须不断提高自身的心理素质，学会保持平常心态，精神愉快，为人处世心胸开阔。坦荡乐观，减少不必要的心理烦恼和压力，增强社会适应性。只有身心都健康了，才能静下心来教书，潜下心来育人，努力做学生爱戴、人民满意的教师。

21世纪的人才必须掌握现代科技的最新成果，必须具有较强的创造力和适应性。高校教师作为大学素质教育的承担者、组织者和实施者，自身首先就应当具备素质教育的观念，树立起现代的教育价值观、人才观、素质观、学生观。只有在正确的教育观念指导下，高校教师才能积极地投身于教改之中，自觉地加强自身修养，不断地更新教学内容，改革教学方法，实施因材施教。才能真正把学生作为教学的主体，为学生的个性发展、能力培养及素质的提高创造条件，使大学素质教育真正落到实处。也才能真正地充分发挥教师在实施素质教育过程中的能动作用。

总之，教师队伍整体素质的提高将对大学生综合能力的培养起到至关重要的作用。为此，高等院校要以高度的责任感和紧迫感来对待教师队伍的建设。高校教师也应与时俱进，开拓创新，为培养更多的创新人才作出更大的努力和贡献。

二、教学改革的背景

现在，成千上万的教育工作者正以高度的历史责任感和极大的热情投入到教学改革潮流之中，相信它必将对我国基础教育乃至整个教育的发展产生深远的影响。

(一) 教学改革的时代背景

现如今我国已经进入了全面建设小康社会，加快推进社会主义现代化的新的发展阶段。这一新的发展阶段的到来，既对我国社会的发展目标提出了更高的要求，也对人的素质提出了更高的要求。高等教育不仅在培养技能、传授知识方面有着重要的功能，更在塑造人的心灵方面起着不可替代的作用，因此担负着提高国民素质的重要使命。社会现代化首先是人的现代化，“全面建设小康社会”这一新的历史发展阶段向高等教育提出了更高的要求，未来高等教育应更重视对人才的人格、知识、能力的全面培养。全面建设小康社会”背景下的高等教育应该是“现代化教育”。也就是说社会现代化首先应当实现教育的现代化。

2014年3月，教育部副部长鲁昕指出，中国未来的人才培养将朝向两个方向，一是培养技能型人才，一是培养学术型人才。这种将技能型人才和学术型人才区分的教育改革方案，带来了教育实体机构如本科院校、职业院校的教育职能转变，并且本科教育改革将成为这种教育改革的重点领域。

教学指导思想把教学重点放在培养学生的全面发展上，重视教师和学生双方主动性的发挥，并以学生身心的发展为教学的根本目标。通过教学来促进学生的发展，同时又依靠学生的智能提高和个性发展来推动教学。不断强化培养人才能力的意识，特别要注重探索高层次创新性人才培养的新思路、新方法，通过各个环节引导学生善思、敢想、有创见、有个性、不迷信、会探索。强化教育的超前意识，加强对21世纪人才培养模式的研究，使高层次人才在激烈的全球性市场经济竞争中，具有良好的品格、适应性和应变能力。通过教育使高层次科技人才对科技前沿和重大问题具有敏锐的眼光。加强人才培养的基础教育，倡导刻苦钻研精神和锲而不舍的作风，使学生在未来社会的实践与科技竞争中能不断充实自己和超越自己。

在教学内容上，要重视对课程和教材的改革，使课程设置和教材建设适应当代科技发展的新潮流，大胆吸收当今科技发展的新成果。课程设置强调文理渗透，避免学科划分过细，要适应科研—教学—生产一体化和学科之间横向渗透与综合的大趋势，提高综合学科和边缘学科在课程结构中的比重，大力拓展受教育者的智力空间和思维广度。在教学过程中，教师要经常通过实际应用来深化教学内容，及时准确地向学生展示当今科技成果与发展动态。高校的选修课应内容丰富，涉及面较宽。

在知识的发展和转型过程中，教育领域中知识的选择、传递和习得方式的变化不断推进课程的变革，同时也对教与学的方法提出新的要求。教学方法改革是课程改革的同步课题，二者如果在价值理念、核心目标上不能保持一致，就会形成课程理念与教学实践两张皮剥离的现象。应该从教育学角度的知识观分析，看当前课程改革背景下教学方法的特点和价值导向，为我们有效地实施课程与教学改革起到重要推动作用。

当前我国绝大多数院校在教育模式上仍以师传生受或填鸭式的教育模式为主，这种教育模式存在的弊端颇多。由于学生长期处于一种被动式的教育环境中，其所接受知识的能力必然随着时间推移而下降，而一旦离开老师的传授便无法快速领会知识的缺陷很容易显现，从而自然而然地导致学生自学能力的下降。这是急需改良的一种教学方式，随着“互联网+”时代的到来，这种方式可以很快地得到改变。

互联网带给教育的深刻影响，源自其数字化和开放性的特征。因为数字化和开放性，“互联网+”实现了个性教育的规模化。因材施教既是教育的真谛，也是教育的本质，但受到有限师资力量的制约，传统教育模式下的因材施教只是个别幸运者的福利。而基于数字化特征的互联网，结合大数据、人工智能、机器学习等新兴技术，网络云端能够通过学习过程检测学习者的水平和状态，实时动态推送针对性的学习方案，实现个性化、差异化的学习，使得低成本、规模化的因材施教有了得以实现的技术手段。

“互联网+”还实现了最佳学习过程的显性化。最佳学习过程的发现、提炼、固化和复制，是提高学习效率的不二法门。传统教育模式通过教师的观察以及学习成绩优秀者的体验与回忆，来总结学习过程。因为个体差异、偏好以及可能存在的失真，其结果并不具有广泛的借鉴意义。而基于数字化手段的互联网，能够记录个体学习过程、学习场景以及分析个体学习特征和学习效果。在数据挖掘基础上，沉淀不同特征类别个体的最佳学习过程，从而使每个学习者都能够匹配自身知识基础、学习能力、学习场景等特征，借鉴个性化最佳学习过程，让个性成长更为自由舒展。

理解“互联网+”的深意，本质在于厘清教育领域哪些工作是互联网的专长，哪些工作是传统教育要承载的。可以预见的是，“互联网+”带给传统教育的是加法而不是减法，是重生而不是颠覆，只是传统教育的模式、功能和内容等将发生变革。传统“教”的功能以及知识传播者的角色，将更多地交由互联网去完成，而传统教育将更专注于知识解构、知识创造及学习者知识内化与习惯养成等“育”的功能。毫无疑问，插上互联网翅膀的传统教育将迎来新的腾飞。

互联网 + 运用到教育领域主要的贡献就是信息技术与科目整合，信息技术书与科目整合是指运用信息技术的手段更好地展示课堂，是课堂更有生机和活力，更能提高课堂效率。互联网 + 教育还包含信息技术与科目整合之外的其他内容，它涵盖教育的各个方面，主要是通过互联网进行的资源共享。

网络条件下的资源建设和应用近些年一直在艰难的探索下前行，各种理念指导下的实践活动、资源产品层出不穷，从静态的资源库到动态的资源网站，从同步的教学资源到专题课程资源丰富多彩目不暇接。但不可否认的是，在资源的提供者与资源的应用者之间的衔接环节还存在着较大的问题，资源与需求还不能达到一致、合拍，脱节比较严重，这样就造成了资源使用率不高甚至资源闲置的局面。

所以，学校要发展就要意识在前，学校要鼓励教师加强自己的专业技能，鼓励教师主动的以自身的专业为基础进行详尽细致的教育研究，并将研究成果运用到平时的教学实践中去。也只有这样，教师自身的专业素质才会得到提升，学校的教育水平才能大幅度的前进。

(二) 素质教育的欠缺督促着教育改革的进行

进入 21 世纪，全球经济政治、科学技术、人才的竞争日益加剧，我国应跟上时代发展的潮流，全面推动素质教育改革。素质教育已变成全球性的话题，特别是发达国家的教育模式改革，更加注重素质教育的融入。接受新时代对人才素质的挑战要求，我国推动素质教育改革。虽然中国实施素质教育改革已经多年，但仍然未取得显著性的变化。素质教育改革成功与否，需要教育工作者重新看待素质教育。

素质教育，顾名思义，是指在先天性因素的影响下借助后天环境作用与教育培养形成的长期性的基础素质架构，包含了人的思想观念、知识技能、心理素养、道德品质等等。简单点来讲，即是人的素质的提升教育。换句话而言，素质教育旨在保障学生德、智、体等综合发展与强化学生的整体素质。

我国宪法中规定的教育目的，是“国家培养青年、少年、儿童在品德、智力、体质等方面全面发展”，成为有社会主义觉悟的，有文化的劳动者。

这个教育目的体现了马克思主义关于人的全面发展的思想，它明确规定了中国教育目的的社会主义性质和方向，指出了培养社会主义建设人才的基本要求。为了适应世界范围的新技术革命正在兴起的形势，为了使中国的社会主义教育更好地适应社会主义现代化建设的需要，把中国建设成为高度文明、高度民主的社会主义国家，我们要大力发展教育，努力提高教育质量，我们要遵循邓小平同志所提出的“教育要面向现代化，而向世界，面向未来”的方针，建设有中国特色的社会主义教育体系，注重对大学生综合素质的教育和培养，这是中国高等教育发展的方向，也是今后高校教学改革的基本指导思想。

一般知识教育通常是指学习前人积累的生产和生活经验，是对人劳动技能的训练。而素质教育是指全面提高人的思想品质、科学文化知识、培养健康的身体和心理以及全面的劳动技能的一种教育。人的才能，是由多种素质作为支撑的。科学文化知识是素质教育的基础。因为一个人各种能力的形成，创造力的发展都离不开这个基础。孔子曰：“质胜文则野，文胜质则史。文质彬彬，然后君子。”说的就是文化知识是一个人素质形成的基础，一个没有文化知识的人是不可能成为“君子”的。

科学文化知识的学习，不仅仅是指学习由前人积累的书本上的知识，还应包括各种生活、社会实践的亲身体验。而一般知识教育往往只注重书本知识的学习，其教育体系是以学科知识为中心，只重视知识的积累，忽视构建学生的认识结构。在素质教育中，把开发潜能，培养心理品质与学习科学文化知识融为一体。其教育体系是以促进人的发展为中心，即促进人格的发展、认识的发展和身体的发展。它把德育放在首位，以科学文化知识为基础，以健康的体魄和健全的心理为标志的全新的教育模式。素质教育是人类提高自身的实践过程，是以整个民族素质的提高为终极目标的教育。

1. 我国大学生素质教育的不足

在我国，应试教育由来已久，家长通过学生的学业成绩衡量学生的优劣，老师根据成绩认定学生的学习效果。目前，我国的高考制度造就了一大批应试教育的“人才”，高分低能的情况比较突出，进入社会则不适应社会的需求。相对于高等教育，幼教、九年制义务教育正全面推行素质教育，而我国的高等教育在这方面的改革还不突出。

高校的奖学金制度，仍以学生的学业成绩为主要依据，学生为考试而学。考试也成为学生评优、继续深造的决定性依据。诚然，考虑学生的学业成绩不无道理，但作为评定学生的决定性依据则为不妥，这是违背我国教育原则的。

政府在宏观上应对高等教育及其他教育进行有效的管理和必要的指导。通过政策、文件的下达，进一步指导各级各类教育行政机关和学校实施素质教育，对学校实施素质教育进行有效的监督和指导，不可放任自流，应将培养高素质的一流专门人才的目标逐步推向前进。

学生作为素质教育与教育教学的主体，在高等教育中的主体地位不能动摇。进入高校接受高等教育的学生，水平参差不齐、能力各异，综合素质也有个体差异。就目前我国高校学生的现状进行分析，主要存在以下问题：部分大学生思想道德素质水平不高，有些学生存在智商较高、情商偏低的现象，有些学生则心理素质不高，甚至存在心理障碍，社会适应能力较低，一些学生独立性强，但团结协作的合作精神差等，这些现象的发生，都反映了学生的综合素质有待提高。

教育工作者承担着教书育人的重任。作为学生的“引路人”，教师自身必须要有相应的素质要求。目前我国高校工作者承担着教书育人、管理育人、服务育人的使命。教师在思想政治、道德修养、学识水平、治学态度等各方面都要有较高的造诣。但就现状来看，某些教师在学识上不够广泛，治学态度上不够严谨，教学方式方法不当，这样可能会造成培养人才的“瓶颈”，教师的素质随着时代的进步有着更高的要求，而目前现阶段教师出现的这些状况令人堪忧。

目前我国高校主要采用课堂教学的教学模式。而课堂教学常以老师讲授为主、学生做笔记相结合的方式，在课堂上师生之间的互动、交流较少，教师的启发式教育显得强度不够，采用“填鸭式”的教学方法，势必会影响学生综合素质的提高。

作为政府职能部门的各级教育行政机关，应从观念上重视素质教育的实施，切实从思想上、观念上积极探索素质教育的开展，使素质教育真正深入人心。政府应加大对学校实施素质教育的监督与指导，各级教育行政部门制定出与素质教育相关的规定、文件，使素质教育的开展得到有效保障。政府及各级机关应该随时留意素质教育开展的情况，从宏观的角度加以必要的控制，使素质教育的实施合理化、规范化，真正把开展素质教育工作落到实处。这必然就要求开展教学改革。

目前，大学生的主流思想价值观是乐观积极的，其希望具备一定的能力投身于社会主义的建设之中，将国家利益与自我利益相融合，考虑其自身的社会作用，责任感与危机意识显著加强。然而我们不难发现，仍有少部分大学生在社会消极现象的影响下，思想观念偏离正常轨道，走向极端化，一般反映为：政治观念不坚定、心态失衡、心理抵抗能力较差、丧失理想追求、贪图享乐、忽视全面素质的加强、过分强调专业理论、问题处理能力较弱等等。深究其形成原因，大致可分为以下几方面：

第一方面，课程内容过分强调专业理论。

实际上，真正实现综合发展的大学生较少，绝大部分大学生往往是某方面能力明显，在其他方面能力一般甚至低于正常水平。尤其是理工类院校，过分重视学生的学术研究，忽视思想政治教育、人文社科等方面的学习，造成大学生知识面狭隘、局限性较大的结果。文科类院校则相反，其涉及的知识面较广，但学术钻研的观念就相对薄弱。

第二方面，传统的“满堂灌”教学形式，忽视学生实践能力。

国内多数院校仍将重点放在应试教育上，课程安排固执死板，教师处于主体地位，强迫学生学习考试。该教育模式偏向于高分数的学生，名次是其唯一的考量指标，分数高就可以继续深造，功利性较强，学生实际操作能力较弱，导致许多大学生出现厌恶学习的心理，个性发展受到限制，可持续发展性较弱。

第三方面，思想政治课程只重视传授理论知识。

高校思想政治教育和学生的思想观念不一致，而且一些老师没有发挥其育人的作用，教学内容枯燥乏味，课堂氛围沉闷呆滞，大部分“填鸭式”的教学形式，效果显著不好。因此，改革创新大学生思想政治课程的教学形式已迫在眉睫。

第四方面，社会消极现象的作用。

利益第一、过分追求钱财等不良的社会现象仍然存在，已逐渐被一些大学生所接受并成为其努力的方向。产生贪图享乐 、强调个人、拜金主义等思想，进而抑制了大学生心理健康发展。

随着素质教育理论与实践研究的不断深化，人们对素质教育作为教育实践的热点问题的背景及意义等问题进行了大量有益的探索，但对当前我国大学生的素质现状以及他们的社会适应性方面的具体调查目前还比较少，尤其是对大学生素质教育与应试教育的关系问题还存在着不同的观点，现综述如下：

第一种观点认为，素质教育与应试教育是相对立的，它是以全面提高学生思想品德、科学文化和身体、心理、劳动技能素质，培养能力，发展个性为目的的基础教育。应试教育模式是一种封闭教育，它脱离社会发展的实际，以应试为目标，它以升学率论教育的成败。素质教育与应试教育是截然不同的。基础教育是着眼于单纯帮助学生升学，还是着眼于全体学生的全面发展，是应试教育与素质教育的根本区别所在。

第二种观点认为，素质教育与应试教育有重大区别，但不是毫无联系的，这种区别只是思想观念上的区别，是一种思想倾向，在实践中很难找到纯粹的两种教育。造成应试教育片面追求升学率的原因是多方面的，有教育的原因，也有社会政治经济制度不完善、生产力水平低、不良文化因素影响的原因。要改变应试教育就必须使相关的各个方面都做相应的改变，如果只改变教育方式，不改变导致应试教育产生和发展的社会原因，素质教育也会变成应试教育。

第三种观点认为，应试教育与素质教育是两种互相联系、相互渗透、层次不同的教育模式。应试教育也在提高人的素质，二者只是目标与形式不同，提高素质的深度和广度不同。素质教育并不排除考试制度。由应试教育到素质教育，是社会发展的必然选择。应试教育是素质教育的低级阶段，素质教育是应试教育的必然结果。

如果说以上的几种观点只是对素质教育的一种静态描述，那么第四种观点则是从教育的动态发展以及素质教育与应试教育相比较的意义上来考察，素质教育的实质乃是积极创造和充分利用一切有利的外部条件，使受教育者能够主动而非被动地将人类科学的、道德的、审美的、劳动的等方面的文化成果内化为自身的较为全面的素质，使身心两方面的潜能都得到提高，使发展呈现出一种生动活泼的态势。

最后一种观点认为，不能把教育体制分为应试教育和素质教育两种模式，所谓应试教育，归根到底必然以素质教育为内容和归宿，“应试”只是对素质进行检测的方式，把二者割裂开来作为不同教育模式的观点，违背了教育自身的发展规律。我国教育存在种种弊端，如果简单归结于“应试”是欠准确的，任何素质教育的模式都不可能完全抛弃考试检测方式，其弊端并不在于考试制度本身，关键在考试的方式应力求多样化，考试内容对考生的针对性应力求科学化。由此可见，作为一种体制的应试教育是不存在的。

任何教育都会使受教育者的素质发生某些变化，所以都含有素质教育的成分，对大学生素质教育与培养问题的研究是我国高等学校面向未来教育的重要研究内容，也是今后高校教育改革的基本指导思想。高等学校的根本任务就是为我国的社会主义建设事业培养高素质的人才，高校在提高全民族素质中具有重要的战略地位。加强大学生整体素质和综合能力的培养。用符合教育规律和学生身心发展规律的办法进行教育和引导。对提高高校人才培养的质量，满足我国在21世纪对高素质人才的需求具有非常重要的意义。

我国大学生的思想素质现状具有与现代社会合拍的意识，基本上能够适应我国社会主义市场经济对人才思想素质的要求，绝大多数大学生热爱祖国，人生态度基本正确，对我国的改革开放充满信心。希望能够充分发挥自己的才干，为建设有中国特色的社会主义现代化强国贡献自己的力量。思想素质在大学生的素质教育中占有首要的位置，我们应充分认识社会主义市场经济对人的个性、独立性、自主性、主动性提出的更高要求，培养大学生的社会责任感和良好的道德品质，适应21世纪对大学生思想道德素质的要求，形成为人民服务的人生观和价值观。

文化素质是一个人外在精神风貌和内在精神气质的综合体现，是一个现代人文明程度的综合体现。当今社会科学技术的发展呈现出既高度分化又高度综合的趋势，很多重大实际课题都涉及人与自然的关系和对世界的理解，涉及多门学科。世界高等教育出现了文理渗透、理工结合、学科交叉的综合发展趋势，从而将文化素质教育推到了更为重要的位置。文化素质教育对于大学生培养的质量起着基础作用，不仅对大学生的专业学习，也对今后的工作具有深远的影响。在我国的中小学教育中，由于受升学指挥棒的导向作用，致使中学过早地分科，学生进入大学后文化教育的基础不牢，加上大学教育又有较深的专业烙印，因而大学生的文化素质普遍不高，表达能力较差，文史功底较浅，艺术品位较低。

许多学生热衷于武侠小说而对世界名著一片茫然，热衷于流行音乐而对世界名曲充耳不闻，热衷于武打影视而对探讨社会、人生的严肃影片不感兴趣，尤其是对我国优秀的传统文化功底不深，知之不多。有人曾对北京大学的学生进行了文化方面的调查问卷，北京大学的学生在回答“你认为自己对中国传统文化的了解程度”的问题时表示自己“非常了解”和“有一般了解”的只占60.7%，只有一半左右的大学生表示，对孔子、老子、庄子、韩非子、司马迁等古人的生平概况和主要思想比较了解，大多数大学生表示不太了解孟子 (52.2%)、荀子 (69.2%)、墨子 (68.6 %)、王充 (78.1%)、董仲舒 (71.6%)、朱熹 (70.3%)、王阳明 (95.9%)、黄宗羲 (71.4%)、魏源 (61.9%) 等古人的生平事迹和主要思想。甚至，北京大学的学生对我国近代著名的思想家、北大第一任校长严复比较了解的仅40.1%，而不了解的达59.9%，有93.2% 的大学生未看过《说文解字》，77.2% 的大学生未看过《孙子兵法》，未读过老子的《道德经》的达86.8%，未读过《资治通鉴》的占72.4%，未读过《史记》的占58.9%，就连《三字经》未读过的也达69.4%，只有40.5% 的大学生读过或浏览过《论语》，大多数大学生写不出几个自己所熟悉的中国传统曲目或古典曲目。

在调查问卷中，填的最多的三个曲目如《窦娥冤》《高山流水》《牡丹亭》分别仅占34.1%、31%、23%。华中理工大学校长杨叔子教授曾谈到国外一位学者对今日中国大学生的评价是 :ABC 和 XYZ 很好，熟悉美元、英镑，不懂长城、黄河，不知文天祥、史可法，不熟悉《论语》《孟子》，不了解中国文化。文化素质是知识与能力的总汇，具有鲜明的民族特色，中国优秀的传统文化对提高大学生的文化素质具有非常重要的作用。当然，对于西方优秀文化我们也要学习和借鉴。我们在改革开放中贯彻的一个很重要的思想就是要大胆地学习和吸收别的国家特别是经济发达国家先进的科学技术、经营管理方法以及其他一切对我们有益的东西，这里就包括要大胆地学习和吸收外来文化中的一切好的成果。对于这一点，绝大多数大学生是有比较明确的认识的。如在调查“对西方文化的态度”时，学生中有62.3% 的人认为

"应有选择地介绍和引进"，还有 30.7% 的人认为"引进的同时也要发扬自己的传统"，只有 1.6% 的人认为"不宜引进"。

北京大学的学生主张在文化建设中"中学为体，西学为用"的占 58.7%，主张"中西融合"的占 29.4%，绝大多数学生主张在独立自主的基础上学习西方文化，而学习西方文化的目的又是增强独立自主能力，建设有中国特色的社会主义文化。

从对大学生文化素质的调查分析可以看，我国大学生的文化素质教育还存在许多问题，我国多年来重理轻文，偏重业务知识教育，轻综合素质教育，而文化素质教育薄弱的现象尤为突出。加强文化素质教育是当前世界各国高等教育改革和发展中探寻的一个热点，重视文化素质教育，符合世界高等教育的发展趋势，符合人才成长的内在规律，也符合中国的国情。我们作为东方的文明古国，应当发扬东方优秀的文化传统，为高等教育的改革和发展，为高层次人才的培养创出一条新路，以适应社会主义现代化建设的发展需要。

大学生是祖国的希望和未来，担负着我国建设社会主义现代化的重任，大学生要成为国家的有用之才，必须具有健康的身体素质和心理素质，即具有健康的体格、全面发展的体能及承受挫折和失败的能力，培养大学生健康的身体和心理素质将有助于大学生的智能发展，是大学生成才的基础，那么我国目前在校的大学生的身体和心理素质究竟如何呢？根据我们的调查结果，我国大学生的身体和心理状况不容乐观，各高校在对大学生身体和心理素质教育与培养方面还存在不少问题。

首先，在对大学生身体素质培养方面，还不能适应大学生身体发育成长的需要，在调查中，只有 38.5% 的学生每天能坚持参加体育锻炼，有 76.3% 的学生基本上符合大学生体能测验的标准。在一个班中，视力正常者不足 20%，还有 42.7% 的学生患有不同程度的神经衰弱，不能保证充足的睡眠，有 13.8% 的学生吸烟，这些都对大学生的身体状况带来不良的影响。大学生正处在生长发育的高峰期，而在调查中，有 28.5% 的学生不了解人体生长发育的规律，在中学没有上过生理卫生课。随着大学生中独生子女数量的增加，不少学生生活自理能力和适应能力都比较差，不能合理地安排一天的休息、工作、学习、饮食和锻炼等各项活动的时间。各高校在安排教育内容时，只重视考试知识的传授。缺乏社会实践活动能力和身体素质的培养，造成大学生知识运用的能力比较弱，身体素质随着学生知识的增加而呈下降趋势，我国大学生近视眼的比例是世界各国中最高的，对大学生身体素质的培养是素质教育的基础，没有一个健康的身体，其他一切素质教育与培养都将成为空谈，各高校在教育改革的过程中，应不断加强对大学生身体素质的培养。

大学生的心理素质是指大学生的意志力、情绪、情感、性格、自我意识、社会交往与适应能力等方面的心理品质，随着我国高校大学生中独生子女比例的增加，他们受到家庭和社会太多的呵护，很少受到挫折，一帆风顺的生活使得一些同学的心理承受能力很弱，很容易导致心理障碍的发生，据调查，每年新生入学时，有 17.7% 的同学是由两位家长共同陪送到学校的，只有不到 30% 的同学是自己报到的。

如何在大学生活中帮助他们摆脱不良心理，是摆在教育工作者面前一项十分重要的任务，在独生子女家庭中最明显地表现在生活上的娇宠放纵与教育上的严厉刻板并行，从而更加容易形成大学生的偏执型人格。在调查大学生“您的心里话或苦恼最愿意向谁说”时，有 31.7% 的学生回答是“闷在心里”。这说明不少学生对谁都不信任，把什么事都憋在心里，造成性格孤僻，形成心理障碍。

2. 高等教育在大学生素质教育中的作用

教育的一项根本任务是提高全民族的科学文化素质和思想道德素质。我国是一个发展中的社会主义国家，也是世界上人口最多的国家。人口多、底子薄、经济文化落后，是我国的基本国情，随着我国社会、经济、文化的发展，社会主义现代化建设事业迫切需要大量掌握现代科学文化知识，德智体全面发展的人才。高校在人才培养和提高全民族素质中占有十分重要的地位。首先由于我国社会生产力发展水平较低，我国国民平均受教育年限不足 5 年，每万人仅有大学生 18.2 人，所以高校在提高全民族素质中具有特殊作用。它不仅为社会主义经济、政治建设提供各种人才，而且为初等、中等教育及自身提供师资，影响初等、中等教育的发展和质量，从而也影响着全民族素质的提高。其次，随着高校在国民经济生活中科学研究中心地位的确立，高校发挥拥有一大批高级专门人才的优势，创造出了许多新的科技成果，在我国经济建设中起着越来越重要的作用，对于提高全民族的科学文化水平具有重要影响。“百年大计，教育为本；国家兴亡，人才为基。”没有强大的高等教育，没有足够的掌握现代科学文化知识的、具有良好素质的高层次人才，就没有自己的科技力量，就没有深厚的经济实力，就没有强大的综合国力，我国以经济建设为中心，把经济建设转移到依靠科技进步与提高劳动者素质的轨道上来的战略就会落空。由此可见，高校在人才培养和提高全民族素质中具有特别重要的地位和作用。

现代教育思想，强调综合性和整体性的素质教育。高等教育要从传播专业知识为主向全面培养大学生分析问题、解决问题的能力和创新精神方面的转变，使大学生学会学习，具有自我开拓和获取知识的能力，初步树立起综合素质教育的思想。现代科学技术飞速发展，人类已进入信息革命时代，培养的人才必须是信息革命时代的弄潮儿，要使大学生善于利用信息进行工作和学习。高等学校要培养大学生善于利用信息技术的能力，在学习本科知识的基础上，利用信息技术和工具，扩大知识面，进行全面素质的培养，使大学生具有将所学知识与实际生活、与其他学科知识相结合的能力。高等院校要完成从传播专业知识为主向全面培养能力为主的转变，以适应现代社会科学技术发展的需要。

为社会主义事业培养合格的建设者和接班人，是高等教育的根本任务。高等学校不仅要向学生传授先进的科技知识，还要教给学生如何做人。然而，近些年来，我国一些高校在人才培养方面过分强调了教育的功利性，片面强调专业知识教育，忽视基本素质的提高，使得一些学生专业知识和能力不错，但是个人主义思想膨胀，对人生和社会的理解走不出市侩的圈子，甚至在社会交往中缺乏做人的基本道德要求。加强大学生的素质教育与培养，是为了塑造大学生高尚的精神品质和良好的思维机制，使他们掌握广博的知识，增强对经济和社会发展变化的适应能力，从而使他们真正成为社会需要的、能够肩负起跨世纪重任的、全面发展的优秀人才。因此，要按照大学生素质内容结构要求，创造人才培养的内环境和外环境，从整体上提高高校人才培养的质量。

社会主义市场经济和科学技术的发展对人才培养的质量提出越来越高的要求，我国高校培养出来的大学生，既要懂得专业知识，又要具有全面的素质和能力。当今世界已经进入到信息时代，教学内容体系的改革一定要具备信息时代的特色，要充分利用计算机和信息网络，形成人脑、电脑、网络的教育大系统，使大学生不仅能够从教师的传授中接受知识，培养能力，还能够直接从信息网络、计算机辅助教学系统中接受知识，培养能力。课程结构的改革要注意吸收当今世界新的研究成果，要密切结合生产实际，重视获取知识的能力、运用知识的能力的培养。要开发建设一批综合性强的体现现代科技发展的新型课程，建设具有相关性或融合性的多课集一课的综合性课程，形成在统一性基础上呈现多样化的课程结构和内容。为了达到提高大学生综合素质的目的，形成素质培养的环境和氛围，要开展多种形式、多种途径的活动，如学术讲座、竞赛、讲演、社团活动、演出等，丰富大学生的业余学术和文化生活。课程结构体系的改革要形成适用于不同专业学生的基本素质教育的课程体系和内容，全面培养大学生的思想素质、业务素质、文化素质、心理素质和身体素质。

当前我们应特别重视对大学生文化素质和心理素质的教育和培养，在我国高等学校中，思想素质、业务素质、身体素质的概念和内涵比较明确，都有具体的目标、措施和相应的课程，而文化素质和心理素质的教育，则显得不足。产生这种现象的原因是由于长期以来我国教育形成了以应试教育为主的教育模式，为了追求升学率，在中学过早地进行了文理分科，忽视了对学生的文化素质和心理素质的教育和培养，特别是近年来，独生子女大量进入大学，他们的心理素质问题也越来越引起人们的普遍关注。对于大学生的文化素质教育和心理素质教育，要根据不同对象，设置若干门课程。理工科的学生应重点学习人文科学、社会科学、思想道德修养、语言、艺术、心理的课程，文科的学生应重点学习科学、艺术、思想道德修养、语言、心理等类别的课程，目的就是为了加强对大学生文化素质和心理素质的教育和培养。

此外，在课程体系的改革中，还要注重实践教学，提高大学生的整体素质和综合能力，综合能力的培养包括各学科专业需要的专业工作能力和治学能力、思维能力、语言表达能力、外语交流能力、计算机操作能力、统计分析及经济核算能力、人际关系处理及组织群众工作的能力、自学提高及进行科研的能力等。为此，应向学生开设有关课程，如逻辑推理、写作、社会科学研究方法、自然科学研究方法、数学、当代科学技术、系统工程、公共关系、领导科学、组织行为等类课程，同时进一步加强外语、计算机应用、语言能力的训练。

总之，教学内容结构体系的改革，对于提高大学生的整体素质具有十分重要的意义，是加强大学生素质教育与培养的有效方法。

所以说，高等教育在素质教育上的欠缺是需要经由教学改革去弥补的，这是中国高等教育的现状，也是迫在眉睫需要解决的问题。

这就要求我国高等学校在教学体系、课程内容、教学方法的改革过程中，应注重对大学生的思想品德教育，使他们坚定社会主义信念，加深理解社会主义市场经济的内涵。在教学中要求大学生学好理论基础知识与技术基础知识，熟悉掌握专业知识，同时注重大学生能力的培养训练。在课程设置方面要加大选修课的比重，而且要适时更新。要增设或加强辅修专业教育，以便拓宽学生专业面，加大培养复合型人才的力度。同时要开设人文课程，深入开展社会调查，以便增加学生的社会知识，提高文化素质修养。此外，还应不断加强对大学生心理素质和身体素质的培养和训练，全面提高高等学校人才培养的质量。

三、教学改革的意义

党的十八大关于“深化教育领域综合改革”的总体部署，进一步明确了攻坚克难重点和系列政策举措，集中体现了以习近平同志为总书记的党中央在加快社会事业改革创新的进程中高度重视教育改革的战略思路。我们必须站在党和人民事业全局高度，深刻认识新时代条件下深化教育领域综合改革的重要性和紧迫性。

教育改革是教育事业发展的强大动力。改革开放以来，我国一直坚持教育面向现代化、面向世界、面向未来的重要指针，始终强调把教育摆在社会主义现代化建设中优先发展的战略地位，重点推进教育体制改革。后来又做出办好人民满意的教育、建设人力资源强国的战略部署，在健全公共教育财政制度、创新促进教育公平体制方面取得显著进展。党的十八大以来，教育领域继往开来，全面动员全党全社会关心支持教育发展，继续推进教育领域多方面改革。改革开放以来的教育事业发展，极大提高了全民族素质，有力推进了科技创新和文化繁荣，为经济社会发展和民生改善做出了不可替代的贡献，我国顺利完成从人口大国到人力资源大国的转变，教育总体上处于全球中等水平，这在很大程度上取决于教育改革带来的强大动力，以改革促发展，已经成为我国教育发展和人力资源开发非常重要的成功经验。

教育改革是社会事业改革创新的重要环节。进入21世纪以来，国际国内形势发生深刻复杂变化，在进入全面建成小康社会决定性阶段以来，我国经济社会发展面临很多新的挑战，迫切需要我们积极适应经济体制深刻改革、社会结构深刻变动、利益格局深刻调整、思想观念深刻变化的新形势，在社会事业改革创新上迈开新的步伐。《决定》明确提出“紧紧围绕更好保障和改善民生、促进社会公平正义、深化社会体制改革”，并强调“必须更加注重改革的系统性、整体性、协同性”。当前，深化教育领域综合改革，不仅是破除制约教育事业科学发展的体制机制障碍，促进教育制度和体系自身完善，而且作为社会事业改革创新的重要组成部分，还要与社会事业领域中的就业、收入分配、社会保障、医疗卫生、社会治理等相互配合、协同创新，不断为社会事业改革创新全局提供人才支持和智力贡献。

教育改革是办好人民满意的教育的必由之路。当我国进入中等收入国家行列时，广大人民群众尤其是学龄人口对通过教育增强生存发展能力、更好服务国家社会的愿望日益高涨，对教育制度体系和服务水平提出更加多样化的要求。为此，习近平总书记强调指出：“努力发展全民教育、终身教育，建设学习型社会，努力让每个孩子享有受教育的机会，努力让13亿人民享有更好更公平的教育，获得发展自身、奉献社会、造福人民的能力。”因此，深化教育领域综合改革，核心目的就是要“解决好人民最关心最直接最现实的利益问题，努力为社会提供多样化服务，更好满足人民需求”。今后要坚持立德树人导向，以促进教育公平、提高教育质量为主线，以改进政府教育管理方式、释放学校办学活力、构建全民终身学习体系为重点，进一步激发各方支持教育改革的积极性，完善中国特色社会主义现代教育体系，尽力满足广大人民群众不断增长的多样化教育需求，为全面建成小康社会、加快推进社会主义现代化、实现中华民族伟大复兴的中国梦奠定坚实基础。

从比较的角度看，中美教学方法的意义有什么不同？从目的上看，我们的目的是把我们准备好的教学内容传递给学生，而美国的教学目的是着眼于学生的全面发展。学生不提问有两种情况：一是学生什么都不懂，二是学生什么都懂。第一种情况居多。

欧美大学要求学生课前把学的东西看了，然后带着问题与老师交流，老师觉得这节课有可能不懂的东西，要么是关键的东西，理解起来有难度，还有新东西，每次上课，除了教材，还要带参考书、报纸、杂志，把新东西讲给学生。学生带着作业，要么在小组交流汇报，要么在班上交流汇报，像学术研讨会式的。每个人在正式场合都有表达的机会，训练下来，讲话有条理、很规范。学生的发展都是通过我们课堂上的具体教学方法来实现的。我们的教学方法也要让学生得到全面的发展、综合发展，不仅要学到知识，还要发展认知及其他，学生的素质包括口头、笔头表达能力，小组合作能力，这就是教学方法的意义。

从教育学的角度思考教学方法的意义。我们更多地理解为教师的方法，但是我们要反思一下我们做学生和教师的经历，我们的教学方法是不是有效的？在欧美，主要是学生学，教的工作主要是引导学生学习、组织学生学习、帮助学生学习。这是教的意义，如何实现？从欧美教学来讲，教师会对学生的学习进行全面的设计，本领域的东西都要学，还要组织学生的研究工作，培养创造性人才，需要让学生在创造的过程中学。欧美会创造研究的环境和过程来让学生体会研究的经历，每次课都会给学生布置问题，让学生去研究、去解答，即"从做中学"。我们要作出改变，要创设探究的环境，让学生在探索中学习，在探索中发展自己。

教学方法改革的意义可从很多方面来看：一是国家需要，教学方法的改革是国家关注的重点，培养创新性人才是国家转型的需要。二是从学校的角度，现在我们的高等教育已经发展到很高的水平，3000万在校生，2300多所高校，毕业生也会增多，竞争会越来越激烈。素质是学生生存和发展的决定性因素。学生能否高质量地就业与学校的发展是高度相关的，要提高人才培养的质量，要提高我们毕业生的竞争力，需要我们在教学改革、教学方法上的创新。教学方法的改革不仅仅是方法的改革而已，涉及学生的综合发展。

教学，尤其是课堂教学（其中最基本的是必修课程的课堂教学），过去是、当今依然是我国教育活动的基本构成部分，是实施学校教育的基本途径。教学改革因此成为教育改革中备受关注的主题，特别是在推进素质教育的要求下，教学改革日益被提到议事日程上来。事实上，自20世纪80年代以来，我国的教学改革已经在朝着实施素质教育的方向努力，许多学校在教育科研人员的指导下，对培养学生学会学习、对减轻学生学习负担过重、对确立学生在教学过程中的主体地位等问题，作出了积极有益的探索和改革，在教学实践中涌现了一批重视学生生动、活泼、主动地学习，重视学生成功与发展的好的教改典型，有些经理论概括后形成新的教学模式。这是当前教学改革的起点和基础。

但从总的形势来看，由于应试教育观念和实践的深远影响，人才选拔机制的不完善，现在所进行的教学改革中有许多仍没有摆脱应试教育的束缚，且以局部的、单项的改革和操作性的修修补补居多，局限性较大，尚未能构造出一种真正体现素质教育思想的教学新体系。这里，既有教学改革本身不够到位的原因，也有受课程制约的因素。因此，从总体上看，素质教育的成效还不够明显，尚未取得突破性的进展。长期以来一直困扰着我们的教学方式单一、学生被动学习、个性受到压抑等顽疾均未能从根本上得到有效的医治；教学实践中，过于强调接受学习、死记硬背、机械训练的状况普遍存在。这是当前教学改革要着力解决的主要问题。

当前教学改革，一方面因为有了80年代以来教学改革所取得的成效作为基础，因此可望在一个更高、更深、更全面的层次上展开；另一方面因为有了深刻的反思，有了对存在问题的检讨和共识，因此可望有针对性地、实实在在地展开。此外，课程改革作为教学改革的一个重要的有机组成部分，新的课程、新的教材既为教学改革提供了一个崭新的“平台”、一个很好的支撑点，又对教学改革提出了全新的要求，教学改革因此可望有实质性的、全方位的推进。

那么，教学改革究竟要改什么？其主要任务是什么？

首先，要改革旧的教育观念，真正确立起与新课程相适应的体现素质教育精神的教育观念。观念是行动的灵魂，教育观念对教学起着指导和统率的作用，一切先进的教学改革都是从新的教育观念中生发出来的；一切教学改革的困难都来自旧的教育观念的束缚；一切教学改革的尝试都是新旧教育观念斗争的结果。确立新的教育观念，是教学改革的首要任务。教育观念不转变，教学改革无从谈起；教育观念一转变，许多困难迎刃而解。当前教学还没有摆脱应试教育阴影的笼罩，而在应试教育观念尚未获得根本转变的情形下，学校所实施的教学改革也因此变得缺乏成效或事倍功半。学校要在课程改革中，组织学习与培训，开展反思与讨论，提高认识，强化责任，来一次教育观念的“启蒙运动”，把教师的教育思想观念统一到素质教育的要求上来，统一到新课程的方向上来。教育观念的转变将会真正焕发出教学的生命力和创造力。

其次，要坚定不移地推进教学方式和学习方式的转变。先进的教育观念要通过先进的教育方式体现出来，此外，教育观念转变本身也要在教育方式转变中进行，二者是相辅相成的关系。观念不转变，方式转变就没有了方向，没有了基础；方式不转变，观念转变就失去了归宿，失去了落脚点。所以，教学改革既要重视观念改革的先导作用，又要重视方式改革的载体作用。教学改革不仅要改变教师的教育观念，还要改变他们每天都在进行着的习以为常的教学方式、教学行为。这几乎等于要改变教师习惯了的生活方式，其艰难性就不言而喻了。从这个角度讲，教学改革是场攻坚战。就教与学关系而言，教师教育观念、教学方式的转变最终都要落实到学生学习方式的转变上。学生学习方式的转变具有极其重要的意义，这是因为学习方式的转变将会牵引出思维方式、生活方式甚至生存方式的转变。学生的自主性、独立性、能动性和创造性将因此得到真正的张扬和提升。学生不仅将成为学习和教育的主人，而且还将成为生活的主人，成为独立的、积极参与社会的、有责任感的人。学习方式转变因此被看成是当前课程改革的显著特征和核心任务。

再次，要致力于教学管理制度的重建。在转变观念和方式的同时，重建制度，这同样是当前教学改革的重要任务。教育思想观念的更新、教学与学习方式的转变需要相应的教学管理制度为其保驾护航。就学校教育内部而言，观念更新、方式转变的最大阻力来自落后的教学管理和评价制度。用应试教育的模式来管理和评价教师，怎么可能让教师生发出素质教育的思想观念和行为方式呢？对于当前课程和教学改革，教师反映最强烈的也就是教学管理和评价问题。他们盼望、呼吁与新课程、新教学相适应的新管理、新评价。教学管理制度的重建具有核心性的意义，它将从根本上解决教育观念和行为问题。当然，教学管理制度的重建不可能是一蹴而就的，它本身需要在改革过程中不断完善起来，也可以说，它与观念更新、行为转变是互动的过程，二者相辅相成，互相推进。

教育在经济社会发展中具有基础性、全局性和先导性战略地位，是国家创新发展的动力源泉，是个人改变命运的决定性因素。

教育事业十分重要，教育问题非常复杂，教育工作异常艰巨，教育作用利在长远，需要超前谋划，统筹兼顾，不断革新，需要用系统的思维认识改革，用普遍联系的观念设计改革，用统筹兼顾的方法推进改革，真正做到以改革增强活力，以改革推动发展，以改革提高质量，以改革促进和谐。

教育关系国计民生，事关国家兴衰和民族振兴全局，辐射各行各业，涉及千家万户，影响千秋万代。青年强则国家强，强国先强教，强国必强教。教育历来是最大的民生，提供更好更公平的教育，既是人民的期盼，也是实现中国梦的基础，就是政府工作的重点。教育需要优先发展，教育改革需要重点推进，今日的教育决定明天的未来，教育改革是国家改革开放的重要组成部分，一切改革都围绕经济发展和民生改善，一切教育改革都围绕建设现代化教育强国和让人民满意。

十年树木，百年树人，教育作用具有迟效性，教育事业功在当代，利在千秋，影响个人，惠及社会。这就要求与优生优育相结合，形成服务每个人从摇篮到坟墓的完整教育体系，为不同人的个性化需求提供多样化选择，并实现在学科间、学段间、学校间、类型间、公民办间、区域间、国内国外间、学习与工作间转换衔接畅通无阻。教育改革是一个既闭合又开放的系统工程，需要各级各类教育都坚持“育人为本”，适应学生在不同阶段的要求，近期目标、中期远景和长远规划相结合，注重教育各阶段和环节的有序衔接，及时加强薄弱环节和补足短板。

教育问题从来都是社会问题，影响因素多样。在社会结构深刻变动、利益格局深刻调整、思想观念深刻变化的当今社会，学校组织的复杂化、结构的多样化、水平的差异化、诉求的个性化程度不断增加，统筹兼顾各方利益的任务日益艰巨。在学生成长上受学校、家庭、同伴和社会多因素影响，在教学内容上受知识更新和技术变革影响，在育人方法上受生理学、心理学、教育学、社会学、经济学等多学科影响，在管理上涉及财政、人事、规划等

40多个部门。在教育规律认识上，未知远远大于已知，关系并非线性，经验很难复制。有的规律已有所认识，如认知特点和记忆规律，有的还在探索中，如脑功能。教育是社会的事业，涉及多个领域，牵扯多个部门，关系多方利益，改革必然困难重重，需要调动一切积极因素，全社会共同努力，以更大决心冲破思想观念的束缚、突破利益固化的藩篱，统筹各项改革同步推进：一是教育与经济社会改革的协同，如要保持教育优先持续发展，需要不断增大资源投入和拓展毕业生就业渠道，如要补足农村教育短板，需要推进城乡一体化；二是政府不同部门的协同，如要使流动人口子女获得与城市学生同等的教育公共服务，需要改革户籍制度；要使职业教育增强吸引力与适应性，需要部门企业行业的参与；三是学校、家庭和社会的协同，如要从根本上减轻学生负担过重的难题，需要家长配合和社会支持。

做好教育工作需要付出艰苦的努力，发展教育也不会一帆风顺。实现教育大国向教育强国的转变需要投入巨大的人力、物力、财力资源，需要国家财政的重点保障，需要各级政府的共同努力。以往的教育改革实际上是在“制度红利”基础上的改革，是各个地区之间地域化的制度竞争，是各个地方政府之间的制度竞争，出现了制度的碎片化现象，以及制度之间的不正当竞争，各地竞相出台优惠政策，导致教育资源被滥用的现象普遍存在，甚至还出现了中央和地方性法规博弈的现象。在人均GDP刚过6000美元和教育财政性经费占GDP比例达到4%之后，资源紧缺与需求日益增长之间的矛盾依然突出，保障水平低、不平衡、不可持续的问题依然存在，与国家生均拨款标准、学校建设标准、课程开齐开足标准、师资配齐配足标准还有相当的差距，需要中央和地方政府之间合理调整事权和财权，加强中央事权，扩大地方财权，促进权责相符，正确、准确、有序、协调地推进改革，该中央统一部署的不要抢跑，该试点的不要仓促推开，该尽早推进的不要拖延，该得到法律授权的不要超前推进，不动摇、不懈怠、不折腾，才能克服困难，达成目标。

教育既是今天，更是明天，要适应人的发展需要培养健全人格，要适应经济社会发展需要培养有用之才，实现人的发展和社会发展的有机结合。教育改革因此要着眼未来，预测分析、超前规划、提前部署、先行试验、完善培养目标、更新课程内容、调整学科专业。如果改革能够未雨绸缪，具有前瞻性，加强预测、预报、预警分析，及时发现机遇，预测危机，不仅能提前防范风险，而且能避免过迟变革所付出的高昂代价；如果陷入问题倒逼的改革，就会头痛医头脚痛医脚，作出退而求其次的被动适应性变革，亡羊补牢，付出相当的成本；如果陷入危机应对的改革，作出被迫性变革，将要付出沉重的代价。在教育改革中，尤其要超前谋划主动改革。

立德树人是教育工作的根本任务，是深化教育领域综合改革之魂，体现全面育人和科学育人的特点。实施素质教育，治理学生负担过重问题，思路方向很明确，也不乏社会共识，但在实践中困难重重，需要各方面共同合作，全面实施素质教育，德智体美协调发展，一方面加强德育和劳动教育，加强体育和美育，另一方面降低智育学科比例，减轻学生课业负担。

教育公平是国家基本教育政策，承载了促进社会公平正义的重要任务，教育质量是人民满意的根本要求。在当代，受教育权在世界上被普遍认可为公民的一项基本人权，受到各国法律及国际法保障。受教育权是关涉受教育权的主体享受何种受教育权利以及如何享有的问题。

自20世纪90年代末以来，我国实施了一系列高校扩招政策，目前已在一定程度上进入了高校大众化阶段，但由其衍生出来的消极后果也开始不断受到人们的公平性诟病。一方面对扩招引发高校办学质量下降的尖锐批评。如师资增长的速度远远低于学生扩招的速度，导致师生比严重失调，师生间交流陷于瘫痪，严重影响教育质量。另一方面责难优质高校入学机会的不足，根本无法满足众多考生对其的需求。

另外，我国为了照顾弱势群体在平等高考竞争中的劣势，长期以来对我国少数民族地区和落后地区实行相应“高考分数倾斜”政策，或增加政策分、或降低录取分数线，以期实现教育公平。可由于我国目前高校主要分布在发达中心城市，高校招生计划又实行“按省分配”，导致这一政策加剧了“京、沪、穗”等发达地区高校生源的本地化程度，逐渐异化为对上述发达地区的“高考分数倾斜”，加大了弱势群体高校入学机会的不公，成为饱受人们公平性责难的政策之一。如：据资料表明，在全中国8至9亿个农民中，能够进入北大和清华的人数不及一个北京市进入该两校的人数，复旦大学本地生源占63%，中山大学占62%，厦门大学本地生源超过了40%；农村生源比例较高的中国农业大学农村新生比例近10年来逐渐下降。诸如此类现象不胜枚举，这些部属高校本应平等面向全国各地，但出现了上述严重异化现象，不时诱发“高考移民”现象产生。

但是目前还没有其他更好的甄别标准，“统一高考、分数面前一律平等”应是高校入学机会平等分配原则的公平体现与实施。据此原则，教育工作者就应采取强力措施，废除目前高校入学机会“按省分配计划”的体制，防止发达地区(城市)占有更多的高校入学机会；通过财政转移、支付等手段，促进高校区域均衡发展和公民平等享有高校入学机会的起点、过程与结果。

期盼有更好的教育、更稳定的工作、更满意的收入是每个国民的梦想，为每个学生提供适合的教育，让每个孩子都能成为有用之才，让每个人都学有所成，就是教育综合改革的目标。目前出现大学毕业生人数持续升高而就业率下降和薪酬过低的状况，造成国家和学生家庭数千亿元的经济损失。且从2009年起研究生就业率已经连续低于本科生，而专科生就业率也长期低于中职生。大学毕业生就业压力逐年增大，2014年已经达到727万新高点，2016年更是达到历史新高，那么就急需调整教育结构，尤其要促进地方本科院校向应用技术大学方向转变，扩大应用性研究生学位，加强就业指导和创业教育，急需促进就业公平，打破凭借社会关系陋习和户籍就业的阻碍，疏通就业渠道，提供创业服务。

现如今，在教育领域进行了改革攻坚，干成了一些“多年想干而未干成”的事情，不仅稳住了增长、推动了转型、改善了民生，也为全面深化改革蹚出了新路。今后应进一步谋求改革共识，调研不透不决策，条件不备不行动，抓住制约教育发展的关键环节，开启综合性最强的教育改革，从理念走向实践，从政策走向制度。改革是教育发展的强大动力，需要上下结合，以更大的勇气和智慧深化改革，进一步增强改革的自觉性和坚定性，强调综合改革，突破以往单兵突进、局部突破的老套路，否决“存在即合理”的旧观念，不为内部问题找外因借口，不因外部问题搞内部折腾，促进“帕累托最优”，探索顶层设计、整体推进、重点突破、试点先行的新路径。

第二节 单个学科的教学改革

一、借助人文教育进行教学改革

人文是人类所有实践成果以及实践能力和实践方式的总称，也就是说人类经过实践创造的文化，体现在物质和精神以及制度各个方面。人文教育过程就是把人类的优良成果内化为人格、修养以及气质，并且形成人类较为稳定的内在品质的过程，这一过程是通过知识传授、外界环境的熏陶以及自身的不断实践来完成的。经过二十几年的探讨和改革，人文教育具体可以概括为艺术教育与人文社会教育，对高等教育中人文教育的内容界定基本达成共识，具体内容为文、史、哲、艺术、现代文化精品、自然科学基本知识。

以英语教学为例。人文学科对于一个国家民族精神和形象的塑造，在社会价值导向以及人文导向方面发挥着重要作用，为此加强人文教育是人文学科包括英语学科的基本要求。然而随着教育的市场化改革，要求英语教学更具应用性和实践性，英语专业本应具有的人文属性却被弱化。在这里将分析人文教育对英语教学的重要意义，同时探讨英语教学人文性回归的可能性。

(一) 在英语专业教学中加强人文教育的重要性认识

1. 人文教育的目的

通过人文素质教育可以造就和培养出有潜能、有个性、受人们欢迎的人，也与我国新时期提倡素质教育的根本目的吻合。在大学阶段素质教育的着力点是学生的终身学习能力培养，通过挖掘学生的潜能和启发学生的心智，来着重打造学生自我发展、自我服务、自主学习的过程，以保证学生在今后工作中可以继续不断地更新知识，以及不断学习知识的热情和兴趣，保障学生具有继续学习和生存的能力和本领。然而在我国高等教育中，人文素质教育做得还远远不够。

2. 人文教育和人才培养的关系

人才培养是离不开人文素质教育的，它们的关系非常密切。首先，缺乏人文素质教育会造成学生知识面不广博，进而会影响学生对于学业进行深层次的研究和探索，也会影响学生未来独立工作的能力。其次，缺乏人文素质教育会影响学生审美能力的培养，造成学生审美能力普遍较低。而审美能力是一个人感悟和吸收美好事物的能力，一个人审美能力或高或低可以影响和决定其品位、气质、道德和修养的培养。缺失人文素质教育会对学生的心智活动启发不利，进而影响学生的心理健康水平和心理承受力，从而可能造成自闭、情感偏执，为此会严重影响学生沟通和交往能力培养，甚至会导致学生发生人格扭曲，正如科学家爱因斯坦所说的，仅仅是专业知识的教育，会使人成为有用的机器，而不是和谐发展的人，因为他缺乏对美、丑、善、恶、道德是非的辨别和判断能力。

3. 人文素质教育与英语教学的关系

《高等学校英语专业英语教学大纲》指出：高等教育所要培育的学生不仅仅是有扎实的英语语言基础，还需要具备广博的文化知识和完备的知识体系。并且还要求高等院校在英语专业技能基础课程的同时，还要开展相关外交、经贸、法律和管理课程。通过这些课程的开展，以达到培育复合型人才的目的。但是仅仅有复合型人才是不够的，有学者指出，实施英语专业复合型人才一定程度上可能削弱英语专业的人文性。

4. 提高英语专业学生人文素质的紧迫性

在我国高等教育史上，人们对人文素质教育的认识褒贬不一，而当今社会对人文教育重要性认识已达成共识。在当今的高等教育中，需要专业教育和人文通识教育的结合，大学的职能不能定位在职业培训上，也不能为了满足市场需求急功近利。一些专家和学者对当前我国的高等教育中功利现象甚为担忧，同时迫切强调在高等教育中加强人文教育的紧迫性和重要性：外语人才培养目标转型带来人文素质教育的淡化，已经成为高等院校外语教育发展的致命伤，人文精神的培养是当今时代的呐喊，是英语教育进一步改革的根本点。复合型外语人才不是英语和其他专业的简单组合，不能顾此失彼，缺失人文教育，高等院校就成了技能培训和职业学校。我国高校英语专业需要回归人文学科本位，英语专业教学改革方向应该是加强人文教育，向相关的人文科学领地渗透。如果我国当代大学生缺乏人文精神与民族精神，将会是非常可怕和非常危险的事情。因此可以表明，在高等英语院校加强人文素质教育，已经成为当今的英语教育中非常紧迫首要的任务。

(二) 根据英语学科特点，回归人文教育的英语专业教学改革

1. 明确培养目标

在高等院校英语专业教学大纲中，对英语专业培养目标给予了明确规定，即在保证学生语言技能的前提下，加强人文教育和专业教育，以及国际化视野和能力培养的结合。但是在各大高校中却常常忽略了广博知识这一要求，导致对外语人才培养目标发生误解。为此，各个高等院校应正确理解外语人才培养目标的内涵，树立正确的人才培养理念，结合本校的具体条件和特点，制定本校的外语人才培养方案，因而可以为实现英语专业技能学习、人文通识素质培养完美融合。这种融合不仅要使学生具备良好的英语技能，还要拥有广博的文化知识，对英美文化充分了解和认识。

2. 处理好人文教育和复合型人才培养的关系

作为高等教育的重要组成部分，英语教育应该遵循人文通识教育的基本要求，超越较强的职业化导向，不局限于短期的效益，更加关注国家和社会的长远发展，满足学生的当前就业需要和终身价值需要。要继续深化《大纲》为我们所确立的培育目标即扎实的英语语言功底和广博完备的知识体系，开展专业技能知识课程和相关专业课程。同时，狠抓人文教育，在教学方法和教学模式上改进英语教学。强调学生多去阅读英文原著和提高学生的批判能力。

提倡人文教育并非意味着否定复合型人才培养。我国经济正在飞速发展之中，所以需要一批复合型人才，也就是说要求学生不仅需要具备扎实的英语功底和良好的人文素养，同时还要兼有应用性学科知识。在借鉴国外先进办学经验的过程中，英语专业应该建立好自己的学科本体，学生通过选修、辅修的方式学习相关学科，根据学生兴趣开展各种活动，使得学生在课余时间积极阅读英文名著，提高自身人文素养。

3. 重构课程设置

加强人文素质教育，需要不断地改革英语专业课程设置，要在有限的课时内培养学生的英语技能和人文素质，需要开设以下三方面的课程:

(1) 适量的英语技能课，既要保证同中学阶段的英语基础教学完美接轨，又要加大对英语语言基础的夯实，同时还需要适当减少英语技能课时。

(2) 语言、文化知识课，主要包括文学、语言学、哲学、社会学、欧美

文化等等，其课时比例控制在60%左右，并且都用英语授课（哲学课用汉语授课），为学生提供多渠道英语学习环境。

（3）思想方法和思辨课，此类课程主要包括辩证方法论、逻辑、辩证法等课程，这些课时比例控制在15%左右，采用汉语授课。除此之外还应开设其他应用性课程，主要包括法律、经贸和财会等具有应用性的学科，以增强学生的应用性能力。此类课程的开设主体应该不仅仅是英语学院，其他学院也应担负起这一责任，英语专业学生通过选修、辅修参与进来。

4. 改进课程教学

一是加强以“学生为主导”的教学方法。学习语言最重要的是需要有沟通和交流的环境和平台。对于我国高校英语专业学生来说，最大的不足就是应用专业语言即非母语的语言环境较少，为此，需要教师设置以“学生为主导”角色的英语教学方式，从而有效增加学生应用专业语言和所学英语知识的机会，同时可以提高学生自身人文素质培养的积极性和主动性。对于即将毕业的学生，教师需要在课前多布置“以学生为主导”的教学内容，例如，多介绍和教育内容相关的文史哲思想、读书感想、报刊讨论、时事讨论和交流等，既可以帮助学生更好地理解教学内容，又可以开阔学生的视野，同时培养学生课堂责任意识，从而增强学生的职业道德品质和专业技能。二是拓宽阅读范围、加深思想深度。为了更好地提高学生的人文思想深度，可以采取拓宽学生的课外阅读范围的方法，有关学者提出：决定第二语言习得能力的关键是接触大量有趣的、同第二语言相关的语言输入材料。让学生多读优秀的英文原著作品，可以帮助学生获得文学知识，提高学生的审美能力和文学鉴赏能力，以及感受生活和认知生活的能力。为此通过增加学生的课外英语文学阅读，既可以帮助学生增加英文词汇量，培养英语语感，同时也可以了解国外语言文化背景，对于学生形成良好的人格和精神风貌都有促进意义。

5. 优化课程评价

传统的英语课程设置和教学方法通常是以英语技能训练为主的，对其评价通常是诊断性和终结性评价，然而，基于人文素质培养的英语专业高等教育，其课程设置都有所更新，主要是英语专业技能和人文通识知识内容有机结合，对其评价应该采取形成性评价和终结性评价相结合的方式，并且要以形成性评价为主导地位。在具体教学评价中，教师应多倡导学生进行自我评价和互相之间的评价，并且协助学生建立英语学习档案，采用多种方式，来有效优化英语高等教育中英语专业人文类课程的评价体系。而且，在评价的过程中，要改变单纯的以英语技能的高低为评价标准，注重学生知识体系是否全面，是否有着良好的文化素养。只有建立一种给予学生更多肯定的评价机制，才能够更好地促进英语教学的人文改革。

(三) 经贸英语教学改革

从经贸英语产生的条件与背景可以看出，其目标是培养学生具有用英语从事经贸活动的能力。相对于普通英语，该专业要求学生除了要有扎实的专业基础，更要有实际运用英语的能力。因此，作为教师，在传授过程中，就应该采取特殊的手段和方式来达到这一目的。

1. 经贸英语对学生的要求

我国已加人 WTO，社会对人才的需求已呈多元化趋势，要求学校培养人才以应用为主，具有技术能力强、知识面较宽、素质高的特点。这是经济建设和社会发展中出现的新情况、新特点，是对适应这个时代的人才提出的新的要求。经贸英语专业的教学必须具有这一鲜明的时代特征，主动适应经济和社会发展的需求。因此，经贸英语专业教学必须以社会对经贸英语专业人才的需求为目标，以培养经贸英语专业人才的技术应用能力为主线，突出应用性和针对性。通过教学计划的实施，经贸英语专业的学生既要具备比较扎实的经贸知识和英语基础；同时，应该具备较强的从事经贸英语专业工作的操作能力。

经贸英语既是外语学习，又是专业知识的掌握，是以某种外语为基础和手段，致力于某一门专业的学习、研究及应用的课程。专业知识是经贸英语的主体和内涵，而外语知识 (包括技能的演练) 则是载体和手段，二者密不可分，缺一不可。这就要求学生既要具备扎实的语言功底，能熟练地进行听、说、读、写、译，又能以英语为工具，处理各种经贸业务。学习要求可以用四个词来表述：识记——能基本理解，记住和表达经济和贸易专业中的基本概念和术语；领会——能正确、全面地把握所读语言材料的主旨大意；简单运用——能迅速正确地按指定的方法或技巧处理新的语言材料；综合运用——能按要求或实际情况，完成特定的任务。

鉴于经贸英语的特殊目的和内容，在传授过程中，教师就应该采取特殊的手段和方式来达到这一目的。

2. 经贸英语的教学改革方法

经贸英语专业强调经贸知识与英语应用能力的结合运用，因此，旧式的传统型的传统教学方法是无法满足这一专业课程的要求。因此在整个教学过程中，要采取一些新的方法来提高学生的学习兴趣，切忌一味地讲解经贸理论知识。将经贸知识的讲解与英语语言的应用结合起来。可以让学生翻译一些具体的外贸机构名词或企业名称，如：对外经济贸易部，中国海关总署，中国粮油进出口总公司等名称。这些内容是学生们将来工作中必须掌握的，而这种从实践中学习经贸知识、加强语言能力的培养的方式将会在很大程度上调动学生的积极性，培养他们的学习兴趣，帮助他们理解并发现自己的需要。

将课本上经贸知识与时代的发展联系起来。可以给学生们介绍与上世纪90年代国内国际经济形势紧密相联的词汇。例如：社会主义市场经济投资环境等；可以利用十分钟左右时间让学生做一小段汉译英或英译汉的练习，内容是从杂志、报刊中选出来的与经贸有关的段落。例如：外贸体制改革的中国与独联体的边境贸易发展等。目的在于让学生逐渐学会并掌握经贸类的词汇、文章。

向学生们推荐两三种有关杂志或报刊，如《中国周报》《中国经济新闻》等。这样学生们就可以借助字典，结合所掌握的一些经贸词汇独立阅读经贸文章。这些方法可以进一步调动学生的学习兴趣，让他们了解到这门专业英语的实用性，以及与今后工作的紧密联系，从而达到主动学习的目的。

经贸英语中“经贸”一词确定了英语的使用范围，在教学中，应该避免用普通英语来理解经贸英语，充分认识经贸英语的特点，采用多种方法，培养学生用英语从事经贸活动的能力。由于贸易涉及到很多知识领域，交流各方往往都是行家，知识水平高，又由于各方来自于语言、文化、法律背景极不相同的国家和地区，就使“经贸英语”具有以下基本文体特征：第一，用词方面，大量使用专业术语，例如：export document(出口单证)、negotiate(议付)、cover(投保)，stock(股票)，inflation(通货膨胀)，run(挤兑)等等。因此，相对于普通英语，经贸英语更侧重表达的准确性。第二，在句式方面，句子长度较长，长于英语句子的平均长度。有时一个段落由一两句话组成，句子结构复杂，含有较多的从句和修饰语，因此要读完整句后，才能弄清其含义。第三，在格式方面，以合同为例，其中涉及的重要的人或物常用大写字母开头，而且很少用代词指代。只有在上下文十分清楚，不致引起误解时才使用。第四，修辞手段使用很少。所有这些都使“经贸英语”的可理解程度大为降低，成为十分正式的文体。针对这些文体特征，在教学时，主要教学步骤如下：(1) 引导学生找出课文的文体的语言特征及词汇、句法、格式等的特征；(2) 与学生一起分析为什么要选择这些特征，以及这些特征所带来的影响和作用；(3) 指导学生翻译具有鲜明文体特征的材料，并充分利用译文的语言特征去体现这些文体特征。通过以上几个步骤就可把语言知识、经贸知识和文体知识有机地结合在一起，从而转化成为学生的能力。

经贸英语课程所要涉及的文化知识可以分为：语言中的文化知识，尤其是词汇。尽管具有文化内涵的词语在课文中出现得并不多，但却很影响对课文的理解。交际文化知识。指交际中的一些文化现象。制度化。指社会制度反映的文化现象，包括政治体制和法律文化。文化传统、价值观念和哲学思想。只有了解这方面的内容，才能很好地理解西方人。经贸英语的特点决定了文化教育在教学中占有重要的地位，而且应侧重于文化对比教育。贸易是跨越国界的经济活动，也是一种跨国界的文化交流活动，而经贸英语则是从事这一活动的人们相互沟通的工具，如使用者只知语言知识，而不知相应的文化知识，那么轻者沟通失败，重者造成误解，甚至引起国际官司，比如除臭剂 (deodorant) 一词在意大利被禁止在广告中使用，如不知这一点，就会引起不小的麻烦。类似的麻烦在我国外贸实践中也是多次发生了。所以在教学中，教师要注重介绍文化知识。但经贸英语毕竟不是英美文化教育课，因此，应以课文内容为纲，有征对性地而不是盲目地、有选择性的而不是面面俱到地比较分析与课文内容相关的文化知识，使学生能从文化层面上深刻地理解课文，并适当地进行归纳总结，让学生站在一定的高度上把握某一领域内的文化知识，以及中西文化的差异。这样，学生掌握课文知识的同时，又学习了一定的文化知识。

总之，经贸英语专业从教学内容到教学手段对教师来说都是一项新的事业，而教师的目标是培养出合格的经贸英语人才，满足社会经济发展的需要。因此教学活动应该采用新的教学理念和教学方法，尽可能地提高课堂教学质量。而教学质量的高低，决定了培养的人才是否能适应经济发展的需要。

3. 经贸英语实践课程教学改革的困难

经贸英语教学主要以传统模式为主，内容主要涉及外贸环节内容。比如《经贸英语函电》课程主要内容分为建立业务关系、询盘与答复、报盘与还盘、订单、促销、支付方式、保险、装运、投诉与索赔、合同协议等。《经贸英语口语》涉及的内容与《函电》类似，如接待来客、询价、磋商价格、订购、付款方式、运输、包装、保险及索赔、签订合同。经贸英语各类课程内容比较固定，要取得较好的教学与学习效果，就要对教学模式、考核与应用方式进行改革，实现课程转型增效。

在近年来的教学改革中，特别是教育部的本科教学评估中，实践教学的建设与实施备受重视。由于我国当前社会经济的快速发展，对应用型外语人才的需要更加突显，所以社会对学生的实际工作能力提出了越来越高的要求。学生在就业时也因此面临更严峻的考验。这一切都要求经贸英语专业的教学实践环节进一步改革创新，有一个质的飞跃，真正实现其服务于理论教学以及培养理论能力和实践能力兼备的高素质专业人才的目标。可是实践教学改革在具体操作上却有很大的困难，主要原因是经贸英语专业的课程设计和教学安排与传统教学有很大的不同，其实践教学也与传统英语专业的实习活动有很大的区别。新的社会经济环境和与之相适应的教学改革要求经贸英语专业的教学模式具有自己的鲜明特点，主要体现在教学内容、教学方式、教学管理等各方面；而经贸英语专业的这些特点决定了其实践教学必须与经贸实践和社会需求相结合。

不过，要做到实践教学与经贸实践和社会需求相结合又有许多困难，主要体现在以下两个方面：

首先是教学计划与实践机会不确定的矛盾。实践教学是高校和教育主管部门日益重视的教学环节，也是外语学习，尤其是经贸外语教学的重要组成部分，在教学计划中占有越来越重要的地位。但问题是外事与外贸活动从时间、形式以及内容上具有极大的不确定性，更加不可能根据教学需要而进行。也就是说教学安排是有目标、有计划，并且是循序渐进的，但大型的社会实践机会却不具备这种特性。体现在具体操作上，一是时间的不一致性。经贸活动的时间安排是由其主体单位（通常是企业组织）按照其经营管理目标和计划自主决定的，即便在与教学单位形成合作关系并同意为学生提供实践机会的情况下，也很难甚至不可能做到与教学计划同步。二是内容的不一致性。教学安排通常都具有严密的计划性，其教学内容必然遵循外语教学的内在规律由浅人深；而实践内容却不然，它具有很大的综合性、随机性和不可控性，根本不可能根据教学进度与教学需要而定，而要完全依据经贸活动的具体内容而随时改变。

其次是学生的实践能力与社会要求的矛盾。经贸英语的实践机会是所有学生都应当享有的，而实践单位通常只能允许或接受优秀学生参加，因为提供实践的单位进行的是真实的经贸实践活动，是与其经济效益挂钩的，因此也绝不允许出现任何差错。相反，学生能力的提高是一个渐进的过程，而且学生的能力通常参差不齐；而真实的社会经济活动对学生实践能力的要求到是始终一致的，是以能否完成真实的经贸活动任务为准的。此外，经贸英语实践本身有着很高的严肃性与重要性，“外事无小事”，外贸活动的成本很高，任何差错都可能带来严重的后果。这与对学生平时习作的一般要求是完全不同的，因此学生往往难以适应。

4. 经贸英语实践教学课程设置

为克服以上困难与问题，就要对经贸英语的实践教学课程进行大的改革，特别是在课程设置上有大的突破。

(1) 校内与校外结合。传统的实践教学要求在经贸部门或企业单位进行实践教学活动，但从上文提到的问题中可以看出，这样的模式在运作上存在困难，效果也不尽人意，有时甚至是行不通的。而校内、校外相结合的方式，经过实践证明，能够达到较好的教学效果。

校内实践的具体做法是对一些传统课程进行改造，更新教学内容和教学形式，使之适应实践教学的需要。主旨是使学生深人掌握经贸英语实践方面的基本知识和实际操作能力，并做为学生英语实践活动的准备与模拟，向真实的经贸活动进行的一种过渡。

校外实践教学具体做法是建立实践教学基地，向学生提供参与真实的经贸活动的实践机会。该环节是完善课堂教学与课外实践教学的衔接与协调，浓缩课堂教学、增加课外实践，切实解决学生的语言理论与操作行为间缺少感性认识的有效途径。其主旨是让学生真正走向社会，通过实践活动，学会在实际工作环瑰中运用自己的英语知识与技能来完成实际的工作任务。

（2）分散与集中结合。这种结合体现在实践教学的时间安排上，参与的人数上，以及地点上。时间上的分散是指实践教学不是只安排在某一特定时间范围，如第八学期，而是分开于从大二开始的几个学期内。之所以这样安排，一是由于实践教学单位的实践机会无法与教学安排完全协调一致；二是由于语言学习作为一种技能性的活动，它的实践能力是需要反复练习的，而一次实践活动无法真正收到较好的实际效果。

与此同时，在时间上又有集中实践。这是指除了分散到各个学期的实践活动之外，也要服从全校统一的第八学期集中实习的安排。作为毕业实习，此次实习的时间较长，其优点是能使学生在结合课堂教学中掌握的理论知识，以及总结之前的几次实践活动中的经验教训的墓础之上，更加明确实践活动的意义与目的，准确把握实践工作的具体操作准则、操作手段和操作技能，更好地完成具体任务。另外，通过将集中的毕业实习和毕业论文相结合，更重要的是与学生的择业活动相结合，既有助于学生将所学的语言知识和技能运用到实践中，加深对所学经贸英语语言的理解和运用，提高解决实际问题的能力，又能够让学生更加明确自己所能从事的工作，为最终走向工作岗位做好充分的准备。

在参与人数上的分散是指：很多经贸实践活动只能允许部分学生参与，人力有限。正因为如此，需要在几年的时间内，根据实践教学单位的情况，安排人数不等的学生分批分次的参加实践活动。而人员上的集中实践则是按照学校的统一安排，组织全体学生同时参加实践。这主要也是指第八学期的统一实习，其指导原则是全体动员，全面参与。

二、信息技术与课程整合

教育信息化是社会信息化的一个重要组成部分，是教育现代化的一个重要标志。目前我国高度重视教育信息化工作，出台了一系列旨在深入推进教育信息化的政策措施，将信息技术课程列入学生的必修课程，这些措施的核心就是推动信息技术教育与其他学科课程的整合，加强学生创新精神和实践能力的培养，促进教学方式的根本性变革。教育信息化，不光是教育手段的改变，而且是教育思想、教育观念和教学结构、教学模式的转变，离开了教育信息化，谈不上教育现代化。

为了推进我国教育的深化改革，以利于具有创新能力人才的成长，必须明确认清教学过程的本质，在先进的教育科学理论的指导下，把改变传统的以教师为中心的教学结构，创建既能发挥教师指导作用又能充分体现学生主体作用的新型教学结构，作为当前各级各类学校深化教学改革的主要目标。

传统教学结构的弊病，并不在于主张发挥教师的主导作用，而在于把教师的主导作用任意夸大并绝对化。为了达到教学过程最优化，使学生获得最佳的学习效果，教师的指导作用是必不可少的——尤其是在大学阶段更是如此。所以新型教学结构的创建绝不应忽视这一方面而走到另一个极端——片面强调以学生为中心，完全让学生自由去探索，忽视教师(甚至也忽视教材)的作用，就像目前国外有些极端的建构主义者所主张的那样，这种片面性我们从一开始就应当避免。与此同时，考虑到几十年来毕竟是以教师为中心的教学结构统治课堂，由教师主宰整个教学活动进程而把学生置于被动地位已成为传统教学的习惯与常规，因此在当前的教学改革中，更多地强调要发挥学生的主动性，要充分体现学生的主体作用，甚至提出应以建构主义理论为指导(建构主义主张教师指导下的以学生为中心的学习)来建立新型的教学模式，我们认为这也是完全必要的，这对于冲击多年来以教师为中心的片面性(只看到教学过程这一矛盾中教师的“教”这一个侧面，而忽视学生的“学”这另一个侧面)和批判机械的“外因论”(只重视教师提供的外部刺激，而忽视学生的内部心理过程)都是大有好处的。换句话说，当前创建新型教学结构的核心(或者说，当前深化教学改革的关键)在于，如何充分发挥学生在学习过程中的主动性、积极性与创造性，使学生在学习过程中真正成为信息加工的主体和知识意义的主动建构者，而不是外部刺激的被动接受者和知识灌输的对象；教师则应成为课堂教学的组织者、指导者，学生建构意义的帮助者、促进者，而不是知识的灌输者和课堂的主宰。要实现上述教改目标就决然离不开信息技术与各学科课程的整合，这可以从以计算机为核心的信息技术的特性加以论证。

以计算机为核心的信息技术可为新型教学结构的创建提供最理想的教学环境。

以计算机为核心的信息技术主要指多媒体计算机、教室网络、校园网和因特网。作为新型的教学媒体，它们具有以下几种对于教育、教学过程来说极为宝贵的特性，可以为新型教学结构的创建提供最理想的教学环境。

多媒体计算机的交互性有利于激发学生的学习兴趣和认知主体作用的发挥。人机交互是计算机的显著特点，是任何其他媒体所没有的。多媒体计算机进一步把电视机所具有的视听合一功能与计算机的交互功能结合在一起，产生出一种新的图文并茂的、丰富多彩的人机交互方式，而且可以立即反馈。这样一种交互方式对于教学过程具有重要意义，它能有效地激发学生的学习兴趣，使学生产生强烈的学习欲望，从而形成学习动机。

此外，这种交互性还有利于发挥学生的认知主体作用。如上所述，在传统的教学过程中，一切都是由教师主宰：从教学内容、教学策略、教学方法、教学步骤甚至学生做的练习都是教师事先安排好的，学生只能被动地参与这个过程。而在多媒体计算机这样的交互式学习环境中学生则可以按照自己的学习基础、学习兴趣来选择所要学习的内容和适合自己水平的练习；如果教学软件编得更好，连教学策略也可以选择，比如说，可以用个别化教学策略，也可以用协商讨论的策略。这就是说，学生在这样的交互式教学环境中有了主动参与的可能，而不是一切都听从教师摆布，学生只能被动接受。按照认知学习理论的观点，人的认识不是外部刺激直接给予的，而是外部刺激与人的内部心理过程相互作用的产物。为了有效地认知，外部刺激是需要的，但起决定作用的还是人的心理过程。在教学过程中学生才是认知的主体，必须发挥学生的主动性、积极性，才能获得有效地认知，这种主动参与性就为学生的主动性、积极性的发挥创造了良好的条件，从而使学生能真正体现出认知主体作用。

多媒体计算机提供外部刺激的多样性有利于知识的获取与保持。

多媒体计算机提供的外部刺激不是单一的刺激，而是多种感官的综合刺激。这对于知识的获取和保持，都是非常重要的。实验心理学家赤瑞特拉做过两个著名的心理实验，一个是关于人类获取信息的来源，即人类获取信息主要通过哪些途径。他通过大量的实验证实：人类获取的信息83%来自视觉，11%来自听觉，这两个加起来就有94%。还有3.5%来自嗅觉，1.5%来自触觉，1%来自味觉。多媒体技术既能看得见，又能听得见，还能用手操作。这样通过多种感官的刺激所获取的信息量，比单一地听老师讲课强得多。信息和知识是密切相关的，获取大量的信息就可以掌握更多的知识。他还做了另一个实验，是关于知识保持即记忆持久性的实验。结果是这样的：人们一般能记住自己阅读内容的10%，自己听到内容的20%，自己看到内容的30%，自己听到和看到内容的50%，在交流过程中自己所说内容的70%。这就是说，如果既能听到又能看到，再通过讨论、交流用自己的语言表达出来，知识的保持将大大优于传统教学的效果。这说明多媒体计算机应用于教学过程不仅非常有利于知识的获取，而且非常有利于知识的保持。

多媒体系统的超文本特性可实现对教学信息最有效的组织与管理。超文本是按照人脑的联想思维方式，用网状结构非线性地组织管理信息的一种先进技术。如果所管理的信息不仅是文字，而且还包含图形、动画、图像、声音、视频等其他媒体信息，那就成为一个超媒体系统，换句话说，超媒体就是多媒体加超文本。事实上，目前的几乎所有多媒体系统都是采用超文本方式对信息进行组织与管理。因此通常也可以对超媒体系统与多媒体系统不加区分，即把超文本看做是多媒体系统的一种固有特性。如果按超文本方式组织一本书，就和传统的文件或印刷的书籍完全不同，这时的正文（文章、段落或一句话、一个词）都按相互间的联系被组织成正文网。这本书无所谓第一页和最后一页，从哪段正文开始阅读，以及接下来读什么，都由读者的意愿来决定。选择下一段正文的依据不是顺序，也不是索引，而是正文之间的语义联系。认知心理学的研究表明，人类思维具有联想特征。人在阅读或思考问题过程中经常由于联想从一个概念或主题转移到另一个相关的概念或主题。所以按超文本的非线性、网状结构组织管理信息和按传统文本的线性、顺序结构组织管理信息相比较，前者更符合人类的思维特点和阅读习惯。超文本之所以具有上述优越性是由其结构特征决定的，超文本的基本结构由节点和链组成。节点用于存储各种信息，节点内容可以是文本、语音、图形、动画、图像或一段活动影像，节点大小可以是一个窗口，也可以是一帧或若干帧所包含的数据；链则用来表示各节点（即各种信息）之间的关联。

节点和链均有多种不同的类型，因而形成各种不同的多媒体系统。

利用多媒体的超文本特性可实现对教学信息最有效的组织与管理：可按教学目标的要求，把包含不同媒体信息的各种教学内容组成一个有机的整体。例如，外语教学目标通常有“听、说、读、写”四方面要求，相应的教学内容应包含文字、语音和视频等不同媒体的信息，但是在传统的印刷教材中，有关语音和活动影像的内容无法与文字内容组成一体化的教材，只能以教科书、录音带、录像带三者各自独立的形式分别出版，既不便于教师的教，也不便于学生的学，与超文本方式组织的图、文、音、像并茂的丰富多彩的一体化电子教材不可同日而语。

可按教学内容的要求，把包含不同教学特征的各种教学资料组成一个有机的整体。教学内容的每个单元均包含练习、习题、测验、对测验的解答及相应的演示或实验等，把这些教学内容相关而教学特征不同的教学资料有机地组织在一起，无疑对课堂教学、课外复习或自学都是大有好处的，利用超文本方式可以很自然而方便地实现这一点。但是若按传统的线性、顺序方式把这些不同特征的教学内容组合在一起，则将成为杂乱无章的、让人无法阅读的大杂烩。

可按学生的知识基础与水平把相关学科的预备知识及开阔视野所需要的扩展知识组成有机的整体。因材施教是优化教学过程的重要目标之一，但由于学生个体之间差异很大，要在传统印刷教材中同时满足基础较差学生、一般学生和优秀学生对教学内容的不同需求是做不到的，而在多媒体电子教科书中这却是轻而易举的事情，只需利用超文本特性设置和预备知识有关的热键以及和扩展知识有关的热键即可。

计算机网络特性有利于实现能培养合作精神并促进高级认知能力发展的协作式学习。

在传统教学中使用计算机时只是强调个别化教学，个别化教学策略对于发挥学生的主动性和进行因人而异的指导无疑是有好处的，但是随着认知学习理论研究的发展，人们发现只强调个别化是不够的，在学习高级认知能力的场合（例如对疑难问题求解或是要求对复杂问题进行分析、综合、评价的场合），采用协作式教学策略往往能取得事半功倍的效果，因而更能奏效。所谓协作式教学策略，要求为多个学习者提供对同一问题用多种不同观点进行观察比较和综合分析的机会，以便集思广益。这不仅对问题的深化理解和知识的掌握运用大有裨益，而且对高级认知能力的发展、合作精神的培养和良好人际关系的形成也有明显的促进作用，因而，基于计算机网络的协作学习正日益受到国际上愈来愈多教育工作者的研究与关注。目前在基于 Internet 的教育网络中，常用的协作式教学策略有竞争、协同、伙伴和角色扮演等多种不同形式。可以说，协作式是最能体现网络特性，也最有利于 21 世纪新型人才培养的一种教学策略之一，目前围绕协作式教学策略的探索，已成为国际上计算机网络教育领域的一个研究热点。

超文本特性与网络特性的结合有利于实现能培养创新精神和促进信息能力发展的发现式学习。

如前所述，创新能力和信息能力 (包括信息获取、信息分析与信息加工能力) 是信息社会所需新型人才必须具备的两种重要的能力素质。这两种能力素质的培养需要特定的、有较高要求的教学环境的支持，多媒体的超文本特性与网络特性的结合，正好可以为这两种能力素质的培养营造最理想的环境。众所周知，因特网是世界上最大的知识库、资源库，它拥有最丰富的信息资源，而且这些知识库和资源库都是按照符合人类联想思维特点的超文本结构组织起来的，因而特别适合于学生进行“自主发现、自主探索”式学习，这样就为学生发散性思维、创造性思维的发展和创新能力的孕育提供了肥沃的土壤。与此同时，由于学生从小就有机会在 Internet 这样的信息海洋中自由地探索、发现，并对所获取的大量信息进行分析、评价、优选和进一步的加工，然后再根据自身的需要加以充分的利用，显然，在这个过程中，学生必将得到关于信息能力方面的最好的学习与锻炼，从而能较快地成长为既有高度创新精神，又有很强信息能力的符合 21 世纪需求的新型人才。

所以以计算机为核心的信息技术确实具有优化教育、教学过程的多种宝贵特性，这些特征的集中体现就是能充分发挥学生的主动性与创造性，从而为学生创新能力和信息能力的培养营造最理想的教学环境，而这样的环境正是创建新型教学活动进程的结构所必不可少的。

三、以学科竞赛为载体推动学科教学改革

2007 年，教育部、财政部“质量工程”文件明确把加强学科竞赛工作纳

入了“实践教学与人才培养模式改革创新”中，并提出“继续开展大学生竞赛活动，重点资助在全国具有较大影响和广泛参与面的大学生竞赛活动，激发大学生的兴趣和潜能，培养大学生的团队协作意识和创新精神”。目前，各高校纷纷成立专门的学科竞赛管理机构，不断完善各种竞赛激励机制，在竞赛经费与场地等方面也尽可能提供必要的保障，师生在学科竞赛中不断取得优异的成绩。

(一) 学科竞赛与常规教学

虽然学生具备良好的参赛素质，教师拥有丰富的大赛指导经验，使学生能在竞赛中脱颖而出，但是在参加各级、各类竞赛过程中，也暴露出了常规教学中存在的问题：通过常规的课堂教学后，学生普遍认为自己基础知识与技术应用水平比较低，即学生不知道在具体的竞赛项目中需要应用哪些基础知识、技术以及如何应用，也就是说学生普遍缺乏理论联系实际的能力；参赛后有接近一半的学生认为自己在知识技能上有所收获，也证明了常规教学中理论联系实际的能力可以通过学科竞赛来实现。在创新能力与人际沟通和团队合作能力方面，学科竞赛比常规课堂教学有明显的优势。如果我们换一个角度看待这一问题，则说明没有参加竞赛的学生在理论联系实际、创新能力与人际沟通和团队协调能力方面存在明显不足。

(二) 以学科竞赛创新课堂教学

可以依托各级各类学科竞赛，把它们融入到日常的课堂教学之中，形成基于创新实验项目的教学改革。实践证明，该教学方式可取得良好的教学效果。

对于项目的具体要求与学科竞赛保持一致，不降低任务的挑战性。虽然不是所有的学生都能达到这种最佳表现，但是对项目较高要求的描述能为学生提供一个最佳表现的全图景，可以使学生的努力方向更加明确、具体。能力较强的学生可以扩大自己的学习范围和深度，而能力较弱的学生也可以获得向其他学生学习的机会。

以创新实验项目为基础，推进课堂教学改革，这里设计的创新实验项目，并不是以常规教学兴趣小组或课外实践活动的形式来开展的，而是贯穿于日常的课堂教学中，是整个课堂教学的主体。由于在常规讲授式课堂中，学生学了很多具体的东西，但是它们在头脑中很难拼接在一起，因而无法将它们应用到实际问题中。我们通过把必要的知识和技能整合到创新实验项目学习中，学生在知道概念、掌握信息和了解流程后，还能够把它们应用到解决实际问题上。如果学生没有学会问题解决策略和解决过程，他们很难把学到的知识迁移到另一个新环境中。在创新实验项目教学中，并非教师统一讲授过后，由学生团队自主完成一个项目，该情况下把项目看成是对学生所学知识、技能的一种应用活动，由于学生在学习知识的时候并没有意识到以后要使用它们，所以等项目开始后，他们已经忘记了很多，做项目的时候还要从头学习。

在教学中，要求学生自己去发现问题，带着这些问题，自主地寻求解决问题的最佳途径，将发现问题和解决问题的能力融入教学，逐步培养学生的创新能力。

第二章

经贸类专业的教学改革

随着中国改革开放的不断深入，经贸类专业一直都受到追捧。然而近几年，由于全球经济复苏的动能不足，经贸行业整体不景气，一些经贸类专业的招生和就业也面临压力。走在十字路口的经贸专业该何去何从呢？虽然就业基数大，但实际上就业岗位特别是经贸类的岗位还是很多，关键在于培养的人才能否对口，学生是否具备跨文化交流能力。现实中很多经贸专业的毕业生，往往理论知识很优秀，但实操能力不足，不符合经贸单位的需求。因此，我们应该树立以人为本的教育理念，高等经贸类专业也应着力培养以经贸技能为核心、具备综合素质的复合型高等人才。

第一节　经贸类专业的发展历程

经济贸易类专业是经济学的一个分支，该专业注重内贸与外贸相结合、营销与管理相结合，以内贸、营销为主，重视学生综合能力的培养。该专业主要培养适应社会主义现代化建设需要的德才兼备、高素质复合型的能在工商贸企业从事贸易、营销与管理等实际业务工作和商贸部门管理的高级专门人才。

一、经贸类专业在中国的创新和发展

改革开放以来，我国对外贸易迅速发展，规模不断扩大。为了满足地方经济和行业发展的需要，缓解经贸人才的供需矛盾，我国许多普通高校相继开设了经贸专业，培养了一批经贸实用性高级人才。

(一) 国际经济与贸易专业的发展历程

国际经济与贸易专业属于经济学门类应用经济学一级学科下的二级学科专业，也就是应用经济学专业。

国际经济与贸易是运用国际经济学中的贸易理论和分析方法，研究国际贸易发生的原因、国际贸易政策、国际贸易实务以及国际贸易与经济发展关系的一门学科。随着全球经济一体化程度的加快以及中国加入 WTO 后国内市场与国际市场的进一步接轨，迫切需要一大批具有坚实的国际经济与

贸易理论基础、熟悉国际贸易实务、熟练掌握外语的高级专门人才。随着社会对本专业人才需求的不断增加，国际经济与贸易专业具有非常广阔的发展前景。

伴随着我国外向型经济的不断发展，特别是我国加入世界贸易组织、融入经济全球化以后，国内人才市场对涉外人才的需求日益增长。我国民族地区外经贸人才缺口更大，尤为迫切需要外经贸人才带动民族地区涉外经济发展。国际经济与贸易类专业设置的历史比较长。建国初期，我国部分高校就设置了国际贸易类专业，为国家培养了一批批从事外贸工作的人才。然而，由于我国对外贸易工作长期没有受到应有的重视，外贸在国民经济中所占的比重很小，往往只是国家对外创汇的手段，因此，相应地外贸高级人才的培养规模也比较小。1979 年改革开放以后，为了适应经济快速发展和对外开放搞活的需要，一些高校陆续设置了国际经济、国际商务、工业外贸等专业，这些专业很快成为热门，为社会提供了大量急需的人才。

随着社会的发展，社会对大学毕业生的要求日益提高，不仅具有扎实的专业基础理论，而且要有较强的动手能力和岗位适应能力。对国际经济与贸易专业的毕业生，要求具有很强的英语能力，特别是须具有较好的口语水平；在业务能力上，要有一定的对外贸易实际运作能力。国际经济与贸易(以下简称“国际贸易”)是应用经济学领域中的一个独特分支，它研究的是不同国家(或者有独立海关制度的地区)之间的贸易，而不是一国国内的贸易。作为经济学科的一个分支，国际贸易像一座美轮美奂的殿堂，这里汇集了人类自然科学璀璨智慧和社会科学的壮美文明，数学、物理学、化学、统计学、地理学、哲学、社会学、政治学等科学共同构筑了这宏伟的殿堂。作为一门经济学科，国际贸易的殿堂不是空中楼阁，而是经世致用之学，它提炼于世界经济活动的现实，又反用于指导人类的经济实践活动。因此，国际贸易对人类社会和文明发展所起的推动作用与其学科背景——经济学相比，既有共性，又存在其独特之处。随着全球经济一体化程度的加快，以及中国加入 WTO 后国内市场与国际市场的进一步接轨，迫切需要一大批具有坚实的国际经济与贸易理论基础、熟悉国际 贸易实务、熟练掌握外语的中高级专门人才。

正是在这种需求背景下，加上国际贸易类专业办学门槛较低，一时间各地高校纷纷开设了国际经济与贸易专业。国际贸易专业自 20 世纪 90 年代以来就一直成为高校招生和就业的热门专业。国际贸易领域出现的新趋势、国内经济与国际经济的进一步融合以及市场经济的不断完善，国际贸易学科的发展日益呈现出国际化、市场化等方面的趋势，对我们国际贸易专业人才的培养提出了更高的要求。国际经济与贸易专业的动态 进入 21 世纪，国际经济与贸易主要有五个发展趋势。

1. 随着世界经济的复苏，国际贸易增速加快但发展不平衡。

2. 随着国际分工不断深化，国际投资发展迅猛。

3. 随着国际贸易和投资多边规则的实施，国际经济区域化和集团化更加明显。

4. 随着科技进步，国际经济与贸易的领域和层次不断拓深。

5. 随着政治、文化和资源环境因素的渗透，国际经济与贸易发展的进程受到的干扰、控制和约束越来越大。

这些发展趋势有好有坏，好的要积极引导，坏的要努力克服，趋利避害，勇于迎接新的挑战。总之我们应该加强国际合作，携手打造国际经济与贸易发展的明天。

国际经济与贸易专业学科发展同样面临着许多问题。尽管改革开放以来，我国的此专业获得很大发展，但与国外相比，仍有较大差距，经济全球化与市场经济的发展给它带来了新的问题。

第一，国际化问题。国际化是本学科发展的必然要求。它要求学生具备国际视野和较强的跨文化交流能力。国际化问题主要体现在教学国际化和学术国际化。 教学国际化是基础，学术国际化是制高点。

第二，本土化问题。任何一个事物，首先必须是民族的，然后才能成为世界的。随着经济全球化的发展，我们要更加注重民族特色。中国的国际贸易学科的发展必须立足于本国国情，彰显本国特色，才能放眼全球。

第三，市场化问题。国贸专业属于应用经济学的二级学科，培养的人才具有很强的市场适应性。但从现实情况看，我国培养的学生与市场衔接存在一些问题。

第四，融合化问题。国际贸易专业和世界经济专业分属不同的院系。财经大学在专业上划分过细，国外基本不存在国际贸易专业，也不存在世界经济专业，只有经济学类的国际经济学专业和商科类的国际商务专业。因此我们必须整合学科资源，促进其共同发展。国际经济与贸易专业的就业状况，国际经济与贸易专业的毕业生可以到政府对外贸易经济管理部门从事外贸管理工作，到外贸企业从事对外贸易业务及国际市场的营销工作，到国家机关、国民经济综合部门、商业部门、涉外企业、合资企业、大型工商贸易公司或企业从事贸易经济、市场营销、经营管理工作，到各大高等院校、科研单位从事教学及科研工作等。

有业内人士估计，现在全国能熟练运用外语和法律知识与国外客户洽谈业务、签定合同的仅有2000人左右。涉及国际法、国际贸易法和WTO规则的律师尤其稀缺，上海五千多名律师中只有50名左右的律师具备这样的素质和能力，根本做不到每个企业在对外经济活动中都有律师的协助，而涉外律师的收入相当可观，除了涉外法律案件一小时的咨询费可达数百美金。

就业方向一：市场、公关。企业通过媒介的介绍、传播，和观众的交流、沟通和互动，在公众面前树立并强化公司的品牌形象，在市场竞争中赢得先机。而在这一系列活动安排中，专业公关是企业的好帮手。

就业方向二：营销人员。只要有产品和服务在出售，就会有销售的职位在招聘。对于以技术为背景的行业里面，例如电讯、软件等，销售的需求仍然会持续走高。即使在非技术领域，销售职位也一直是市场需求最旺盛的职位类别之一。

就业方向三：行政、后勤。行政、后勤部门就是协助好上级行政领导施政行政，当好助手。关键是要为领导分忧和服好务，起到上传下达的作用。

就业方向四：金融、保险、投资。工作内容广泛，报酬差距较大，收入多半与业绩挂钩。

就业方向五：对外贸易人员。将“世界工厂”生产的产品，销售给国外客户；为国内客户寻找国外货源；组织国际贸易货物物流等。有相当一部分外贸人员在经验成熟后，成立了属于自己的外贸公司。

由于加入WTO，中国可以在更宽领域、更高层次上与不同的国家和地区发生贸易往来。加入世贸组织后，我国的对外开放一方面迎来了新的发展机遇，自入世以来，我们获得了一个相对稳定和可预见的国际经济贸易环境，国际市场空间扩大，对外贸易快速增长。综上所述，我们知道国际经济与贸易是不断发展的，尽管它在发展的过程中遇到很多障碍，出现很多问题，但它总体上是进步的。它的有利因素在不断增长如经济全球化，经济区域集团化，科技的进步，信息化时代的到来，这些将有力促进国际经济与贸易的发展。

不利因素有近几年的经济危机，国际关系的恶化，政治的参与，地区和国家意识形态浓厚，贸易壁垒的存在，环境的污染等。我们要趋利避害，引导有利因素，克服解决不利因素。新的时代对人才也有新的要求，国贸专业学生应该在学习专业知识的同时拓展知识面，提高综合素质及全面发展的能力，使自己全面适应社会的需要，具备一定的创新能力、较强的心理承受能力和社会适应能力。总之要把自己锻炼成一个真正对社会有用，能在本专业上实现人生价值的人才。

(二) 贸易经济学的创新和发展

贸易经济学是研究商品流通领域交换关系及规律的独立的经济学科，它研究实物商品、服务商品和商务活动，以交换、市场、流通、贸易、商业、流通产业、价格、供求等为核心范畴，研究整个商品流通领域的资源配置、总量规模、结构状况、运行规律、流通体制等问题，属于应用经济学的范畴。

1. 我国贸易经济学发展历程

1904 年，中国人自己编纂最早的系统著作《商学》出版，至今有 106 年的历史。1916 年上海商务印书馆出版了柳准编写的《商业经济》大学教材，但中国贸易经济学科是在新中国成立后得以产生和发展的，至今已有 60 年历史，经历了以下阶段：

第一阶段：新中国成立 -1965 年，我国商业经济学初创时期，借用苏维埃贸易经济学，在计划经济体制框架下形成了特有的贸易经济学科。

第二阶段：1966-1976 年，这一时期财经院校相继停办商业经济专业，使我国处于初创时期的商业经济专业及商业经济研究遭到灾难性的破坏。

第三阶段：1978-1998 年，十一届三中全会后，我国恢复高考，教育步入正轨，各财经院校、商学院恢复贸易系和商业经济专业。翻译、撰写了大量专著、教材，商业经济专业和学科建设进入繁荣时期，形成了商业经济的大学专科、本科、硕士研究生、博士研究生教学体系。

第四阶段：1998年以来，贸易经济进入创新时期。1998年，原教育部进行专业结构调整，本科专业目录从1993年的504种减少到249种，研究生招生目录从二级学科的654种减少到381种。这次专业目录调整取消了贸易经济学作为一级学科，但是却将“国际经济与贸易”专业作为经济学的二级学科保留，显然具有明显的缺陷。1998年全国普通高等学校本科专业目录调整时，将贸易经济本科专业取消，纪宝成、万典武、李金轩、徐从才、柳思维、马龙龙、纪良纲、祝合良、洪涛等专家学者先后采取多种形式向国家反映情况，要求保留贸易经济专业，后来在国家教委专业目录外保留贸易经济专业。在此之前，1997年修订的全国《授予博士、硕士学位和培养研究生的学科和专业目录》中，将原贸易经济博士、硕士专业归在产业经济学二级学科和专业之中，这次调整给贸易经济专业的发展造成了很大的影响。至今仍然有30多所院校在专业目录外保留了大学贸易经济专业，同时许多院校在研究生应用经济学、产业经济学、管理学、营销学中保留了贸易经济研究方向，层次十分混乱，中国人民大学、中国社会科学院财贸所、西安交通大学、西南财经大学、上海财经大学、中南财经大学、厦门大学、东北财经大学、浙江工商大学、哈尔滨商业大学、吉林大学等10所院校（所）在博士生研究方向上保留了贸易经济 / 流通经济研究等，北京工商大学在产业经济学中保留了流通经济方向。

第五阶段：自2003年以来，先后在南京、吉首、北京、成都、承德、南京、丹东、长沙、昆明等地举办了全国高校贸易经济教学研究会的年会或研讨会，研讨了贸易经济专业的创新与发展。

2004年国务院研究室专函给北京工商大学，调查贸易经济专业的发展现状及其趋势，2004年9月28日，北京工商大学与全国高校贸易经济教学研究会举办贸易经济学科建设研讨会。在此基础上洪涛教授主编出版《创新贸易经济学》，这是我国第一本专业建设学术著作。2005年9月，流通产业与贸易经济学科发展研讨会在北京举办，在此基础上，祝合良主编出版了《流通产业理论与实践》，这是我国第二本专业建设学术著作。

2. 世界进入服务经济社会

进入21世纪，世界已由工业社会进入服务业社会，商业已经发展成为流通产业，并在国家的经济安全、提升经济总量、影响产业链条、解决就业、提高财政收入、加速经济运转等方面，发挥着越来越重要的作用。流通产业具有先导性和基础性的地位和作用。

我国流通产业飞速发展，在国民经济中的地位越来越高，正在发挥着先导性和基础性的地位和作用，流通产业产值在 GDP 中所占的比例超过 15%，从业人员超过 8500 万人，在引导生产、扩大消费、增加就业、促进经济和社会发展、提高人民生活水平方面发挥了重要作用。

3. 高校对传统贸易经济学进行创新

近年来，许多院校对传统贸易经济学进行了创新，如中国人民大学在博士、硕士研究方向上设置了流通经济方向；南京财经大学、湖南商学院、北京工商大学等院校进行了贸易经济学创新；南京财经大学贸易经济学科荣获江苏省高等教育教学成果一等奖，湖南商学院贸易经济学荣获湖南省高等教育教学成果一等奖，前者还荣获 2005 年国家教学优秀成果二等奖，后者荣获 2006 年国家教委精品课程；重庆工商大学的"零售管理"成为重庆精品课程。并且，确立了新流通经济学结构。

(1) 主体结构分析法

它是以从事流通活动的机构为中心，对流通问题分析的方法。具体地说，就是对流通活动的主体，即制造商、批发商、零售商等的形态、结构、特征、功能及其进化等问题进行分析。将流通产业主体归纳为：流通产业是商品（含服务）流通的组织载体，是一个相对独立的产业组织，是一切实物贸易和商业服务贸易活动的组织群体，分为实物商品和服务商品贸易活动的组织、进出口贸易活动的组织，包括商品批发零售餐饮业，住宿业，物流配送业，电子商务业（电子商务是 21 世纪贸易的发展方向），租赁业，拍卖业，典当业，旧货业，商业服务（理发及美容保健、摄影扩印、洗染、家政），会展业，商业信息业，商业咨询业，包括各类生产企业的分销渠道组织。

(2) 客体结构分析法

它是以流通的商品（含服务）或商品群（线）为中心，以实物商品、服务商品、各种活动为客体，分类研究这些商品流通过程。实物商品内在结构包括核心商品、外观商品、辅助商品、包装商品等；服务商品内在结构包括核心产品、基础产品、期望产品、附加产品、潜在产品等；各种相关活动。此外，商品的外在结构包括商品（服务）之间的相互联系和关系。

(3) 对象结构分析法

它是以流通的顾客、供应商、代理商等交易对象进行结构分析的方法。流通业与工业、农业生产过程的内容不同，工业、农业的生产过程包括主体、工具、客体，劳动者运用劳动工具对劳动对象进行改造和加工，就可以进行生产活动了。而流通业则不同，它需要增加一个“活的对象”—与顾客、供应商、代理商打交道，没有顾客等对象因素，流通活动就不可能进行，因此流通业具有很强的“社会性”，是由一系列“窗口”所形成的产业。

(4) 功能结构分析法

它是以流通活动发挥的功能为中心，对流通问题分析的方法。如对流通的商流、物流、信息流功能作具体分析，对服务于商流和物流的辅助功能作研究，如流通金融、风险分担、信息传导等。

(5) 系统结构分析法

该方法将分析重点放在社会流通系统及其产出物方面，通过研究社会流通系统的结构和行为，探索流通系统的改进方案。如流通与经济全球化、流通产业的 SCP 及创新的 MSCP 范式。

(6) 社会结构分析法

它是以各种流通活动及其组织机构产生的社会正负效应为研究重点的分析方法。如流通产业的社会贡献、流通产业的外部性和政策等。

(7) 比较结构分析法

该方法可横向比较，也可纵向比较，比较一般按照一定的指标体系进行。选择何类指标及多少个指标，要有理论依据，还要考虑数据来源的可能性。流通现代化和竞争力的评价指标体系有：流通业贡献率 (包括 GDP、纳税和就业贡献)，流通效率 (从库存率、流通速度、物流成本等角度衡量)，流通产业集中度，流通业人员素质指标，流通业态结构，流通企业信息化水平 (流通企业信息化固定资产比例、研发强度、信息技术人员比例)，流通企业竞争力指标 (赢利能力、增长能力)。

从理论上来说，流通产业学科体系与框架构成将其基本理论与现代经济学接轨形成具有特色的现代流通产业学科体系。从实践上来说，流通产业正处于一个成长、变化、开放的时期，急骤的变化需要创新贸易经济学科与之相适应，并针对我国 8000 万流通产业大军培养人才，并输送创新型人才。

从理论与实践的结合点上探讨中国特色流通产业经济学的发展，在保持其经济学基础的同时，凸显其特色的研究领域，并在现代经济学研究方法上与主流经济学接轨，避免边缘化现象的出现。

二、对经贸类专业人才的教育

在经济全球化不断发展的今天，外资企业、跨国公司以及我国各类企业对涉外经济人才的需求不断增长，同时，对经贸人才的要求也不断提高。培养既具有扎实的专业知识，又具备综合的实践能力的复合型人才已成为高校的人才培养目标。

(一) 经济与贸易专业人才的培养规格

在竞争日趋激烈的今天，社会对经贸人才的要求也日益提高，经贸工作者不但要有扎实的专业知识，还要具备综合的实践能力。具体包括以下几方面：第一，具备较高的商务外语沟通能力和计算机应用能力。第二，具有扎实的专业知识。经贸专业人才必须掌握贸易专业基本理论知识和基本技能，要通晓我国贸易政策和理论、贸易规则与惯例、进出口交易程序与合同条款等。除此之外，还要熟悉经济、金融、政治、法律、社会文化等情况。第三，具有良好的综合素质。市场竞争激烈，要想在激烈的竞争中立于不败之地，必须具有不断创新的能力。要时时注意贸易工作的动态、情况、问题，及时捕捉贸易信息和良好商机。要敢于创造新思维、探索新路子、开创新局面，从而在商战中出奇制胜。

经贸类专业培养专业人才的目标是：系统地掌握马克思主义经济学基本原理。经济贸易的基本理论，掌握贸易的基本知识与基本技能，了解当代经济贸易的发展现状，熟悉通行的贸易规则和惯例，以及中国对外贸易的政策法规，了解主要国家与地区的社会经济情况，能在涉外经济贸易部门、外资企业及政府机构从事实际业务、管理、调研和宣传策划作的高级专门人才。

经贸类专业培养专业人才的要求是：本专业学生主要学习马克思主义经济学和经济、贸易的基本理论和基础知识，受到经济学、管理学的基本训练，具有理论分析和实务操作的基本能力。

经济与贸易专业的学习内容主要有五大模块：

市场营销模块：主要包括推销、业务洽谈、广告策划、经济合同操作、企业形象设计、营销财务分析等；

国际贸易模块：主要包括进出口实务、单证业务、外贸英语函电、外贸谈判等技能；

电子商务模块：主要包括商品认知、网页制作、网上交易及电子商务综合实践等技能；

财务会计(投资理财)模块：主要包括投资分析、理财、会计核算、电算化及会计综合实践等技能；

实用英语模块：主要包括听说、会话、阅读、写作、翻译及国际贸易实务操作、涉外事务处理、国际结算等技能；

此外，经贸专业的学生还应该满足三个要求：素质结构要求、能力结构要求和知识结构要求。

1. 素质结构要求

要求掌握分析问题、解决问题的科学方法，掌握经济学、国际经济学基本理论和方法，了解国家和地区的经济发展状况及贸易政策，了解国家的经济政策与法规；掌握贸易经营中的操作技巧，具备从事经济贸易相关工作的能力。

(1) 思想素质

热爱祖国，拥护中国共产党的领导，掌握马列主义、毛泽东思想、邓小平理论和”三个代表”重要思想等基本原理；树立辩证唯物主义和历史唯物主义的世界观；具有贡献自已的力量于祖国和人类发展的意识和精神，具有良好的道德和健全的法制意识。

(2) 专业素质

有扎实的社会科学基础知识和本专业所需的专业贸易实务的基本技能。

(3) 科学文化素质

有正确的社会历史观和人生价值观。具有较好的人文、艺术修养、审美情趣及文字、语言表达能力，积极参加社会实践。具有求真务实的科学素质，懂科学，爱科学，追求真理，对中国优秀的传统文化与思想有一定的了解。

(4) 身心素质

积极参加体育锻炼，达到大学生体育合格标准。受到必要的军事训练。身体健康，心理状态良好。有较强的适应能力、承受能力和人际交往能力。

2. 能力结构要求

(1) 获取知识的能力

具有独立获取本专业知识、更新知识和应用知识的能力；具有社交能力和对自然科学、社会科学知识的表达能力。

(2) 应用知识的能力

能综合运用本专业的基础理论和专业知识，将所学的基础理论与专业知识融会贯通，具有从事贸易、企业结算等实际工作的能力，能独立分析和解决经济与贸易领域的实际问题；具有解决现实问题和矛盾的能力；具备敏锐的洞察力，能根据时事的发展作出应变。

(3) 创新能力

具有能够探索、运用新的技术手段、管理方法和业务途径来实现工作目标的能力，有创新意识，对经济与贸易学科最新发展动态及国内外研究现状有一定了解。掌握进行创造活动的思维方法，能独立开展一定的科学研究工作，具备一定的创新性思维和探索能力。

3. 知识结构要求

(1) 工具性知识

熟练地掌握一门外语，具有听、说、读、写、译的基本能力，利用计算机从事经济与贸易活动，掌握计算机软、硬件技术的基本知识，具有在本专业与相关领域的计算机应用能力；掌握通过网络获取信息的知识、方法与工具。

(2) 自然科学知识

掌握高等数学、线性代数、概率论与数理统计、现代科学技术等方面的知识，选修运筹学等方面的知识。

(3) 学科基础知识

掌握政治经济学、微观经济学、宏观经济学、经济学、计量经济学、会计学、统计学、货币银行学、管理学等方面的知识。

中国已成为世界贸易组织的正式成员国，中国的经济运行环境必将发生巨大而深刻的变化，在经济和社会发展方面将遇到许多新的挑战和机遇，社会对人才的需求也必然发生变化，使得以前冷的专业可能会热起来，以前热的也可能会变冷。

但有一种人才，随着经济全球化趋势的加剧，随着中国与其他国家经贸往来的日益频繁，必然会备受重视。这种人才，就是熟悉国际惯例，精通外语与国际贸易规则，掌握贸易谈判知识和技巧的专业经贸人才。

（二）课程创新在经贸类人才培养中的作用

普通高等院校国际经贸专业人才培养的基本思路应当是：通过创建经贸专业完整的课程体系为目标以课程为核心实施相应的教学内容和教学方法的改革，形成经贸专业的人才培养模式。

形成这一思路是出于以下考虑：第一，高等教育本质上是一种专业教育，而课程体系是形成基本专业知识和技能的最主要途径和保证，因而人才的培养应该以课程为中心。

第二，现实是发展的，社会对人才的需求也是变化的课程体系的改革较之专业或学科的改革更具有灵活性和机动性，有助于打破按部就班、循规蹈矩的教学模式，有利于人才的培养因而必须重视整个课程体系的有效性；而实际上把握与社会发展和科技进步最为密切的相关知识的更新，最容易发生在课程及其体系的演化中。

第三，只有最新和最前沿的知识与技能进入课程体系，才能说明一个专业稳固地把握住了学科前沿并贯彻于后继人才的培养当中，只有社会经济发展最需要的知识和技能进入课程体系，才能形成真正的专业特色。因此必须以课程为核心，进行教学创新改革。

教育创新在高等院校经贸专业人才培养中的应用

教育创新在教学中主要体现课程体系的创新，适应现代教育体制的课程体系应当注意到以下几点：

1. 课程设置兼顾远期目标和近期目标

随着科学技术的迅速发展，社会需求变动非常频繁，高校毕业生不能只适合在一个较窄的职业领域中工作，他们应具有较强的就业弹性和可持续学习的基础。现代教育理论认为专业培训的着眼点应从一个职业岗位的就业转变为整个职业生涯的成功即在学生就业过程中，学校应使学生在职业生涯阶梯上不仅能稳定地迈出第一步（这是学校培养学生达到第一任职岗位能力的近期目标），而且能继续发展获得成就（这是学校培养学生具有职业岗位变化和发展能力的长远目标）。因此高等院校必须提供具有发展潜力及弹性的课程，注意群集岗位能力和专项岗位能力培养的结合，既要使学生有一个宽泛的专业认识水平，又要使学生具备从事某一职业的基本技能。因此在课程设置及教学内容的安排过程中，要注意使整个课程体系同时具备一定的宽度和深度，近期目标与远期目标兼备，以近期为主。从经贸专业毕业生的情况来看，其就业去向带有一定的不确定性，从事非外贸工作的不在少数，即使是在外贸单位就业的，其从事的具体工作领域也不尽相同，如制单、报关、货代，甚至是营销因此课程的设置上要考虑到这些问题，努力拓宽学生的技能范围，尽可能多地开设一些经管类相关的课程．为学生将来的发展打下一个良好的基础。

2. 大力加强实践性教学环节注意学生岗位实践能力的培养

实践性教学环节是实现高等教育培养目标的重要手段。因此创新的课程体系要适当的增加实践性教学环节所占的课时比重，保证实践教学学时，以便能使学生较好地掌握专业技能。模拟实践教学是对学生进行实践技能训练的重要环节，它可以通过全方位全过程的模拟操作，使学生能很快进入角色。在具体操作中充分演练自己所学的专业知识，掌握分析问题、解决问题的能力同时也能提高学生学习专业知识的兴趣和锻炼实际操作能力的自觉性。

近几年来，我国普通高等院校经贸专业的教育有了巨大的发展，但也面临着严峻的考验。在新形势下，必须进一步进行教育创新，提高人才培养的质量使学生在掌握经贸专业的知识和技能的同时，善于思考，勇于创新合理吸纳、兼容其他专业知识和各种新知识并不断优化，以适应我国新世纪对经贸人才的需求。

(三) 经济与贸易专业人才的就业前景

由于我国贸易工作长期没有受到应的有重视，贸易在国民经济中所占的比重很小，因此，相应的贸易高级人才的培养规模也比较小。改革开放后，为了适应经济快速发展和对外开放搞活的需要，一些高校陆续设置了国际经济、国际商务、工业外贸等工业，这些专业很快成为热门，为社会提供了大量急需的人才。

自2001年中国入世之后，中国改革开放步伐加快，中国经济日益融入全球化。这就意味着这一领域有着非常好的发展前景，需要大量的更高素质的复合性人才。

该专业学生的就业方向主要为机关和企事业单位，培养从事制定贸易政策、实施贸易管理和开展贸易实务、市场调研与开发、销售管理、现代物流管理等所需的人才。在2016年教育部公布近两年就业率较低的本科专业名单，贸易经济专业榜上有名。

对于以技术为背景的行业里面，例如电讯、软件等，销售的需求仍然会持续走高。即使在非技术领域，销售职位也一直是市场需求最旺盛的职位类别之一。没有什么销售经验的大学毕业生，如果看好一个公司的销售职位，就要尽可能多地去了解这个公司的情况，这样可以增加应聘成功的机会。不论所受教育水平如何，销售人员对他们销售产品和服务应该有综合的掌握。更重要的是，销售人员应该能够有效地把产品和服务信息与客户进行沟通。建议同学们多看介绍销售技巧的书籍，参加一些公司组织的促销活动（在学校招聘兼职业务员或促销员），去一些专业网站、论坛和那些高手交流。

随着我国国民经济的快速发展，对社会物流需求显著增加，推动物流产业保持持续、稳定、快速发展。在这样的背景下，物流教育在我国迅速发展，物流相关专业在我国高校可谓遍地开花。但从事该行业要有扎实的专业基础，一定的沟通能力，如果想从事国际物流还要有很好的英语水平。

近两年，由于物流行业人才紧缺，相关人才的身价都在上涨。其中船员、船务、报检员等的薪酬年增长率达到10%～20%，单证员的薪酬涨幅在每年10%左右。像从事国际物流的月薪一般在5000元左右，最低也在2000元以上。在物流业相对比较发达的北京、上海、广州、深圳四地，储运经理年薪中位数在10～12.7万元左右，高位数在21～26万元左右；进出口事务主管（商务职能）年薪中位数在5.8～6.6万元左右，高位数在8.1～9.5万元左右；而一般的物流管理员(IT行业）年薪中位数则在5.3～6.2万元之间，高者能达到17～20万元左右。

企业通过媒介的介绍、传播，和观众的交流、沟通和互动，在公众面前树立并强化公司的品牌形象，在市场竞争中赢得先机。而在这一系列活动安排中，专业公关是企业的好帮手。这个行业对人员的素质要求很高，员工个个都是精兵强将。即使是有新闻、企业公关等工作经验的人加入该行业，都需要从头做起，晋升到总监级更需经历10多年的奋斗。

这类工作内容广泛，报酬差距较大，收入多半与业绩挂钩。要有良好的专业知识、积极的进取心、坚持不懈的态度、与其他人良好沟通的技巧。

实际上当前我国的经贸人才在数量上严重不足，在业务上、素质上符合国际贸易人才条件的为数更少。部分企业与外商的交往、谈判，靠临时借用不懂专业的翻译人员。部分企业的产品出口靠代理商，使企业的国际化经营受到一定的制约。入世后，随着我国外贸体制改革的进一步深入，越来越多的企业被批准直接从事对外贸易，这就要求企业的经贸人员不仅具有日常生活所需的听、说、写、译的外语能力，还应懂得贸易知识、国际贸易谈判规章和国际经济法律、营销技术、基本的产品专业知识等。随着与国外贸易往来的进一步增大，大批量地培养高素质的经贸人才已成为我国高等教育人才培养工作所面临的一项重要任务。

第二节　经贸类专业教育改革的必要性

经济在高速发展的同时，学校的教学方式和方针必须与时俱进。这样才能保证，由学校向社会疏松的人才能够满足社会的需要。所以，教育工作者应该时刻注意社会的变化，研究社会对人才的新需求。

一、"转方式、调结构"背景下对不起经贸人才提出了新要求

当前我国经济正处于由高速增长向中高速增长的新常态转变，"转方式、调结构"成为新常态下国家经济工作的核心。因此，经济增长方式的变化和产业结构调整必然对国际经贸人才的知识、能力和素质构成提出更高的要求。

(一) 新常态下我国经贸人才供求现状

据2016年3月24《河南高教》发布的数据显示，截至目前，我国共有540所高校本科专业开设了经济与贸易相关专业，在高校本科专业开设数量高居第六位，而根据新浪教育专栏的数据显示，目前我国共有本科学校

1174 所，开设经济与贸易相关专业学校数量占全部本科院校的 46%；另外，还有大约 490 所高等职业院校和大约 510 所中等职业学校开设了国际贸易专业；此外，在目前我国本科院校开设数量处于第一位的英语专业 (737 所高校开设，占比约 63%) 的毕业生相当一部分会从事是不是由于我国高校培养的经贸人才供给数量超过了行业需求才会出现量大失业？事实并非如此！

随着我国外贸经营体制改革，外贸经营权已经从审批制变为登记制，外贸经营市场准入门槛大大下降，拥有外贸经营权的企业数量急剧膨胀，因此对外贸专业人才的需求也急剧增加，未来 5 年国际经贸人才需求缺口会超过 100 万。2015 年国际著名咨询公司麦肯锡对我国 35 家本科院校国际经济与贸易专业应届毕业生调查显示，只有不足 10% 的毕业生进入单位能够很快胜任工作。可见，我国国际经贸人才出现了结构性失业：一方面，大量国际经贸专业毕业生找不到专业对口的工作岗位；另一方面，大量外经贸用人单位招不到具备合适知识、能力和素质结构的人才，我国国际经贸人才的需求与供给之间的矛盾非常突出。

(二) 经贸人才需求与供给不匹配的成因

1. 培养目标定位不准确

随着全球经济的发展、科技的创新，人类逐渐步入工业 4.0 时代，网络化、智能化成为时代的主要特征，使经贸领域出现了重大变化，如电子商务发展迅猛、人工智能在贸易领域的广泛应用，因而产生了新的贸易方式、新的贸易标准、新的岗位需求，必须要求经贸人才拥有相应的知识、能力和素质结构与之相匹配。

但目前我国现有的经贸人才培养目标定位为培养能胜任经贸领域工作的高素质应用型人才，这种笼统目标定位显然难以适应目前国际经贸领域新的岗位需求，从而导致供需不匹配。因此仅从数量上看，我国经贸人才供给数量较为充足。但是，学生的知识、能力和素质构成是否满足经贸行业要求呢？据相关部门的统计数据显示，目前普通高校经济与贸易应届本科毕业生的就业率仅为 60%，高职院校经贸专业应届毕业生的就业率为 80% ~ 90%。2015 年 5 月 25 日，中国人才网通过调查 2011—2014 年的大学生就业报告发现：经贸本科毕业生呈现“失业率高，且持续上升，薪资较低”态势，高居本科就业红牌专业第 10 位。

2. 培养模式与新常态下的经济增长方式和产业结构调整相脱节

在新常态下，“转方式”是指我国经济增长方式从粗放的外延型增长模式向集约的内涵型增长模式转变，在经贸领域表现在从数量型出口转向质量型出口，从贸易大国转变为贸易强国；“调结构”主要是指产业结构的调整和升级，在经贸领域表现在贸易结构的优化和升级，必然要求贸人才有更加全面和综合的知识、能力和素质。目前，我国高校经贸人才培养模式范围狭小、层次单一，培养出来的毕业生的知识、能力和素质结构单一，与中高职专院校培养的经贸人才缺乏识别度。

3. 培养体系重理论、轻实践

据调查，现有我国高等院校经贸人才培养体系存在的普遍问题是重视理论、轻视实践教学，理论课程所占比重过高，通常会超过 80%，部分高校甚至会超过 90%。另外，由于经费有限学校无力资助学生外出实习，而且很多企业由于商业机密并不愿意接受学生顶岗实习，致使实践教学难以落到实处。

十八届三中全会提出要使市场机制在资源配置过程中起决定性作用而降低市场准入，在过去由国有企业垄断的一些经贸领域也开始放开民营企业进入，因而使得民营企业逐渐成为我国经贸领域的一只生力军，他们正处于成长壮大期，急需大批综合素质较强的应用型外经贸人才。但是我们毕业生的就业观念仍未发生变化，只盯着所谓体制内的国家机关、事业单位、垄断央企、大型国有银行和股份制银行和知名的三资企业，却不愿意转变观念到这些经贸业务蓬勃发展的民营企业就业。

（三）新常态下“转方式、调结构”对高校经贸人才培养的导向分析

第一，我国经济增长进入新常态的重要表现之一是从过去的高速增长转向中高速增长。经济增速放缓的重要原因之一是人口红利的逐渐消失，这使得我国在改革开放三十多年以来，在全球市场的劳动力比较优势逐渐丧失，这意味我国继续依赖劳动密集型货物出口之路难以为继，将逐渐转向以资本密集型货物、技术密集型货物和现代服务出口等内涵出口之路，贸易结构将出现调整与优化，从而将增加对了解相关产品技术、熟悉市场环境和知识产权保护法的经贸人才的需求。

第二，受 2008 年国际金融危机的滞后影响，加之以中国、巴西为代表

的新兴市场国家经济增长放缓，目前全球经济整体表现低迷，必然会导致全球进口需求下降，甚至会出现部分国家通过关税和非关税壁垒方式限制进口，导致贸易摩擦增加。相应会对了解国际惯例、熟悉世贸组织规则和国际贸易法规、能够参与解决国际争端的专门谈判人才的需求将增加。

第三，经过三十多年高速增长，我国从一个低收入国家成为一个中等收入国家，资金积累逐渐充裕，企业“走出去”步伐日益加快，对跨境投资运营人才需求大幅增加。尤其是近年来在国际产能合作和“一带一路”等战略引领下，我国外向 FDI 持续高增长趋势，2015 年我国非金融类外向 FDI 同比增长 14.7%，创历史新高 1180.2 亿美元，且实现了我国外向 FDI 连续 13 年增长，年均增长 33.6%，2015 年末我国外向 FDI 存量首超万亿美元。2015 年我国对外承包工程业务新签合同额达 2100. 7 亿美元，同比增长 9.5%。我国在境外投资、工程承包等业务的快速发展相应会对境外投资、境外营销、国际金融、国际结算、国际投资法规和现代企业管理等领域的涉外专业人才需求增加。

第四，当今世界经济一体化推进了国际分工进一步发展，国际分工更为精细，且分工对象和范畴极大扩展，从有形货物贸易拓展到无形服务贸易、技术贸易、知识产权贸易、与贸易有关的国际投资等领域。由自然资源等要素禀赋差异所决定垂直型国际分工也转变为由规模经济、人力资本投资、技术创新能力等所主导的水平型国际分工，国际分工呈现出如下新特点：上游研发、设计等高附加值环节控制下游制造、销售等低附加值环节；技术创新能力强的国家控制技术创新能力弱的国家；有形生产受无形生产的控制。相应会对具有跨文化视野、熟悉国际规程、善于国际合作、具有创新思维的复合应用型国际经贸人才的需求会增加。

(四) 与“转方式、调结构”相适应的经贸人才知识、能力和素质结构要求

1. 基础性知识。基础性知识是经贸人才构筑自身知识体系和分析方法的基础，是指经贸学生应接受系统的现代经济学基本理论和基本分析方法的训练，熟练掌握马克思政治经济学、西方经济学、国际经济学、统计经济学和计量经济学等专业基础性知识和理论。

2. 工具性知识。主要是通过高等数学、大学外语、商务英语、计算机基

础、C 语言等程序设计课程所传授的语言交流、跨境电子商务、EDI 和互联网 +、数据运算等知识。

3. 通识性知识。具有综合素质的复合创新型经贸人才必须具备较好的人文社科素养和国际视野，掌握一定的地理、历史、管理、法律、文学、艺术、宗教、哲学等方面的通识性知识，了解全球不同国家的文化习俗、宗教传统、法律制度等差异，熟悉科学常识和发展趋势。

4. 专业性知识。这是经贸人才应掌握的核心知识结构。了解和把握经贸的运行机制、发展规律和经贸活动的基本原理；掌握与主要贸易伙伴的贸易战略、政策、方针和法规；熟悉 WTO 和国际通行的经贸规则、法律法规和贸易惯例；熟练掌握商务谈判、报关报检、国际结算以及商务文书的中外文写作规范等国际商务活动的专业技能性知识。

那么就要求经贸类的人才要有自我学习和拓展的能力。在当前科技进步、知识进展尤为迅速的时代，知识老化和更新很快，在经贸领域尤其如此，经贸人才必须养成良好的自我学习和拓展的能力，才能面对经贸领域日新月异的变化而不至于被淘汰。培养良好的自学习惯，养成自我学习新知识、自我消化新知识、自我更新知识和自我拓展的能力。这是决定经贸人才职业生涯长短的一种关键能力。

创新思维能力是指以新颖独创的方法解决问题，这是当前经贸人才所需要的最为重要的能力。培养独立思考和创新思维的习惯，养成进取意识和探索精神；拥有独立思考和创新思维的能力。

在新常态下，我国的贸易伙伴已经实现多元化和全球化，必须培养经贸人才跨文化交流的兴趣，养成尊重不同法律制度、宗教文化和传统习俗等的良好素养；具有较强的口头和书面表达能力，在听说读写等方面熟练掌握一门或多门外语。

并且要求经贸人才有着较高的素质。具有良好的道德品质和正确的价值观、世界观、人生观；为人诚实守信，做事守法遵纪；具有积极进取精神和良好团队协作意识，不以自我为中心。

具有积极向上的生活态度和良好的生活习惯，具备健康的体魄和良好的心理素质。

具有良好的专业素质是指人们在从事职业活动的过程中将专业知识与

专业能力逐渐内化为专业行为的素质。专业素质的差异会直接影响到人们工作效率的高低。经贸人才须具备将在学校所学的经济学等理论和专业知识，以及所掌握的商务活动的操作技能内化为从事经贸理论研究或国际商务活动行为的专业素质。

具有综合素质的复合创新型的经贸人才须掌握科学常识和科技发展趋势，跟踪科技发展动态；养成良好的人文素养和审美情趣；培养思考问题全球化视角，对中外优秀思想和文化成果有较为广泛的涉猎和了解。

二、全球经济深度融合趋势下经贸人才培养模式需要创新

随着改革开放的深入发展，我国经济与世界经济出现了深度交融，对外依存度逐年增高；由于国际经济形势的变化，我国参与国际经济的方式也在转变，相应地对我们高校培养的国际经贸人才也提出了新的要求。

(一) 我国经济与世界经济深度融合

从改革开放到现在，将近 40 年，我们的社会发生了翻天覆地的变化，很多企业也成功的走了出去。特别是进入 21 世纪以来，我国保持着较高的世界经济参与度，在我国对世界经济做出贡献的同时，也加大了对世界市场的依赖程度。

新形势下，我国的经济进入了“新常态”，我国对外经济贸易往来的内容和形式也发生了很大的变化，并向纵深发展。由于国际经济发展形势的持续低迷，传统的进出口业务难以满足国内企业的发展，近年来也出现了进口总额和出口总额双回落、外贸依存度逐年降低的现象。但于此相反，对外直接投资，国际工程承包等国际经济合作发展迅猛，其增长速度远远超过国际贸易。成为全球瞩目的领域。

截止到 2015 年，我国境内投资者共对全球 155 个国家和地区的 6532 家境外企业进行了非金融类直接投资，累计实现对外投资 7350. 8 亿元人民币 (折合 1180.2 亿美元)，同比增长了 14.7%，根据商务部的公报显示，目前我国的对外直接投资流量已经突破千亿美元大关，并跃居世界第二位，仅次于美国。我国参与世界经济舞台的形式由主要依靠进出口贸易向更深层次的投资等领域发展。我国经济出现了与世界经济深度交融的新局面。

（二）目前我国经贸人才培养模式的缺陷

相对于瞬息万变的国际形势和经济发展方向来说，我国的国际经贸人才培养方面的建设则相对滞后，不能与时俱进，因此导致优秀的国际经贸人才比较匮乏，不能满足企业的发展需要。

1. 偏重理论知识，缺乏实践。目前，在我国大部分高等院校中包括一些名校，采取的都是一种“填鸭式”的教学方法，注重对学生的理论知识的灌输和培养，但是缺乏相关的实践，未能建立有效的校企合作机制，结果按照此模式培养出来的学生走上工作岗位后，出现了一种实践能力很弱的现象，相关企业需花费高成本进行员工技能培训。这种培养模式既是对学生不负责任也是对企业不负责任，急需遏制。

2. 教学内容上多为传统课程而缺乏前沿课程。当今时代是知识和技术的时代，知识技术更新换代快无疑会赢得发展的先机。在经济全球化和信息全球化的时代，我们的对外活动领域出现了许多新的现象和方法。而我们如今一直沿用的传统课程却没有吸收新的现象和方法，甚至会出现与现实相左的内容，这样将导致我们的学生思维僵化，不能与时俱进，与现实经贸环境相背离。目前我国大部分院校学的教材有西方经济学、经济学原理、国际经济学、国际贸易实务、国际营销学等传统课程，而世界上一些知名学校，例如华盛顿大学，他们学校的国际商务专业开设了如下课程：国际商务环境、全球商业技能（国际营销、国际金融、跨国经营管理、后勤学入门、商务数据通讯）、国际商务技能（国际贸易与经营管理、国际商业实践）、语言能力、自选（会计、营销、信息系统、人力资源管理、金融）、地域研究、国外经历等前沿课程。

3. 外语学习的规律未能有效遵循。对于一名从事对外商务活动的人员来说，外语能力是至关重要的，目前我们大部分院校也能意识到外语能力对国际经贸人才的重要性，也开设了外语方面的课程，但是大部分学校的英语课程设置没能取得显著的效果，大部分毕业生毕业后，外语仍是制约他们发展的瓶颈。这主要有两个方面的原因：一方面是由于大部分学校都存在外语师资力量不强的现象，外语教学水平满足不了教学需要。另一方面则是很多学校缺乏一套系统科学的外语教学体系，外语学习集中在低年级，高年级很少涉及，违背了外语学习是一个循序渐进、持续坚持的规律。

(三) 改进国际经贸人才培养模式的几点建议

1. 理论与实践兼顾，偏重素质教育。现在大部分企业需要的是能够实践能力强的人才，而不是只会读书的“书呆子”，因此学校在教学过程中不能“纸上谈兵”，要注重学生的实践能力，多采用案例教学、建立外贸模拟实验室锻炼学生的实际操作和动手能力，另外学校要千方百计的和企业建立有效的校企合作机制，让自己的学生能够走上工作岗位，做到理论与实践相结合。其次，国际经贸人才的培养要由知识型向素质型转变，不仅要注重专业知识的学习也要注重学生素质能力的培养，要注重培养学生的交际和管理能力，学校可以举办学术演讲会、辩论赛等活动来增强学生的素质能力。

2. 与时俱进，增添特色和前沿课程。随着我国经济与世界经济融合度的加深，更多的企业走向海外，企业现在需要更多的是能够跨文化管理的国际经贸人才，因此我们的课程也要与时俱进，顺应趋势发展，顺应时代所需。针对目前大多院校的现状，应该删减一些理论性强而实际用途较小的课程，增添一些高层次应用型和管理类课程，例如国际商务技能、对外投资管理等前沿课程，开设一些关于国际经贸领域现实问题、热点问题研究的课程。

3. 建立科学的外语教学体系。首先，要注重对外语老师的选拔，优先录用有出国学习经历的老师、外聘外教等，建立一支优秀的教师队伍。其次，建立针对国际经贸人才培养的科学的外语教学体系，加大外语方面的课程，不能仅局限于大一学习。最后，要注重外语教学方法的改进，多与学生互动，改变传统的外语教学方法，要注重对学生的分类，教学方法要因人而异、因材施教，确保学生的外语水平切实有效的提高。

三、我国传统大学经贸类专业本科教育面临挑战

随着经济日趋市场化和国际化，我国传统的大学经贸类专业本科教育面临着愈来愈严重的挑战。从培养目标来看，我们的经贸类专业教学产出仍然与市场经济对人才的需求存在着明显的脱节，一方面经贸类专业的本科毕业生找工作越来越难，而另一方面不少经济领域、机构却难寻合格的人才。从教学手段来看，现代化的教学工具配备不足，师生的教学互动基本上还是保持你讲我记、你考我背的单向被动的模式。如何尽快改变经贸类专业专门人才的培养环境和教育模式，提高经贸类专业本科毕业生的专业水平，不仅

关系到我国高等院校经贸类专业教育的长期发展，而且还直接影响着市场经济发展的进度和质量。

接下来就以美国普林斯顿大学、麻省理工学院和宾州大学等三所名牌大学的经济系为样本，分别从专业要求、课程设置等方面系统介绍美国经济学本科教育的现状，并在此基础上对我国大学经贸类专业本科教育的改革必要性进行思考。

(一) 专业要求

用经济学的术语来说，美国经济学本科的专业要求分为“投入”资格和“产出”要求。投入资格一般指介入经济学专业的具体条件，通常包括预修的课程、预修的时间和要达到的成绩。如在宾大，要报修经济学专业的学生必须在大学二年级结束前修由本校开设的两门最基础的经济学课程，即初级微观经济学和宏观经济学，两门课的平均成绩至少要达到 2 分 (4 分为满分)。在普大，入系的修课要求还另加一门数学课，而且必须在大学一年级时修好。这种专业前的资格要求，具有两大功能：对学生来说，可提供深入了解经济学专业的机会以及检测自己发展经济学专业兴趣的能力；对教学单位来说，则起到初始的专业筛选作用，进而提高本专业学生的入学水平。

产出要求也就是培养目标，或者作为经济学专业毕业生必须具备的经济理论素养以及对实际经济问题的分析和解决能力。MIT 本科经济学的专业培养目标是这样表述的：1. 奠定扎实的现代经济学理论基础；2. 形成对经济政策和问题的独立思考能力；3. 掌握进行经济学定量研究的基本技术；4. 具备有关美国和世界经济的描绘性知识。美国大学经济系还把专业目标进一步具体化为课程修学的数量和结构，专业知识的应用，高年级的综合考试，以及所有学习成绩应该达到的等级。以普大为例，经济学专业学生的毕业要求包括修读一门统计学、三门经济学的核心课程和本系的其它五门课程；在大三时独立完成一项研究课题；四年级时研写专业论文和参加本系的专业综合考试；以及修学总平均分数达到 C 或以上 (平均分数是加权计算的，九门课程中去掉分数最低一门后的平均分数占 48% ，三年级的独立课题研究、四年级的论文以及专业综合考试分别各占 12%、35% 和 5%)。

很明显，美国大学在本科经济学专业人才的培养过程中，侧重于向学生灌输经济信息知识 (是什么)、经济理论知识 (为什么) 和经济技术知识

(怎么做)，并着力强调三者之间的联系和互动，使学生通过技术知识的应用，借助理论知识理解信息知识，而对信息知识的分析又进一步检验甚至发展理论知识，最终把经济学知识带入一个不断更新和提高的动态过程。

(二) 课程设置

课程设置是美国经济学本科教育系统中的一个重要环节，它的科学性和先进性不仅关系到培养目标的实现和毕业生的专业质量，而且还直接决定着一个大学经济系在激烈的经济学本科教育竞争中的胜败。

概括起来说，美国经济学本科教育的课程设置大约有以下几个特点：

1. 课程数目众多

普大经济系开出的本科课程也数目众多，具有很强的选择性，其中包括价格系统的描绘和分析，经济分析的基本方法，宏观经济学及其数学分析，微观经济学理论及其数学分析，计量经济学及其应用，厂商与管理经济学的数学理论，非确定性经济学，财政工程导论等。这些课程设计很明显地体现出普大经济系较为重视定量经济学的传统。MIT 则设计了一套经济学学位课程，修读过这些课程的本科毕业生有不少获得博士学位，并在大专院校从事经济学的教学和研究工作。这些学位课程主要包括微观、宏观经济学原理，经济统计方法导论，计量经济学，产业组织和公共政策，公共经济学，经济学与环境政策，教育经济学，当前经济问题的史学思考，资本主义及其批判等。从以上的列示可以看出，课程设置越多，越能从各个领域、各种学习兴趣甚至从今后可能要从事的职业角度给学生更多更灵活的修课选择，越便于在教学过程中实现经济学理论学习和具体应用的相互结合，也越有利于任课教师把自己的研究领域和兴趣结合到具体的教学中去，这样势必增加学生的专业热情和学习兴趣。

2. 课程结构合理

通过课程的合理布局，不断改善课程内在的结构关系，也是美国大学经济系在本科课程设置中一直予以关注的一个方面。首先，他们强调课程的层次性，即课与课之间的纵向衔接。他们遵循知识传授的渐近规律，用由浅入深、由易到难的方式，搭建课程的金字塔。各大学都把一些主要的经济学课程分解成几个由低至高的级别，让学生拾级而上，步步升高，帮助学生既打好专业基础，又掌握更高深的知识。象把微观和宏观经济学分为初级、中级和高级等三级水平的课程，还有设置统计学基本原理、经济统计学、计量经济学、甚至数学经济学等具有经济统计分析技术准备、延伸和提高意义的技术性课程，都是注意经济学课程纵向联系的重要实践。其次，他们还兼顾不同学科之间的关联性和实际生产服务活动对经济学知识的广泛需求，在课程设置方面实行横向联合，以达到全线出击，不断拓宽经济学教育领域的学科目标。在与其他学科兼容方面，美国大学经济系设置了许多跨学科或多学科综合的经济学扩展课程。如社会经济学、人口经济学、律法经济学等，都为经济学的理论论证和方法应用提供了新的机会和空间，而且还在和其他社会科学的比较中，发现本学科的缺陷和不足，促进自身的进一步完善和发展。在和生产服务活动结合方面，则开出大量的部门经济学、区域经济学的课程。前者如农业经济学、能源经济学、运输经济学、环境经济学、卫生经济学和教育经济学等，后者如中国经济、东南亚经济、俄国与欧洲经济、拉丁美洲经济等。部门经济学教育引导学生从经济学的一般理论和方法的学习过渡到对某部门的具体经济现象和活动的经济学分析，既培养学生从事某个具体部门经济工作的专业能力，又拓展了经济学本科毕业生的就业范围。区域经济学教育则能帮助学生从本土走向国际，从经济学的单一视点扩大为以经济学为主、其他学科相结合的综合思路，去了解各区域经济运行的背景和特点，探讨区域经济发展不平衡的多方面原因。这在民族多元化的美国是相当有意义的，它为来自不同地区和国家的学生发挥自身的地区和文化优势，进行经济学的区域比较研习提供了良好的机会。

3. 课程的应用性强

美国大学本科经济课程设计还有一个重要特点，就是注重提高课程的应用程度，以适应大部分本科学生毕业后主要从事具体经济职业的实际要求。课程的应用性既体现在每一门课程的内容里，又显示在众多课程之间的结构关系之中，从每一门课来看，其内容设计一般是从具体的经济现象着眼，在提出、分析和解决存在于经济生活中的各种问题的过程中传授相关的经济学概念、理论和方法，因此，整个课程的学习不是和经济现实脱节或割裂开来，而是形成积极互动的良性关系，即在分析和解决实际经济问题中掌握经济学的基本原理和方法，而经济学理论和方法知识的拓展，又提高对经济现实的思考层次和解决实际问题的政策水平。

从经济学多门课程的相互联系来看，美国大学采取“双结合”的方式来加强整个课程体系的应用性。一个是经济理论与经济方法课的结合，以突出定性经济学与定量经济学之间的联系，让学生既理解相关的经济学基本概念和一般理论的定性表述，又能把这些理论化解为具体的假设，并运用统计资料和方法，对其进行规范化的定量检验。另一个是理论方法经济学课程与专题或政策经济学课程的结合，它强调通过理论和方法经济学的综合应用，以分析某一个具体的经济问题，形成和提出对这个经济问题的基本理论看法和主要解决对策。美国大学经济系三年级学生所做的独立课题研习以及四年级毕业生的专业论文，是这种结合最主要表现形式，对全面提高学生的经济学专业素养和应用能力具有举足轻重的作用。由此可见，不断强化经济学课程的应用性，是经济学本科教育的一个重要导向，它将大大促进本科专业学习中定性经济学和定量经济学的互动，学院经济学和现实经济活动的互动，以及课程学习和专题研究的互动。

(三) 美国模式对我国经贸类教育的启发

我国高等教育活动产业化、市场化的一个重要标致，就是推行收费教育，即减少政府对教育的财政拨款，扩大来自学生个人或家庭投入的资金来源，使教育转化为有偿的知识服务。在这种新的运行情势下，一个大学原来由政府决定的命运现在逐步转交到被教育的对象即学生的手上，没有学生报读的大学是要关上校门的，没有生源的专业和系是要撤并的。因此，如何吸引更多更好的生源，特别象美国的名牌大学在收费极其昂贵的情况下如何继续吸引众多的学子前来报读，则是每一所大学，也是大学里的每一个系都要认真加以思考和采取必要的对策。从以上介绍的几所美国大学经济系办学情况来看，是否可以从下面几个角度去改变我国经济学本科教育的现状，以提高高中毕业生报读经贸类专业的热情，特别是吸引优秀的生源加入经贸类专业的专业学习。

1. 经贸类专业教育目标的吸引

一个明确而富有感召力的教育目标，可以突出经贸类专业的整体专业形象，扩大对潜在生源的影响，还可以为课程设计、师资筹集和教学环境建设等进行理念上的定位。要确立一个好的经贸类专业的教育目标，必须认真思考和解决三个问题：一是为什么要办学；二是怎么办好学；三是什么才是办好了学。对这三个问题的解答就形成了经贸类专业教育目标的三大构成，即教育理念、教育方式和教育要求。美国几所名牌大学经济学本科教育的实践表明，经济学本科教育要面向市场，要为市场活动培养适用的经济学专业人才；在教育中，要以学生为中心，注意课堂学习和研究实践并重，引导学生在对实际经济问题的分析中达到对经济学理论与方法的兼蓄并收；教育的产出必须是拥有扎实的经济学理论知识、技术知识和信息知识，并能运用这些知识进行独立研究、解决实际经济问题的专门人才。

2. 经贸类专业课程设计的吸引

本科经贸类专业课程设计要突出基础知识和应用知识以及定性和定量知识的两大教学结合。在努力增开新课，扩大可修课程数量的同时，打破现存的单一、被动的修课模式，系里只确定三至五门必修的核心课程，其余的都改为学生自由选修，以便根据未来市场就业的需求，结合个人的兴趣，形成各有侧重点的专业背景和研究能力。总之，扩大课程的数量，增强课程的实用性，以及提高修课的灵活性应该成为经贸类专业课程设计的一个思考取向。

以上种种原因，都在催促着我国经贸类专业必须跟上教改的潮流，进行系统的改革。

第三章

基于多元智能理论视角的经贸类专业教学改革

随着中国改革开放的不断深入，经贸类专业的招生和就业也面临压力。在教学改革的过程中，我们应该树立以人为本的教育理念，经贸类专业也应着力培养以经贸技能为核心、具备综合素质的复合型人才。

近几年，由于全球经济复苏的动能不足，经贸行业整体不景气，一些经贸类专业的招生和就业也面临压力。走在十字路口的经贸专业该何去何从呢？全国外经贸职业教育教学指导委员会常务副主任委员王乃彦认为："虽然就业基数大，但实际上就业岗位特别是经贸类的岗位还是很多，关键在于培养的人才能否对口，学生是否具备跨文化交流能力。现实中很多经贸专业的毕业生，往往理论知识很优秀，但实操能力不足，不符合经贸单位的需求。"因此，我们应该树立以人为本的教育理念，经贸类专业也应着力培养以经贸技能为核心、具备综合素质的复合型高等人才。

第一节　多元智能对教学改革的指导意义

人的智能是多元的，不同的人的智能结构是不同的，但只要通过训练，每个人的弱势智能都是可以得以提升和优化的。

多元智能理论向人们阐释着研究者的发现与思考。同时，多元智能理论还向世人呈现了一个伟大的发现：人类潜能的本质与实现。

一、多元智能理论简介

(一) 多元智能的提出及其背景

所谓"多元智能"，是由美国哈佛大学心理学教授霍华德·加德纳及其助手经过多年研究和观察而提出来的。多元智能理论 (英文简称为多元智能) 较系统的阐述，最初体现在《智能结构》一书中。该书是加德纳参与研究"人的潜能本质及其实现"课题的研究成果。作者的初衷是"要完成比当时认知研究普遍接受的观念还要完整，提出广泛的人的思维观"。大凡一种理论的突破或创新，通常都要确定突破的"切入口"，或寻找"挑战的对象"。加德纳的挑战对象：一是当时具有深远影响的皮亚杰学说，即人的所有思维，都是为了达到科学思索的理想境界；二是当时盛行的“智商”(IQ)流行的测验观，即认为人的智能就是以语文（言语表达）和数学（逻辑思考）为依据，测试学生敏捷地解答任何问题的能力和程度，从而确定人的智能或智商的高低优劣之分。

不可否认，在加德纳提出多元智能学说之前，关于智能的研究和学说都曾起过一定的积极作用和产生过很大的影响。如19世纪骨相学代表人物弗朗茨·约瑟夫·高尔提出大约37种人所具有的不同能力，其中包括感情能力、情绪能力(希望、敬畏、尊重)、反省能力和知觉能力，其学说基础建立在“左、右半脑功能定位观点”之上，如左半脑呈现语言功能障碍；再有20世纪初法国心理学家比奈首创智力测验，从而第一次以定量的测试替代了凭知觉评定的智能标准；还有瑞士皮亚杰人的能力发展的阶段学说等。但客观事实是，加德纳提出多元智能时所树立的“挑战对象”，并不是采用“倒洗澡水连同婴儿都一起倒掉”的简单做法，而是通过研究，更加关注学生的起点行为及其潜在能力的发挥，因为多元智能“是强调人类拥有未知数目的潜能，从音乐上的天赋到了解自我的能力，都属于人类潜能的范畴”。

加德纳对“智能”一词所下的定义就是：智能，就是人类在解决难题与创造产品过程中所表现出来，又为一种或数种文化环境所珍视的那种能力。多元智能的研究，在很大程度上得益于脑科学研究与突破，得益于智能生物学的研究成果，得益于对超常儿童的研究。通过研究，加德纳发现：幼儿是其能力与天赋的俘虏，这些能力与天赋也许以优秀的形式而存在，但它们又是相互孤立的，相互之间不能进行有创造力的联系。而成熟的个体只能有意识地导向各种组件能力，并调动这些组件能力而达到其不同的目的。事实证明，各种智能间都具有某种“交互作用”，如果说一种智能可为人生或未来事业打开一种可能性的话，那么各种智能的培养和结合便可造成多种可能性和提供多种选择机会。

加德纳等人于20世纪80年代初提出的多元智能理论与美国等发达国家流行的“情感智能”(EQ)，现已成为世界发达国家教育改革的主流，即我们不能仍停留在传统的单一学科学习，而应走向整合性学科的学习。现行的学校教育课程结构应有利于学生的整合性学习，而不是互不关联地学习某一课程。学生中心或者“个体为中心的学校模式”的理论出现，就是基于每个人不同的兴趣和能力以及不同学习方式的事实而提出来的。

(二) 多元智能的内涵及其发展

加德纳等人的多元智能理论和学说，自1983年《智能结构》问世以来，已被译成数十种文字出版发行，在美国本土和世界各地，成为心理学、教育科学类畅销书达数年之久。据德文有关资料证明，加德纳近几年先后出版的有关多元智能理论专著有：《智能的新科学、认知革命的纪元》《多元智能——实践中的理论》《通往创造性思维的钥匙》《领导者智能、领导分析》。其中《多元智能——实践中的理论》一书，比之《智能结构》更加关注多元智能理论在学校教育和家庭教育中的应用和推广，更具实践意义和价值。作者在后一书中，引用许多研究成果和案例，从而证实多元智能理论在学校教育、家庭教育中的可能性、重要性及其意义。

加德纳等人的多元智能理论，包括由8种智能组成的多元智能理论，其旨意在于提供一种有别于智力商数或比智力商数更广泛、更完备的智能观念，以便使人们在教育目标上展现出更广阔的视野，为教育实践开启多元智能的新纪元，从而更加体现学校教育的宗旨：发展学生各种智能，并帮助他们选择适合其智能特色的职业和旨趣目标，使每个学生对自己有信心，饱满地投入到学习中去，以负责、建设性的方式为社会服务。

加德纳在其著作《智能的结构》一书中提出了每个人至少有7种智能：语言智能、数理逻辑智能、音乐智能、空间智能、身体运动智能、人际交往智能、自我认识智能。1996年，加德纳在上述7项智能的基础上又提出了第八项智能，即自然观察者智能。

1. 语言智能

是指有效地运用口头语言或书写文字的能力。这项智能包括把文法、音韵学、语义学、语言实用学结合在一起并运用自如的能力。律师、演说家、编辑、作家、记者等是几种特别需要语言智能的职业。对语言智能强的人来说，他们喜欢玩文字游戏；在学校里，他们对语文历史之类的课程比较感兴趣；在谈话时常引用他处读来的信息；喜欢阅读、讨论及写作。这一类学生在学习时是用语言及文字来思考，对他们而言，理想的学习环境必须提供下列的教学材料及活动：阅读材料、录音带、写作工具、对话、讨论、辩论及故事等。

2. 数理逻辑智能

是指有效地运用数字和推理的能力。这项智能包括对逻辑的方式和关系，陈述和主张，功能及其他相关的抽象概念的敏感性。数学家、税务、会计、统计学家、科学家、电脑软件研发人员等是特别需要数理逻辑智能的几种职业。对数理逻辑智能强的人来说，他们在学校特别喜欢数学或科学类的课程；喜欢提出问题并执行实验以寻求答案；喜欢寻找事物的规律及逻辑顺序；对科学的新发展有兴趣；喜欢在他人的言谈及行为中寻找逻辑缺陷；对可被测量、归类、分析的事物比较容易接受。这一类学生在学习时是靠推理来思考，对他们而言，理想的学习环境必须提供下列教学材料及活动：可探索和思考的事物、科学资料、操作，参观博物馆、天文馆、动物园、植物园等科学方面的社教机构。

3. 空间智能

是指准确地感觉视觉空间，并把所知觉到的表现出来的能力。这项智能包括对色彩、线条、形状、形式、空间及它们之间关系的敏感性，也包括将视觉和空间的想法具体地在脑中呈现出来，以及在一个空间的矩阵中很快找出方向的能力。向导、猎人、室内设计师、建筑师、摄影师、画家等是特别需要空间智能的几种职业。空间智能强的人对色彩的感觉很敏锐，喜欢玩拼图、走迷宫之类的视觉游戏；喜欢想象、设计及随手涂鸦；喜欢看书中的插图；学几何比学代数容易。这一类学生在学习时是用意象及图像来思考，对他们而言，理想的学习环境必须提供下列教学材料及活动：艺术、积木、录影带、幻灯片、想象游戏、视觉游戏、图画书、参观美展、画廊等艺术方面的社教机构。

4. 身体运动智能

是指善于运用整个身体来表达想法和感觉，以及运用双手灵巧的生产或改造事物。这项智能包括特殊的身体技巧，如平衡、协调、敏捷、力量、弹性和速度以及由触觉所引起的能力。演员、舞蹈家、运动员、雕塑家、机械师等是特别需要空间智能的几种职业。这一类人很难长时间坐着不动；他们喜欢动手建造东西，如缝纫、编织、雕刻或木工，或是跑跑跳跳、触摸环境中的物品；他们喜欢在户外活动；与人谈话时，常用手势或其他的肢体语言；喜欢惊险的娱乐活动并且定期从事体育活动。这一类学生在学习时是透过身体感觉来思考，对他们而言，理想的学习环境必须提供下列教学材料及活动：演戏、动手操作、建造成品、体育和肢体游戏、触觉经验等。

5. 音乐智能

是指察觉、辨别、改变和表达音乐的能力。这项智能包括对节奏、音调、旋律或音色的敏感性。作曲家、演奏(唱)家、音乐评论家、调琴师等是特别需要音乐智能的几种职业。他们通常有很好的歌喉，能轻易辨别出音调准不准，对节奏很敏感，常常一面工作，一面听(或哼唱)音乐，会弹奏乐器，一首新歌只要听过几次，就可以很准确地把它唱出来。这一类学生在学习时是通过节奏旋律来思考，对他们而言，理想的学习环境必须提供下列教学材料及活动：乐器、音乐录音带、CD、唱游时间、听音乐会、弹奏乐器等。

6. 人际关系智能

是指察觉并区分他人的情绪、意向、动机及感觉的能力。这包括对脸部表情、声音和动作的敏感性，辨别不同人际关系的暗示以及对这些暗示作出适当反应的能力。人际关系智能强的人通常比较喜欢参与团体性质的运动或游戏，如篮球、桥牌；而较不喜欢个人性质的运动及游戏，如跑步、玩电动玩具。当他们遭遇问题时，他们比较愿意找别人帮忙；喜欢教别人如何做某件事。他们在人群中感觉很舒服自在，通常是团体中的领导者，他们适合从事的职业有政治、心理辅导、公关、推销及行政等需要组织、联系、协调、领导、聚会等的工作。这一类学生靠他人的回馈来思考，对他们而言，理想的学习环境必须提供下列教学材料及活动：小组作业、朋友、群体游戏、社交聚会、社团活动、社区参与等。

7. 自我认识智能

是指有自知之明并据此做出适当行为的能力。这项智能包括对自己有相当的了解，意识到自己的内在情绪、意向、动机、脾气和欲求以及自律自知和自尊的能力。自我认知智能强的人通常能够维持写日记或睡前反省的习惯；常试图由各种的回馈管道中了解自己的优缺点；经常静思以规划自己的人生目标；喜欢独处。他们适合从事的职业有心理辅导、神职等。这一类学生通常以深入自我的方式来思考，对他们而言，理想的学习环境必须提供他们秘密的处所、独处的时间及自我选择等。

8. 自然观察者智能

自然智能就是对周遭生活环境的认知与喜好表现，对自然的景物，例如植物、动物、天文等都有诚挚的兴趣、强烈的关怀。这项智能包括了对生物的分辨观察能力，如动物、植物的演化；对自然景物敏锐的注意力，如云、矿物、石头的形成；对各种模型的辨认力。

(三) 基本理念

结合多元智能理论的研究与我国教育的实际情况，我们总结了适合我们借鉴与思考的一些基本理念。

1. 主要观点

(1) 教育观：教育的根本功能是促进人的成长与发展，教育必须以育人为本；知识与技能、过程与方法、情感态度与价值观是教育要达到的三维目标；多元化教育，个性化发展。

(2) 人才观：人人有才，人无全才，扬长避短，人人成才；每个孩子都是一个潜在的天才学生，只是经常表现为不同的方式；能够成功地解决复杂问题的人就是高能力的人。

(3) 教学观：正视差异，善待差异，才是关爱生命；教学能满足学生的兴趣，让学生掌握必需的知识和技能，开发潜能，为终身学习奠定基础；研究教法要注重研究学法，从以“教”为中心转向以“学”为中心，以学定教。

(4) 学习观：学习在于凭借原有知识的基础和生活经验，在合作交流中生成新的知识和开发潜能；学习是学生运用智能强项，自主选择、合作交流、主动探究的过程。

(5) 评价观：评价是为了改进师生的教与学，改善课程设计，从而有效地促进学生的发展；多一把尺子评价学生，就多一批好学生；智能档案夹帮助教师利用教学活动达到对学生的成绩进行评估的目的，为学生提供一个学习机会，帮助学生判断自己的进步；评价要强化激励和反馈的功能，淡化甄别和选拔的功能；从“谁聪明”到“每个学生哪方面聪明”。

(6) 课堂教学中多元智能策略：培养学生解决问题的能力；以问题连续体作为课堂教学的核心策略；创设生活化的课堂，引导学生发现问题，唤醒学生的潜在智能，运用多元智能解决问题，在师生合作中构建新知；即时纠错，即时转化，即时激励，即时强化。

2. 对多元智能的主要认识

（1）人有多种智能。多元智能理论首先打破了我们原有的人才观，主张用全面的标准去衡量人的各个方面，而非像以往一样，衡量人的标准仅仅局限于（或说主要局限于）语言智能和数理逻辑智能。这样，我们就不应再以学科成绩来给学生进行有意无意地分等了。也许这种观念的建立，才算是真正触及了“全面发展学生素质”的本质精神。

（2）智能是实践性的、动态的。多元智能理论将智能定义为：在特定的文化背景下或社会中，解决问题或制造产品的能力。它将智能定位于一种实践能力，而不是像以往一样，认为智能是一种素质，是所谓的“智商”，是先天形成的、静态的。智能是动态的、发展的，它的形成既有先天的成分，又有后天教育的痕迹。但对于人的发展来说，先天素质与后天培养都是相当重要的，先天提供了发展的基础，因而我们要对学生的智能倾向进行观测分析，以寻找适合其先天智能基础的后天培养发展方向；同时，后天的教化，其主要功能就在于强化其优势智能，弥补其弱势智能。当然，这二者并非同等重要，作为学校教育，其主要任务就是要设计并实施适合于学生个体的教育策略，以最大限度地发掘其潜能。同时，多元智能理论本身也是处于不断发展变化的过程中的，加德纳教授最初提出人有七种智能，后来又发展为八种，2004 年他来北京做报告时说他的研究还在继续，有可能发展为九种、十种，甚至更多。多元智能理论的发展体现了人类认识事物循序发展的规律性，也体现了研究工作的科学性和严肃性，是人类科学发展的必然产物。

（3）人有不同的智能优势。多元智能理论关注的不是智能的高低，而是智能的类型。它将智能分为 8 种相对独立的类型，每种类型内部又都有不同的分支。客观上说，每个人都拥有这几种智能，并都有一定的层次，每个人的各智能之间的发展又是不平衡的，因而不同的人往往表现出不同的优势和特长。如此一来，我们考察教学对象和交往对象时，就能避免以一人的优势智能去与另一人的弱势智能相比，很大程度上能改变我们对学习后进生的看法和评价。

（4）各智能类型间可以相互促进。各种智能是相对独立的，但它们之间也存在着较为密切的联系。这种思想在教学上有极为重要的价值，那就是，我们可以通过此智能发展学生的彼智能。例如，可以运用图画、动作、音乐、数字、符号、色彩、文字等来表达自己的感受，如果他的语言智能比较弱的话。这样，就为我们的教学提供了更为广阔的选择空间，使我们得以更加自由地选择自己的教学方式。但是，我们所选择的方式应适合学生的智能类型和智能水平，否则仍然难以被学生所接受。

(5) 不同智能类型的学生学习方式不同。因为不同智能类型的学生存在着学习方式、学习习惯、对学习内容敏感性的不同，因此，教师的教学就不应始终运用一种方法，采用一种形式。研究证明，没有一种方法适用于所有学生，也没有一个学生适合每一种方法。所以，教师在教学过程中，必须要分析班级成员的智能差异及构成，以确定采用何种方式来消解这一差异带来的学习效果的不同。由此可见，科学、合理的教学应该是多种教学方式、手段组合运用的，切合了每一位学生智能类型状况和智能发展水平的。

多元智能理论为我们的教学活动提供了大量的理论依据，如“因材施教”“分层教学”“研究性学习”等，都可以在该理论中找到依据。新一轮课程改革将其作为理论支撑，就在于它不仅为我们提供了教育价值论、教育理念体系建设方面的借鉴，而且还可以直接指导我们进行教育策略和方法的革新。把多元智能理论从价值观的指导深入到课堂教学实践，这样的研究才有实际价值，并会成为教师、学校今后教育教学发展的功能强大的发动机。

(四) 多元智能理论带给我们的启示

加德纳的智能多元论使我们了解到：第一，每一个人都具备至少八项智能(还有其他一些智能未发展归纳成理论，如灵性、心理感应、幽默感、直觉、创造力、嗅觉等)，具体到个人表现有所不同。有人八项全能，有人某几项或某一项突出，但其他缺乏，大多数人居中，某几项优异，某几项稍差，某几项更次之。第二，大多数人可以使每项智能达到很高的标准，可能有人认为自己天生不具备某项智能。加德纳指出，如果给予适当的鼓励、培养和指导，事实上每个人都有能力使八项智能达到相当高的水平。第三，各项智能通常互相影响。当人们做某件事时，通常需要几项智能相互作用，如一个篮球运动员在训练及比赛时，不光要发挥他的肢体运作智能，还需要语言、交际与自律智能同时作用才能表现适当。第四，聪明智慧表现在各方面，没有一个标准来衡量某人一定在某个领域里成功才算聪明。

多元智能理论产生以来，加德纳及其合作者们致力于在学校教育和家庭教育中的推广研究。具体途径可归纳为三个方面：一是探讨多元智能理论对教育的意义和树立新型的教育观、智能观，告别IQ，并依据一个人成长轨迹的四个不同阶段(幼年期即五岁左右、入学期即十岁左右、青春期、安身立命期即三十岁左右)分别采用各种不同途径，包括如何培育智能等；二是设计适用于多元智能理论推广、应用的测量工具；三是与有关学校、社区和文化教育机构合作，开展实验研究和推广应用。

加德纳等人还创设了发展关系架构，其用意可概括为三点：首先是教育要以学生的认知发展为基础，设计符合身心发展的教育方案；其次要根据不同的发展阶段特征，提供发展智能、创造力的机会和环境，尊重学生的个性发展；最后是因材施教，改善教育模式，发现学生潜能和智能的差异性，创设“以个人为中心”的学校。这里的“以个人为中心”宗旨就是为了让每个学生都能有充分展示潜能的机会，最大程度地唤起每个人的自信心。加德纳将这种新型学校界定为三种角色于一体，即评价专家、学生课程经纪人和学校社区经纪人等三种角色。具体未来学校图景将是：公正而科学的评价指标，有利于智能发展和创设探索未知世界情境；合理的课程结构，符合学生认知发展阶段的特征，将社区环境引入学习地点，使学生可以在学校、社区、家庭等环境激发他们的各种智能。

二、多元智能理论在中国

多元智能理论中国化的过程主要表现在其对中国教育研究与实践的影响上。可以说多元智能理论在中国一经引入，就对中国的教育产生了广泛的影响。主要表现在：研究主体既有教育政策制定者、教育理论工作者，也有一线教师，其中有的参加了有组织的课题组，也不乏自发对多元智能理论进行研究的学者、教师，可以说在研究的主体上呈现出了多元化的特点。研究的内容涉及介绍与评述多元智能理论；如何借鉴多元智能理论进行课程改革、学科教学改革、教育评价改革；多元智能理论与素质教育、个性教育的关系；借鉴多元智能理论树立新型学生观、人才观；多元智能理论对教师专业化、学校文化建设、学校德育的启示等众多方面。从横向看，我国近二十年来关于多元智能理论的研究覆盖了普通教育、职业教育、特殊教育、家庭教育等领域。从纵向看，在普通学校教育中，多元智能理论对从幼儿园到中小学再到高等教育的整个教育过程的实践与研究都产生了巨大的影响。

(一) 基于多元智能理论的高校项目教学内涵

高校的高等教育以为社会输送专业劳动者为己任，通常需要培养学生的多项技能来胜任工作岗位要求。以培养高等教育层次软件开发的程序员为例，需具备的技能包括：软件开发技能以实现程序的编写、语言表达技能用于表述自己的编程思想、沟通技能用于与软件开发团队成员开展交流、自我反省技能用于反思编程过程等。依据多元智能理论，这些技能分别对应着数理逻辑智力、语言言语智力、人际交往智力、自知自省智力等。

传统的高等教学仍以培养学生的可以测量的传统智力为主，但是多元智能理论认为，项目学习可以摆脱过去语言言语智能和逻辑数理智能所强调的以测验为本的学习倾向，去发现和开发每个学生的智力强项。所以可通过开展符合高等教育特征的项目教学来培养学生的多元智能，同时达到培养学生多元专业技能的目的。

项目学习既是一种课程理念，又是一种多用途的教学方法，它可以融合许多教育理念。其中最具代表性的是建构主义理论和多元智力理论。建构主义学习理论认为学习是基于社会协商的个人知识建构，强调学生与学生间、学生与环境间、学生与社会文化间的交流互动对个体知识建构的重大影响。多元智能理论关注学生多元智能和优势智能的协同发展。开展高校项目教学的关键是选择合适的项目，在高等学校学生完成项目的过程中，实现知识的多元建构、智力的多元培养。“多元智力理论视野下的项目学习一般包括学习中心、活动中心等。”学习中心也就是依据学生智能特征组建的学习小组，活动中心也就是保证项目学习正常开展的包含了多元化学习资源和学习工具的教学场所。可见，开展高等学校项目教学关键做好四方面的工作：组建高校智能学习小组、创造高校多元化学习活动中心、选定高校教学项目、实施多元化的高校教学评价。

把这些前提工作做好，那么之后的研究还有教学就会相对容易一些了。

(二) 研究目标

1. 研究指导思想

(1) 正确把握多元智能理论的价值。对于多元智能的研究主要坚持辩证唯物主义和历史唯物主义的基本原则和“洋为中用”的方向。理论组了解了多元智能理论创建以来的基本情况，着重分析了心理学界对这一学说的质疑和教育学界特别是教育实际工作者对其欢迎的原因。认识到多元智能理论是一个正在生成中的新型智能理论，它反映了现时代的科学研究成果和教育发展的基本要求，二十多年来得到不断发展，显示了较强的生命力，有其深刻的时代根据，但有些方面仍然需要实证的支持，有待进一步完善。正确把握多元智能理论的价值，有助于我们的实践研究保持较清醒的头脑，努力做到“取其所长，避其所短”。

(2) 课题研究遵循的原则。

其一，强调“借鉴”。我们认为“借鉴”不是照搬，不是简单的介绍。“借鉴”要求从我国教育改革，特别是基础教育改革的需要和实际出发，有选择地吸纳多元智能理论的主要成果，并在联系我国教育实际的过程中有所发展和创新。在这一原则指导下，我们要不断探索多元智能理论与中国基础教育改革的结合点，使其在转变观念和教学改革实践中发挥积极作用。这是这个研究受到基层学校广泛欢迎的重要原因。

其二，倡导“开发潜能”的新型教育价值观。我们认为，“潜能”是由“禀赋”到“素质”的中介，开发潜能为落实素质教育找到了一个重要的“切入点”。开发潜能体现了重要的新型的教育价值观，不过，它还是一个教育理想，实现这一目标需要经过艰苦的探索。在现阶段我们固然需要不断发现学生的潜能，尽其所能地加以开发；但是，更切实际的则是防止教育这把“双刃剑”扼杀了学生的潜能。因此，我们倡导“正视差异，善待差异”的学生观，主张“机会就是教育”和“教师面前无差生”等教育理念，以引导对学生潜能的开发。

其三，课题定位于“实践研究”(属于应用性研究)。我们从广大教育工作者的实际需要出发，并考虑到研究者自身的“优长”和“短缺”，避开单纯的理论研究，着力于将多元智能理论的精髓运用于我国的教育实践之中。因此，我们决定面向实际，研究实际，确立为基础教育服务的观念，力求实现“以研促变”。这就决定这项研究的研究成果，不仅应该有专著、论文、研究报告，更应该有促进项目学校教育发展和质量提高的实践成就。

2. 研究重点

(1) 借鉴多元智能理论提高课堂教学质量。借鉴多元智能理论的实践研究，内容十分丰富，但是，作为有责任心的研究工作者，必须对研究的方向进行必要的价值判断，应该研究最值得研究的问题。当前我国基础教育已经进入内涵发展的轨道，启动了新一轮的课程改革。在这种形势下，教育改革必须向课堂教学聚焦，向课堂教学要质量。我们深知这是一块硬骨头，但是，我们相信我国基础教育的学校是教育创新的沃土，只要我们能够深入下去，是可以有所作为的。

(2) 探索新型的教育科研方法。我们认为，“实践研究”更应采用严格意义的行动研究方法。其一，研究目标经由实际问题的调查来确定，并可在边研究边实践的过程中不断生成；其二，将教育研究视为“继往开来”的事业，不割断历史，尊重广大实际工作者的创造，将总结提升实践经验使之更为完善，作为本课题研究的一项任务；其三，研究主体多元，本课题由教育理论工作者、各地区的教研员科研员、各学校的领导及教师合作研究，在研究中互动，在互动中研究；其四，将研究、培训和课堂教学实践相结合，实现边研究边实践的方式；其五，成果形式多样，包括文献翻译、解读、专著、编著、教学个案、教学实录、观念转变的心得体会和研究报告等。

(三) 多元智能理论的主要应用情况

1. 多元智能在初级教育阶段

北京市东城区和平里四小，运用多元智能理论创建小学综合课程，取得初步成效，已经招收多元智能实验班；北京市第二实验小学在“双主体育人”的基础上，很快进入了多彩光谱教学的轨道，我们为之总结了“多元智能的教学模式”；山东省诸城市实验小学开展多元智能评价实验，创建了“多用几把尺子衡量学生的评价体系”；山东省博兴实验小学创建了多元智能教学评价体系；浙江省慈溪市宗汉学区及北京市西城区有很多小学，创建了多元智能的问题教学和问题连续体教学模式，成为当地的教学亮点，教研部门多次请这些小学出示示范课……这些学校的教学质量都有不同程度的提高，课程改革进展比较健康。

2. 多元智能在中等教育阶段

北京市昌平三中，原来是一所后进的农村中学，曾由普通中学改为职业中学，又由职业中学改为普通中学。三年来，他们一直认真借鉴多元智能理论改革教学，突破了“千课一型”的僵化局面，出现了学生爱学的新气象，老师尝到了成功的喜悦，教学创新的积极性十分高。国际会议期间，我们请中外与会者到该校参观，外国学者对中国农村竟然有这样好的多元智能学校，十分惊讶和赞赏。近来，区教研部门多次请该校的老师做公开课，该校被宣布为昌平区的优质中学。山东省诸城市的龙源学校，借鉴多元智能理论构建了多元化的校本教材，开展丰富多彩的选修课……丰台区实验学校的外语课运用多元智能，大大提高了教学质量，并培养了教师的创新精神；北京市十二中的问题连续体试验课，也取得较好的成效。

加德纳说过："一个熟练的老师能够用不同的方法讲解同一个概念，任何一个丰富的主题或者概念都能够用至少五种不同的与多元智能搭配的方法讲解，任何一个主题或者概念都可以看成一个有五个门的房间，不同的学生会选择最舒服最适合他们的路来进入房间。如果教师可以意识到这些切入点的话，他们就能够以这种让学生更容易掌握的方法来教授知识。"

所以，多元智能在高中的运用主要是抓住这五个切入点。

讲述的切入点：教师可以通过讲故事来阐述一个概念或者定义。比如说，教师在教"熟能生巧"时，可以给学生讲述一下这个故事的起源。

逻辑和数量的或数字的切入点：教师能够通过演绎推理的方式帮助学生了解一个概念，可以帮学生分析一下"练习"和"完美"之间的关系，通过分析可以得出：它们之间是正比例的关系，练习得越多，那么就越接近完美。

基本的或存在的切入点：这个切入点能够吸引对基本问题感兴趣的学生。

审美的切入点：这个方法比较适合对艺术感兴趣的学生。教师可以通过展示图片来抓住学生的眼球，再以"熟能生巧"为例，教师可以做一个关于这个习语的动画或者幻灯片展示给学生，或者组织学生在讲台上把这个故事表演出来。

动手操作的切入点：这种方法比较适合那些喜欢直接在材料中或者实践中获取定义或知识的学生。在讲"熟能生巧"时，教师可以要求学生做一件不熟悉的事情，学生一开始也许做得不好，但是通过多次练习，他们可以达到精通的程度，然后教师就可以告诉他们这就是"熟能生巧"的确切含意。

3. 多元智能在高等教育阶段

高等教育的改革和发展需要借助国内外新的科学的理念和方法，多元智能理论提出的新观念和教育实践经验对高校教育教学的改革具有重要的应用价值。

多元智能理论构建了一个新的智能内涵，兼容众多有效地开发学生潜能的理念和方法，提出了认识个体智能结构、培养和拓宽学生智能专长、倡导参与、重视过程性评估的教育思想，这些对我国传统高等教育理念的冲击将会有效促进高校教育教学的不断发展，培养出更多的社会需要的高层次人才。

目前，我国高校正在积极了解多元智能的理论思想及实践经验并尝试于实践中，但仍普遍存在着对多元智能理论重视不够、理解不清、缺乏整体思考的状况，因此，深入地把握多元智能理论，在高校教育教学中引入多元智能教学理念已成为一种趋势。

高等教育教学活动需要不断地改革和发展，借鉴多元智能理论的有益成果，鼓励我们的高校教师在学校的教育教学中向学生提供多方面的专业能力训练领域，帮助学生选择自己感兴趣的活动区域及适合于自己发展水平的具体活动。使“参与和活动”成为高等教育的重要教育教学方法，大学生会成为这一方法的直接受益者。

我国高校大学生在完成了12年学龄期的连续不断的各种考试后，进入了大学校园，但是，考试并未结束，每学期的期末考试将成为学生知识获得状况的评价和能否顺利毕业的条件，而学生平时的专业能力的提升和其他智能的发展无人关注，这种考试评价制度的弊端不言而喻，引发的不良后果也很明显，如应试能力强，实践能力弱；理论能力强，动手能力差；专业能力强，非专业能力差；知识能力强，社会适应能力差等等，甚至一些学生，为了一次考试成绩，不择手段，抄袭作弊，这些不良后果已经被很多人所质疑。今天的高等教育，在对学生发展的评价上，以偏颇的各种考试作为主要评测指标的做法应被遗弃，树立新的评价观，通过多渠道，注重智能发展过程，采取多种形式，在多种不同的实际生活和专业活动情景下进行测评，切实考查学生多方面解决实际问题的能力和创造出精神产品和物质产品的能力，才能使评价确实成为促进学生智能发展的有效手段。一些高校的做法值得提倡，如期终的学业评价融入了期末考试成绩、学期能力发展的过程评估、创新能力评估等多种内容，这充分体现了多元智能的理念，真正实现高校多元多维、情景性、发展性的人才评估模式。

多元智能理论应用于高等教育教学改革的最终实现，需要高校管理者、高校教师、大学生及相关人士对多元智能理论的充分理解和重视，需要高校对这种教育教学理念的充分认识和积极提倡，需要教育者的科学实践。多元智能理论博大精深，随着时间的推移，必然会在多种引入的理论中脱颖而出，其理论和实践在高等教育教学改革中的积极作用会越来越明显。

三、多元智能理论在教育实践中的应用意义

多元智能理论是加德纳等人在脑科学研究方面的重大成果，该理论从分析人、研究人、发展人、成就人的角度，为教育提供了强有力的智力支持与理论依据。多元智能理论，对于我们更新教育观念、优化课堂教学、改革教育评价等都起到了积极的作用，产生了深远的影响。

多元智能理论为课堂教学的改革开辟了宽广、丰富的途径。其实在多数情况下，很多好方法我们已经沿用了很久。但在某些情况下，多元智能理论却给我们一个发展革新教学方法的机会。

多元智能理论提出：不论在哪种情况下，没有一种对所有学生都适合的完美的教学方法。所有的孩子在八项智能中都有不同的倾向，所以任何一组特定的方法可能对某些孩子很成功，但对另一些孩子却不一定奏效。教师要因材施教，随时变换教学方法，以达到更佳的教学效果。学生具体情况不同，教师应根据学生特点灵活选用与之适宜的教学方法。只要教师根据每项智能不断变换教学方法，学生就会有机会利用他最发达的智能学到知识。同时，在课堂教学中运用多元智能理论，就意味着学生以各种不同的方式来学习和展示他们的学习情况。通常的纸笔测验有其作用，但他们不可避免地限制了学生运用其他智能的机会和可能。新的学习方式也同样要求学生能自如地运用各种形式解释在其学习行为背后他们的思考状况。因此，学生的理解和掌握情况将不会再仅仅通过唯一的语言的形式来描述了。

用多元智能进行教学使课堂充满丰富性和多样性，使学生用自己擅长的方式来学习，发展了学生的多元智能。如何保证课堂教学更好地培养学生解决问题的能力和创造能力，体现新课程标准的精神，培养学生提出问题、分析问题和解决问题的能力？老师们发现，美国亚利桑那大学梅克教授的“问题连续体”给在课堂教学中有效而有序地培养学生的上述能力，提供了简易可行的新思路和操作框架，同时又便于每一节课教学目标的把握，使其低层目标和高层目标比较清晰。实验区的老师试着用“问题连续体”改革课堂教学模式。梅克教授把问题按解决该问题所需的创造性的程度，按照由低到高的顺序，把问题分为五类。教师和学生对五个层次问题解决的方法和答案也是由已知到未知的。从教师和学生两方面，以问题为中心、以解决问题的方法为中介、以问题的答案为结果，从问题维度是已知还是未知，或从问题的答案是唯一的、系列的还是开放的这些不同层次，构成一个多维度、多层次的问题连续体。

不同层次的问题能够满足不同层次学生发展需求。“问题连续体”有步骤地、通过层层设置、步步深入、不断地提升学生的思维等级水平，达到了有效地开发学生潜能的作用。通过实践，老师普遍认为，每个人智能都有不同的组合，数项智能组合的结果，表现为解决问题的能力，人的一生都在不断地解决问题中生存和发展，解决问题依靠技能，而每一项技能都是两项以上智能组合的结果，技能培养的最好途径，就是在解决实际问题的过程中促进智能发展和智能组合。问题模式课堂教学，正是引导学生在解决问题的实际过程中来培养学生解决问题的能力，发展智能，促进智能组合。老师们借鉴“问题连续体”理论并结合自己的实际情况进行有效的探索，形成了不同的问题解决课堂教学模式。

多元智能实验学校的教师，把“问题”定义为学科学习中的问题和生活中适宜学生解决的相对复杂、相对综合的问题。其特征是：有一定难度，但经过学生努力是可以解决的；突破学科界限，有一定的综合性；是学生在生活里能感受到的；含有多个未知成分，没有教师提供的相关信息，没有现成的唯一的解决方法。“问题学习”是以问题的提出、研究和解决为主线，以自主探索为主要的学习方法，以达到增强学生的问题意识、提高理解掌握运用知识水平和解决问题的能力为主要目标的学习活动。

四、多元智能理论对经贸类专业教学改革的指导意义

多元智能为现代教育技术的研究和应用发展引领了一种崭新的教育、教学理念，现代教育技术则为多元智能的发展提供丰富多彩的、学习者亲身参与的、富有实效的活动平台，并将为这种崭新的教育、教学理念的现实化、操作化提供实施的中介和促进条件。

现代教育技术与多元智能理论之间有着内在的耦合关系，比如，计算机的基本定义如：逻辑设备、指令集和、基于文本和图形的用户界面、数据输入等与多元智能逻辑的、数学的、语言的、形象的、空间的、身体的、运动的等之间存在内在联系。

在现代教育技术营造的环境中学习，多元智能可以获得一种潜移默化的、浸润式的发展，如果有意识地对这种学习环境进行精心的设计和运作，多元智能的发展效果将更具系统性、目的性、连续性和针对性，成效更是显著。

多元智能的发展需要在丰富多样的活动情境中展开，教育技术支持的教学活动形式、方式、方法可谓丰富多彩，能为多元智能的发展提供和配置适应性的学习资源，要根据多元智能的特点和活动类型的特点，找寻二者间的内在联系，并将它们统合起来。

(一) 多元智能理论对经贸类专业课程改革的指导作用

很多高考考生在填报志愿时，对该如何选择专业颇感茫然，有很多学生基于兴趣、热门、非工科专业等原因选择了经贸类专业，可进入大学后很多学生仍然不清楚对于这一专业，自己的学习需求是什么，自己的就业取向如何，自己真正的兴趣爱好是什么，什么东西对自己是真正重要的，自己的幸福源泉是什么。多元智能理论的教学观告诉我们，学生可以在擅长的领域中发展、获得成就感。通过这一视角，学生会恍然大悟，原来我也有所长，我也有在某方面实现自我价值的能力，从而找到幸福之源。

兴趣和成就感往往是相辅相成的，当学生在擅长的领域中获得成就感时，学习的兴趣也会翩然而至。对于绝大多数学生来讲，专业一旦选择，往往就是尘埃落定。尽管学习的专业固定了，可就业方向仍是待定的。基于多元智能理论的学生观，我们可以结合每一位学生的自身特点，找准学习目

标，通过努力，将来我也能做自己喜欢的工作。这样何愁学生没有学习的动力和激情。

每一位学生在能力方面各有其长板或短板，充分发展学生的长板，使之在学习上优则更优。如，有的学生伶牙俐齿，可以让其多参与外经贸的模拟谈判和模拟营销，在课堂上给予其辩论的机会，发展其语言智能；有的学生具有敏捷的思维，可以引导他们凭借专业知识妥善解决经贸纠纷，发展其逻辑智能；有的学生具有较好的处理人际关系的能力，可以让其多参与模拟客户咨询、售后服务，发展其人际交往智能；有的学生处事严谨，可以通过单证的缮制与处理，发展其数理能力等等。根据多元智能理论，对学生的能力不能片面看待，而应从多角度认识学生，找寻其优势所在，明确学生智能发展的增长点，也能使学生对自己在未来社会的位置有一个准确的定位。

发展学生的多元智能，要求教师有“全人”的概念，让学生得到全面的发展。不仅要提升学生的理论水平，还应提升学生的动手能力；不仅要培养学生的业务水平，还应培养学生的团队合作精神和职业道德精神，同学们在学习过程中可以取长补短。

（二）多元智能理论给予经贸类教学改革的启示

教学改革既要考虑企业的需要，更要关注学生的幸福感。对学生来说，最大的幸福莫过于能学以致用，所学的知识能用于自己喜爱的工作。真正的教育者，会关心学生的幸福。虽然我们提倡教育产业化，可是学生并不同于普通的产品，每个学生的特点不同，蕴藏的潜能也不一样，教学改革的终极目标应该是从多元智能理论的视角发掘学生的潜能，给学生带来学习的成就感和幸福感。

每个学生都是独特的。在从儿童成长成成年人最终走向社会这个过程中，他们在学生阶段会面临几次重大选择：一是高中时分科的选择，二是高考时的选择，三是在大学进入社会时的选择。对于教学工作者来说，往往极易忽略学生的第三次选择，传统的观念认为，专业一旦选择往往就是尘埃落定。尽管学习的专业固定了，可就业方向仍是待定的。基于多元智能理论的学生观，我们可以结合每一位学生的自身特点，对学生未来的职业生涯科学地规划，对其人生发展目标合理地定位。经贸类专业包括：国际贸易专业、电子商务专业、物流管理专业、市场营销专业等。这些专业虽然相对独立，却非完全割裂开来，因而在课程的开设上也存在着交叉点。经贸类专业的学生在其选择就读于其中的某个专业后，若在校期间找到自己的兴趣或优势所在，让其像可修第二学位那样也可以辅修第二专业。

发展学生的多元智能，要求教师有“全人”的概念，学生发展是全面的发展，而不是某一方面或某一学科的发展。教师千万不能过高地估计自己所教学科的价值，而且也不能仅把学科价值定位在本学科上，而应定位在对一个完整的人的发展上。

教学过程中不仅对不同班级学生，而且对每一个学生都应采用多元的教学方法。由于学生的家庭背景、认知基础、思维水平及个性特征等差异，学生在探究式学习中获得的发展也往往不尽相同。根据学生的不同层次，很有必要在探究式学习中采取“上不封顶，下要保底”的灵活性教学原则，致力于不同的学生在学习上都能得到不同的发展。案例分析法可以培养学生的逻辑思维能力，小组讨论法可以培养学生的语言能力和思辨能力以及团队合作精神，任务驱动法可以训练学生的内省能力。

按照加德纳的观点，学校教育的宗旨应该是开发多种智能并帮助学生发现适合其智能特点的职业和业余爱好，应该让学生在接受学校教育的同时，发现自己至少有一个方面的长处，学生就会热切地追求自身内在的兴趣。当然，充分了解学生，准确掌握学生的心理动态和认知水平，对教学工作者也是一个极大的挑战，也需要付出很多心血。我们通过设计丰富的教学内容，让学生有展示自我的舞台。

首先，精心设计专业选修课程，同时把选择权下放给学生。很多学校的公共选修课，选择权是下放给学生的，但由于专业选修课的重要性，所以选择权不是在学生手中，而是由教学部门代为选择，使得“选修”形同虚设。

其次，在课堂上可以对学生不同能力进行发掘，让学生模拟职业的分工，取所求之知识，找到最适合自己的位置。例如，有的学生适合进行商务谈判，有的学生适合单据操作角色，有的学生适合货运操作，有的学生适合电子商务操作。

再次，教学大纲的合理设计。可以将相应课程分成若干单元，每一单元应考虑培养学生多元智能。以国际贸易实务课程为例，在合同订立的教学单元，重在培养学生语言能力和情商商数；在单据制作环节，重在培养学生的严谨作风；在纠纷处理环节，重在培养学生的思辨能力、语言能力和逆商商数；在货运操作中，重在培养学生的空间能力和组织能力；整门课程还应着重培养学生的内省能力和团队精神。除了专业技能外，不少外企比较看重学生的性格心理和抗压能力。这就要求我们应培养突出某一优势的复合型人才。

最后，教学相长的社团活动。学校的社团活动与教学活动应该是相辅相成的。

虽然教学的终极目标一致，由于施教班级的差异，施教学生个体的差异，不可能要求每一位学生在学习上做到一致。对学习效果良好的学生，要求他们精益求精；对学习效果不甚理想的学生，找到症结所在，哪怕获得小小进步，也应给予肯定。对于学生的智能优势，要求做到更优；对于学生的智能劣势，也要帮助其进步。

学生的个别差异是客观存在的，如对某项学习任务，有的学生经过努力只能勉强达到要求，而有的学生可以轻而易举地完成任务。对此，不能以整齐划一的标准要求学生毫无差异地达到统一要求。我们采用灵活多样的方式对学生进行考查：项目考查与学校、班级开展的各种活动相结合，例如可以让学生进行相关项目的市场调研，通过调查报告给予学生评价；考查与课堂教学相结合，在课堂上学生对于问题的解答，甚或提出新的问题均可以作为评价的内容；考查与实训相结合，可以对学生在实训中的专业技能和动手能力进行评价。多次考查，以最好的成绩给学生记分，善于发现每一个学生的闪光点，肯定他们的每一点进步，让优秀的学生有更高的要求和目标，让暂时落后的学生看到希望，树立信心，促使他们通过自己的努力去获得相应的发展，显示“自我”的存在价值。

第二节　改革教学的手段

教学方法的改革在面向21世纪的教学改革中更具有革命性的意义。教学方法改革的作用并不限于教学方法本身，而是关系到新的教学计划能否得到切实贯彻，确定的培养目标能否实现的关键环节。

一、改革教学手段教师是关键

教师应是道德高尚、品行端正、人格健全的人。在思想品质、人格修养、学术涵养等方面都应该得到学生的尊重和爱戴。自身正不令则行，自身不正虽令不行，教师要以高尚情操感染学生，以人格魅力吸引学生，以学术造诣征服学生。

“教师要有学问”，知识广博、学术功底扎实、学术眼光敏锐、透彻掌握所教课程的学术内容，能及时地捕捉到最新最快的科研动态和学术信息，并经过消化吸收变成自己的东西，启发学生的心智，拓展学生的思维，提高学生分析问题解决问题的能力，帮助学生进行知识的意义建构。这样，教师在教学过程中的角色和职责就发生了转变，教师应成为学生建构知识的支持者和帮助者。学生对知识的意义建构成为整个学习过程的终极目标。教师的活动和职责就要围绕“意义建构”这个中心工作来展开，帮助学生达到正确、深入的认识。于是，教师的作用就从传统的向学生传授知识的权威者转变为学生学习的辅导者，学生学习的高级合作者。教师应充分发挥对学生认知活动中的指导作用，积极创设机会和条件调动学生学习的自主性、能动性和创造性，通过师生互动、合作、交流、探究、创设情境等方式，帮助学生把握认知规律，提升主体意识。同时，教师应充分认识和了解学生现有的认知结构和认知水平，并且注意到学生认知水平的差异性，制定适应的教学目标、合理的教学方法和策略，帮助和促进学生进行知识意义的重组和建构。

教师“多从学生角度着想”，要以学生为本，对学生有强烈的爱心和责任心。尊重学生的个体差异和认知水平的不同，允许学生有不同的观点和对问题的不同理解，因势利导，因材施教，异步教学。只要具备了以上这些，再加以时间和精力的投入，好的、适当的教学方法自然就会产生。

教学方法和手段是否科学、是否行之有效，关键取决于教师的教育思想是否正确。人的行为是受相应的思想观点支配的，教学过程中所采用的方法、手段，必然受教师本人教育思想的支配。教师头脑中的学生观、人才观、学习观、教师观不同，在教学过程中采用的方法手段也就不同。

从国际经济与贸易专业来看，当前教学方法的改革，重点是要做到三个淡化和三个强化。

第一，淡化课程的独立性，强化课程之间的联系性。现在无论自然科学还是社会科学的分化和综合趋势都很强。这种趋势在高等教育中的突出表现就是新的学科、新的课程不断出现。每门课程在教材编写时为了追求自身的完整性，导致专业课程教材内容重复。因此，在教学改革中要强调课程的相互联系性。每门课程、每个教学环节都要找准自己在整个教学计划中的位置，发挥教学大纲对教材内容删减、体系的整合、集成作用，合理划分各门课程的课堂教学重点，做到课程和教学环节的内容有重有轻，学时有增有减，以求实现教学内容的整体优化。防止一提基础宽厚就要盲目增加课程和学时倾向。目前，我们正在按照这一指导思想编写新的教学大纲。

第二，淡化期终考试，强化平时知识运用能力的考核。考试是检验教学质量，促进教学水平提高的有效手段。但目前期终考试一次决定学习成绩的实际效果与导向作用值得商榷。我们认为考试方法改革的基本趋向应是：淡化期终考试，强化平时知识运用能力的考核。期终考试的要求应放在对学生分析问题和解决问题能力的考核上，考试内容应是能够容纳课程基本知识、基本理论的综合性问题和便于学生自由发挥的对重大经济现实问题的分析。

强化平时知识运用能力的考核，一是要加大平时考核成绩在总成绩中的比重，要由过去的30%扩大到50%~60%。二是改革平时考核的方法，形式多样化。要由过去的到课率、课堂提问、课后作业扩展到课堂讨论发言、课程论文、社会实践活动、与课程内容有关的各种竞赛等。

第三，淡化实务课程的课堂讲授，强化其实践模拟演练。国际经济与贸易专业有很多实务性课程，过去对这类课程的教学像其他理论课一样，只有课堂讲授一种形式。教外贸的教师没有从事过实际外贸活动，学外贸的本科毕业生没有见过一张真实的外贸单据。教师照着书本教，学生照着书本学。如此下去，基础宽厚、专业熟练将不可避免地演变成知识空洞、专业陌生。鉴于我国的具体情况，让每个学生都能有从事实际外贸活动的机会是不现实的。但教师没有实际外贸活动经历的状况必须改变。其途径一是抽调实务课程的教师每隔一段时期到有外经贸业务的部门或企业挂职调研。二是聘请既有一定理论基础又有实际经验的专业人员到校做兼职教师，对实务课程教学方法进行彻底改革。教学内容删减不必要的理论阐述，增加案例分析。教学形式要改以教师为主的理论介绍为教师、学生共同参与的场景模拟和案例分析。教学时间的分配要大幅度地减少教师课堂讲授的学时，加大实践模拟演练时间。

二、利用多媒体手段进行教学改革

随着大学教育教学改革的不断深入，多媒体在教学系统中发挥出越来越重要的作用。多媒体在教学中不仅可以丰富课堂内容，增大课堂容量，变抽象为形象，提高教学效率，而且可以提供交互式的学习环境，实现因材施教。大学化学多媒体课件制作时要注意制定明确的教学目标，转变教师角色，以学生发展为中心。多媒体教学是当代教育教学改革的必要手段，应该充分利用多媒体手段深化大学化学教学改革。

新时期大学的教育教学改革正在不断深入，要求高校教师不断深入学习和探索新的教学方法和手段。多媒体技术具有处理文字、图像、视频和音频等多种功能。课堂教学中运用多媒体技术，可以发挥其良好的交互优势和视听优势，能更大程度地提高教学效率。高校教师要充分认识多媒体在教学中的必要性，充分发挥多媒体的优势，扬长避短，深化大学经贸类专业教育教学改革。

(一) 多媒体技术教学手段的使用

素质教育是高等教育改革的重要内容。全面实行素质教育，才能使大学生更好地适应社会的快速发展。经济贸易作为重要学科，在我国理工科院校的教学中占有重要位置。为了提高大学生的适应能力和生存能力，培养大学生的创新意识，大学化学教育必须既传授知识、培养能力，又提高素质。大学经济贸易专业基础课程内容繁多，教科书的内容不断做出修订，增补了许多知识点，使得大学生所要学习的内容增多，而经贸课程学时数从以前的一百多个学时减少到五十多个学时，从而形成了非常明显的矛盾。所以，经贸类专业教师要少而精地讲授每一课，改变传统的粉笔加黑板的教学模式。

随着计算机网络技术的快速发展和现代信息技术的日渐成熟，多媒体教学发展迅猛。多媒体教学是否可以取代传统的教学？尤其是以语文教学为代表的人文性、情感性教学将如何传达？一味地固守传统的教学方法和一味地拒斥现代多媒体技术都是不可取的。多媒体教学和传统教学绝不是不可兼得、只取其一的鱼和熊掌的关系，而是相辅相成、互为补充、相得益彰的关系，只要处理得恰到好处，均可收到事半功倍的效果。

多媒体教学并不否定和抛弃传统教学的先进经验，而是对传统经验的继承和补充，多媒体教学以其设计上的创意性、内容上的配置性、教学上的规模效应、传播的深度效应、资料上的互补效应等弥补了传统教学的缺憾。当然在具体的教学过程中，一方面不能一味地排斥多媒体教学，因为谁都无法避开教育文化信息传递的计算机网络时代；另一方面也不必每课都用多媒体。教育手段和方式的灵活运用是教育教学的本意。我们应坚持当用时用、当止时止的灵活原则，走传统教学与多媒体教学优势互补、双向互动、和谐发展的教学之路。不能把它当作冰冷的毫无感情的懒汉的机器，教师应该下大力气制作符合内容需求，具有自己独特个性的多媒体课件，把自己对课程的理解，把自己的教学思想，把图片、视频、音响等完美地融合起来。

多媒体技术作为先进的教学手段，充分利用了现代认知心理学原理，将图像、文字、声音三者融为一体，寓教于乐，不仅可以增加课堂的教学内容，减少板书的时间，而且可以活跃课堂气氛，将知识点生动、活泼地展示给学生，加强学生对知识点的理解和掌握。多媒体技术的发展为大学化学教育教学改革提供了机遇。

多媒体教学的确有一些优势。多媒体教学能够图文声像并茂，创设学习情境，优化学习环境；多媒体教学交互环境友好，能激发学习兴趣，调动学生参与积极性；多媒体教学信息资源丰富，扩充知识，拓展空间，并易于突破重点难点；多媒体教学通过超文本结构组织信息，启迪学生智慧。文学院教师都能合理地采用多媒体教学，使用图文并茂、声情相生的多媒体课件教学，营造全方位的人文环境，调动学生视觉、听觉、触觉等多种感觉，使学生身临其境，受到审美感染，使教学内容表现形式丰富多彩，增强形象性、直观性，扩大课堂单位教学时间内的知识容量，激发学生的学习兴趣，调动学生学习的积极性，更加深刻地理解作家作品，收到良好的教学效果。

传统的教学模式是以文字输入为主线，加上教师的口头讲解，学生获得的信息量有限。多媒体技术可以提供幻灯片、投影、摄像、录音、光盘等多种功能，比传统的教育方式丰富得多，而且可以达到不同的教育效果。计算机的文字输出速度比教师的板书快很多，给教师留出了更多的时间来详细讲解。教师使用事先制作好的多媒体课件辅助教学，可以增加化学课堂的教学容量，开拓学生的视野，而且减轻了教师要大量板书的负担。在复习课上教师使用多媒体教学，可以在有限的时间内讲解大量的复习题。这种高效的教学手段和高密度的教学方式必然会大大提高化学课的复习效率。在备课时教师首先根据教学目标分析教材，分析学生搜集相关文献资料，阅读、学习、筛选、整理、制作多媒体教学课件、设计教学过程的各个环节。这无疑加强了教师对专业知识的学习和更新，必然使课堂内容更加丰富。在课堂上通过多媒体可以给学生展示更多的与知识点相关的实例和图片信息，拓宽学生的知识面，提高其对化学原理认识的深度和广度。

传统的教师讲、学生听的教学方式，使信息成为单向传递，而且不够直观和形象。使用多媒体教学可以为教师的教和学生的学提供良好的交互性。在教学过程中，教师是教学过程的组织者、指挥者、促进者、咨询者。教师是导演，使学生在各自的舞台上都能有精彩的演出。学生既是学习的客体又是学习的主体，个性化教育日益得到重视。多媒体教学可以很好地实现教师对学生进行个体辅导，生动地体现“因材施教”原则。多媒体课件的制作中，可以充分照顾到学生的知识层次结构和认知水平，适当地增加知识点的深度。教学时可以充分利用课堂时间对个别学生采用启发式和探究式教学，通过采取不同的提问方式，对学生进行提问和引导，使学生融入课堂气氛中。

(二) 多媒体网络教学中应注意的问题

主观上，经过多年的教学，每一位教师对教学大纲、教材内容都有自己深入的理解。教师在教学过程中也会自觉、不自觉地对教材进行加工、改革、补充，积累一些经验。这些认识、经验的积累极大地丰富了课堂教学内容，增加了课堂教学的信息量，促进了教师对课堂教学内容的创新，并且，这些创新也会反映在教学内容中。

客观上，由于社会对高层次、复合性、创新型人才的迫切需要，也要求教师不能局限于本课程的教学，而应该把握与之相关的系列课程建设情况，结合本学科发展的新动态、本专业建设的新思路、科研应用中的新收获，使课堂教学能够走出教室，走向更广阔的实践领域。

课堂教学中，教师必须在短短的几十分钟之内，最大化地输出教学信息量，而电子教案、多媒体课件的应用能够大幅度节省板书时间，链接大量生动翔实的图片，从而有效地为主客观的需要服务，扩大了课堂教学的信息量，必然备受欢迎。

第一，多媒体课件不代表全部的教学过程。多媒体课件是现代化教学手段的一个标志，但并不能代替教师的劳动。教师是教学过程中能动性、方向性、综合性的源泉。能动性在于，教师是多媒体课件的制作者，没有教师的积极主动尝试，不可能有多媒体课件的制作；方向性在于，教师是多媒体课件的使用者，引导学生进入知识的殿堂；综合性在于，多媒体课件是教师上好一堂课的手段之一，并不代表全部的教学过程。

第二，开放性网络的不良信息问题。网络由于它的开放性，其传播的内容无法进行强制性的控制，信息源良莠不齐是网络的固有缺陷。因此，要求教师在课堂教学中的指导作用得到进一步强化。

总之，信息化是推动教学改革的主要力量，校园网与多媒体课件二者相辅相成，共同构成了现代化课堂教学手段的实现平台。

三、以学科竞赛为手段推动教学改革

学科竞赛是锻炼人的智力、超出课本范围的一种特殊的考试。所以，早在十年前，教育部、财政部“质量工程”文件明确把加强学科竞赛工作纳入了“实践教学与人才培养模式改革创新”中，并提出“继续开展大学生竞赛活动，重点资助在全国具有较大影响和广泛参与面的大学生竞赛活动，激发大学生的兴趣和潜能，培养大学生的团队协作意识和创新精神”。

目前，各高校纷纷成立专门的学科竞赛管理机构，不断完善各种竞赛激励机制，在竞赛经费与场地等方面也尽可能提供必要的保障，师生在学科竞赛中不断取得优异的成绩。

就算到了今日，学科竞赛依然在教学改革中占据着重要的位置。

虽然学生具备良好的参赛素质，教师拥有丰富的大赛指导经验，使学生能在竞赛中脱颖而出，但是在参加各级、各类竞赛过程中，也暴露出了常规教学中存在的问题：

常规教学对学生创新能力、知识与技能应用能力和人际沟通能力培养有所欠缺。我们对经济与贸易专业参赛选手进行了调查，在回答“准备参赛过程中遇到的主要问题是什么？（多选）”时，排在前三位的是创新能力不够 (61.1%)、基础知识与技术应用水平较低 (61.1%) 和准备时间不够 (27.8%);

对竞赛结束后的收获(多选)，排在前三位的是提高了人际沟通和团队协调能力(50%)、加深了知识与技能的理解和掌握(47.2%)、提高了创新能力(47.2%)。

通过以上数据可以看出，通过常规的课堂教学，学生普遍认为自己基础知识与技术应用水平比较低，即学生不知道在具体的竞赛项目中需要应用哪些基础知识、技术以及如何应用，也就是说学生普遍缺乏理论联系实际的能力；参赛后有接近一半的学生认为自己在知识技能上有所收获，也证明了常规教学中理论联系实际的能力可以通过学科竞赛来实现。以上的数据还说明，在创新能力与人际沟通和团队合作能力方面，学科竞赛比常规课堂教学有明显的优势。如果我们换一个角度看待这一问题，则说明没有参加竞赛的学生在理论联系实际、创新能力与人际沟通和团队协调能力方面存在明显不足。

常规教学与学科竞赛相脱离，加重了师生准备竞赛的额外负担，对于参赛的学生来说，赛前准备工作显得比较繁重。由于赛前指导多集中在比赛前的一段时间内进行，师生几乎把所有业余时间都用在了这件事情上，这样不仅会加重师生的额外负担，还会影响其他学科的学习。而对于其他学生来说，没有参赛的主要原因之一也是怕参加竞赛增加学习负担而影响其他学科的学习。这也充分说明课堂教学与学科竞赛之间存在脱节现象，课堂教学是一回事，学科竞赛是另一回事。而从人才培养的角度看，学科竞赛和课堂教学是溯本同源、目的一致的，因此目前的课堂教学亟须与学科竞赛工作打通，使学科竞赛成为课堂教学内容的一部分。这样也可进一步扩大学科竞赛在人才培养方面的优势，使全体学生都能受益于学科竞赛。

目前，国家大力支持创新，在教学上也应该以创新实验项目为基础，推进课堂教学改革，着需要我们设计的创新实验项目。结合学科竞赛的要求，这样的改革并不是以常规教学兴趣小组或课外实践活动的形式来开展的，而是贯穿于日常的课堂教学中，是整个课堂教学的主体。由于在常规讲授式课堂中，学生学了很多具体的东西，但是它们在头脑中很难拼接在一起，因而无法将它们应用到实际问题中。那么就把知识和技能整合到创新实验项目学习中，学生在知道概念、掌握信息和了解流程后，还能够把它们应用到解决实际问题上，并且还可以带着这样的创新项目参加学科竞赛。如果学生没有学会问题解决策略和解决过程，他们很难把学到的知识迁移到另一个新环境中。

对于参加竞赛的项目的具体要求，会与学科竞赛保持一致，不会降低任务的挑战性。虽然不是所有的学生都能达到这种最佳表现，但是对项目较高要求的描述能为学生提供一个最佳表现的全图景，可以使学生的努力方向更加明确、具体。能力较强的学生可以扩大自己的学习范围和深度，而能力较弱的学生也可以获得向其他学生学习的机会。对于具体的项目评价指标制定，应该邀请往届参赛选手参与，以便在评价过程中能够更多地以学生的视角来看待具体问题。为了使学生能够一直关注项目的关键问题，再设计一套系统的项目检查点，让学生在该检查点提交阶段性作品（也有具体的评价指标），这种方式既能给学生提供展示他们学习成就的机会，还能够避免学生偏离关键问题，使他们能够遵守进度计划，按时完成项目任务。

就经济贸易类专业的教学来说，教学手段很多，最重要的还是因地适宜，选择适合专业教学的手段。由于经济贸易类专业对于实践经验的要求极为严格，所以在教学过程中更应该运用多种手段加入实例来进行分析，进行实践。

第三节 “以人为本”的多元教学方式

“以人为本”作为一种价值取向，其根本所在就是以人为尊，以人为重，以人为先。当我们将“以人为本”作为教育的价值选择时，教育便具有了创造人的价值的意义。它以充分开发个体潜能为己任，以丰富的知识、完整健全人格的培养为目的。

一、“以人为本”的教学理念在高校教学改革中的体现

教育学中的以人为本强调的是“以人的发展特别是作为教育对象的具体的个人的和谐发展为根本”。如果说，人的本质力量是人的自觉自为，教育则凸显出对这个自觉自为生命体的不断生成与和谐完整发展的动力特性，这一特性要求我们今天的教育必须从传统的知识性教育向发展性教育转变。

在传统的教育思想中，似乎知识多就意味着人的水平高、能力强。这

一观点的缺陷表面上看是将知识的增长与人的发展相混淆，实质上是人性关怀的缺失。它将知识当做教育的目的，颠倒了知识与人的关系。虽然发展离不开知识，但正如经济的增长并不等于社会的发展一样，高分低能如同泡沫经济，是我们的教育应当警惕的。

从理论上讲，“人的发展”是无法通过学校的教育而传播于人的，它必须通过知识的积累转化为能力的提高，最后内化为素质而实现，因此，从这个意义上说，素质教育正是以人的发展为中心的教育实践。

可塑性是教育的前提，以人为本教育的根本目的是为了人并塑造人。当代科学的成果显示“最可塑的是人脑”。这一成果表明，作为人类中枢神经系统基本结构单位和功能单位的神经元，在其生存过程中具有再生、改变结构和组合及调整其内部分子内容的能力和终身变化的动态特性，因而学习和接受教育应该是贯穿人一生的行为。正如教育专家所言：人永远不会变成一个成人，他是一个无止境的完善过程和学习过程。

不仅如此，人脑的可塑性还表现在人类智力发育48%与遗传基因相关，52%受环境的影响。如何使受教育者在好的环境影响下获得最大值？首先，教育归根结底是一种方法，诺丁斯的道德关怀教育理论认为所有的教育行为、过程与方法都应具有道德性，即关怀性，否则将不称其为教育。而关怀就既要考虑效果，但又不是功利的。在这一理念下，教育必须改变只见“学生”，不见“人”的状况。其次，教育又是对所有能促进人的精神全面发展的人类世代积累的文化的运用。也就是说，虽然教育的内容来源于文化，但它是对包罗万象的文化内容的一种选择，是对先进文化成果的运用。在学校这一具体环境中，学校文化建设与人的全面发展之间的双向互动关系日益明显，校园文化尤其是大学文化是历史积淀和现实环境的产物，它以相对的独立性、自由性、创造性和包容性等特点，对学生产生着极大的影响。教育的过程实质上就是人被文化，是将人类已经积淀的先进文化成果转化为个体内在力量，从而促进人的全面发展的过程。文化的化人功能要求我们从关注人的全面发展的角度增强学校文化建设的使命感。

教育活动中的人是一个具有高度心理差异的在具体环境中生活的实体。教育的目的在于使每一个人成为他自己，教育的责任在于开发学生的潜能。但是，长期以来，中外教育界都存在着在规定的时间内，用统一的规则与模式对不同的个体进行“智商”测试，从而衍生出形形色色的智力测试与标准化考试等现象。针对这种“统一规划的学校教育”和“智商式思维”的测试体系，美国心理学家霍华德·加德纳提出了多元智能的理论和“以个人为中心的学校教育”，从而引发了一场教育革命的浪潮。加德纳理论的核心之一是智力发展的多元性。他通过大量的实验构造了人的智力框架，认为人的智力是由语言、数学逻辑、空间、音乐、身体运动、人际关系、自我认识智能8个方面的智能组成，大多数人具有完整的智能，而每个人的认知特征又显示出独特性，这种种智能对于每个人所拥有的量是不同的，其组合方式也各有特色。根据这一理论，我们尊重人就要尊重并合理地引导每一个人的个性和差异性，我们的教育者首先不应该从统一的教育目标出发来评价学生，而应走进千差万别的人的世界，针对每一个学生的优势智能领域和弱势领域，为每一个学生提供发展的多元途径，在发掘优势智能领域的同时，帮助他们将优势智能的特点向弱势智能领域迁移与渗透，从而使自己的弱势智能领域也得到最大限度的发展。以开发潜能来发展个性，就能实现教育面前无差生，每一个受教育者都是潜在的天才的教育目标。

现阶段，我国高等学校教育已由单一人才培养模式朝着综合型人才培养模式不断发展，如何创新教学方式、健全教学工作的激励和约束机制、体现以人为本的教学理念，成为新时期我国高等学校亟须解决的重要课题。在这种形势下，尊崇个性化、开放化、多元化的创新型教育教学方式，是高等学校教学改革的必经之路。因此，人性化的教学管理模式是高等学校教学转型的核心，其对提高高等学校教学质量、深化教育改革，都有着深远的影响。

(一) 创新授课方式与学习方法

创新与改革以往的学习方法与授课方式，改变以灌输知识为主的传统授课体制，将学生作为整个教学活动的主体，积极引导与鼓励学生，提高学生的自主学习能力。课堂上，教师要坚持启发式教育，积极鼓励学生独立进行思考，挖掘学生潜力，启迪他们的学习思维，提升学生的综合素质。

例如利用教学对话方法，通过课堂对话方式和学生多进行交流沟通，了解学生感兴趣的话题和对该课程的学习要求；学生通过回答教师提问来完善自身的知识结构。在课堂对话过程中，教师要充分考虑学生和学生之间的沟通，引导学生组织学习讨论小组，针对学习问题展开自由讨论。此外，在实际的教学过程中，教师要为学生创造充足的讨论空间、思考时间等，为学生留足接受时间；对于学生所提问题，教师不能直接给出答案，而是要引导学生对该问题进行思考，以培养学生的独立思考能力与自主学习能力。教师还需要培养学生的学习方法，培养学生的思考力与创造力。

学校还可以通过借鉴欧美高等教学体系，调整课程体系及范围、开设全英文课程等方式，构建多模块、全英文、国际化的课程体系，推进人才培养的国际化，以此吸引学生更多地参与此类创新人才培养；通过推进本科生导师制、本硕课程体系贯通等有效措施，使学生的整个学习过程具有系统性与交叉性。

(二) 以学生为中心，加强通识教育和个性化培养

“以人为本”的教育思想是高等学校教育管理过程中的实践经验总结。首先，学校要转变教育观念，把“以学生为本”作为教育的基本准则，注重学生在课堂上的主体地位，强调所有教学活动要围绕学生来展开，将学生作为课堂教学的主体对象，以学生的健康发展作为教育的根本目标。

例如：在经济与贸易相关课堂上，教师可以确定特定的案例，如外贸纠纷典型案例探讨，让学生搜集相关经典案例，并自由组合形成小组进行讨论，最后由学生代表进行课堂发言。这样，就使学生成为课堂教学的主体，让学生充分发挥自身的主动性，积极参与到学习和教学中，从而达到加深对知识点理解和领会的目的。

此外，在课堂上，教师要尊重学生的选择，转变服务观念，要以学生服务为主，从根本上转变教学观念，加强学生的学习动力，以确保以人为本的教学理念在我国大学课堂教学中顺利实施。

例如：在经济学课堂上，教师可利用幽默生动的实例，向学生介绍一个五彩缤纷的经济世界。远古时期的经济萌芽、以物易物，20 世纪初的现代经济，以及经济、社会、人文交叉学科的发展，将经济的发展以故事的形式生动地展现在学生面前，让学生去体验经济的进步，领略他们建立新理论、发现新市场、提出新方法时的无限风光。以此调动学生学习的积极性和主动性，激发学生的创新欲望。

同时，深化宽口径培养，围绕学生的成长和综合培养，努力促进通识

教育的质量建设，形成通识课程和通识课程体系。增加学生知识的广度与深度，拓展学生视野，使学生兼备人文素养与科学素养，把学生培养成“全面发展的人”。例如：邀请海内外名家开设通识教育“名家讲堂”“大师讲坛”等，形成良好的通识教育氛围；根据高等学校学生发展的实际情况，编著涵盖历史、科学、人文、文化传承等方面的高水平通识核心课程教材；建立课程由长江学者、国家级教学名师以及知名教授等担任主讲教师和课程负责人，形成经典导读、助教制度、小班讨论、多元考核、网络互动等富有特色的教学模式。

（三）积极维护每位学生在校合法权利，构建教学保证体系

大学生的价值观念与思想观念已趋于成熟，具有较强的判断力和选择性。在教学管理过程中，学校要构建教学保障体系，以保护每位学生的合法权利。在建立教学制度的过程中，学校要贯彻法律原则，改革不合理的制度，确保每项规章制度的制定是以学生为主，及时修改不合理的管理规定，保证学生合法权益不受到侵害。在资源保障中，一方面学校应加强基础设施建设，为学生提供良好的自主学习环境；另一方面，要加大教师培训力度，整体提高学校教师的业务素质。

（四）建立完整的学生考核机制，重视培养学生的综合素质

实行“以人为本”的教学方式，要求教师高度重视对学生综合素质的培养，不能将专业成绩作为考核学生能力的唯一指标。目前在大学教学体制中，还存在学生专业成绩不达标就无法得到毕业证、重视专业知识、忽视实际操作技能培养等现象。这些问题制约了“以人为本”教学理念的实施和推进，这就要求在实际教学过程中，高等学校教师要全面评估学生的学业成绩，将通识教育成绩和专业成绩放在同等的评价比重上，防止出现因为学生的一时失误，而全盘否定学生能力的问题。

另外，高校应结合本校实际情况，增设选修课程，同时适当放低此类选修课的成绩考核标准，让学生能够按照自身喜好，选择感兴趣的专业课程，从而达到保护与重视每位学生的个性化发展、让学生的专长与特点都能得到充分发展的现代高校教育目标。

此外，学校还需要构建灵活多变的管理制度，遵循以人为本的原则，对学校的一些管理、教学制度等进行灵活的监控和适时调整，例如可以对学生

所学专业提供一次自由调整计划，让学生拥有更多选择机会。

（五）建立高等学校教学“以人为本”的激励导向机制

学校要充分利用激励机制，推动“以人为本”教学理念的建立和发展。首先，以课程建设为目标，鼓励并资助教师进行教学调研，鼓励教师参加各类教学培训及改进教学方法的研讨活动。通过新颖的教学内容，让学生了解自身学习的目的与意义，以激发学生学习专业知识的积极性和求知欲望，从而促进以人为本教学理念的实行。其次，对教师评价机制进行改革，将教师组织教学活动纳入评价体系中，建立全面、合理、完善的教育教学内部质量监控体系，建立与教学挂钩的绩效考核机制。以此鼓励每位教师充分注重“以人为本”教学理念的实行和对课堂教学活动的创新，激发教师的教学热情和创造力，真正践行高等教育“以人为本”的教学理念。

随着国家现代化的高速发展，社会对高等学校教育提出了更高层次的要求，要求高等学校以培养创新人才、满足社会重大需求为教育目的。因此，高等学校遵循“以人为本”的学术启蒙教育对高等学校学生未来的发展至关重要。在高等学校教育过程中，学校应该充分利用激励机制，建立完整的教师和学生考核机制，加强学生的通识教育和个性化培养，保护学生在校合法权利，以此促进“以人为本”教学理念更好地发展，实现人才培养与就业发展的无缝对接。

二、多元化教学与“以人为本”的结合

（一）教学模式的建构应遵循系统性原则

在教学模式的建构中，我们必须遵循系统性原则，明确教学模式是对教学活动系统各个方面进行综合考虑、整体安排的结果，是对教学活动的完整反映。任何教学模式都有一套系统化、结构化的方法和策略体系。这也正是把教学模式称为“大方法”的原因所在。因此教学模式的建构应对教学原则、教学目标、教学内容、教学指导思想、教学方法、教学组织形式、教学评价等教学活动的各方面进行全面设计，使其中的各要素相互配合，形成一个优化组合的完整的教学活动系统。

（二）运用教学模式应把握特点、利用特长、体现特色

教学模式可以多样化并存的基础是每一种教学模式都应该有其不同于

其他教学模式的独特之处，这是教学模式的重要特征之一。每一种教学模式的独特性可以从两个方面进行分析。一是教学模式的针对性。任何一种教学模式都应该是针对特定的教学目标、教学内容和师生情况而建立的，有着特定的适用范围、相应的运用条件和评价体系。所以我们要反对片面夸大一种教学模式而否定其他模式的做法，同时要加强对不同模式的特点和性能的学习和研究，为正确选择和运用教学模式做好准备。二是教学模式的优效性。“教学模式一般都是从众多教学活动方式中优选出来的范型，是经过教学实践证明具有优良的效力的。”一种教学模式之所以可以存在，是因为它在某一方面具有不同于其他模式的独特优势。我们在运用教学模式时，应努力创造模式所需要的环境和条件，把其特长最大限度地发挥出来，同时在应用中还应体现使用者的特色。即使是同样的教学模式，由不同性格特点的教师和不同年龄特征的学生来参与，其实施也应该有较大的区别。教师应该在运用一种教学模式的过程中，把模式本身的特点与自身和学生的特点相融合，达到既体现模式特点，又能灵活自由地发挥师生创造性的水平。

（三）教学模式的开发应用过程应该是双向的动态过程

教育是随着社会的发展而不断发展变化的。教学模式则随着教育理论、教育实践的发展不断地变革和更新。在快速发展的时代背景下，我们应改变过去对教学模式进行线性开发、静态应用的观念，始终以发展变化的态度进行教学模式研究，应以“学习—实践—评价—创新—构建”相结合。也就是首先要从理论上了解和掌握各种基本的教学模式，然后在实践中有意识地选择、组合、应用教学模式，同时运用模式内涵评价模式在实际教学中的运用情况，再运用新的教育价值理念对已有的教学模式功能进行改造和再开发，在此基础上，构建具有新的内涵和功能优势的新教学模式。构建的新教学模式在应用中又不断地随着需求和理念的变化而被评价、改造和创新，从而形成一个教学模式不断完善发展的动态循环系统。这一系统能较好地克服单纯用演绎法或归纳法建构教学模式容易造成理论和实践脱节的现象，更好地发挥教学模式作为教学理论和教学实践中介桥梁的作用。

（四）建立“以人为本”的多元化教学思路

传统的教学往往把学生排除在评价活动之外，使学生处于完全被动的地位，无法在学习中维护自己的利益，阐释自己的见解，致使评价活动中主、客体相分离。“以人为本”就是“以学生为主体”进行教学，以培养学生的综合能力为本位并进行评价，打破以教师为主的单一教学主体模式。在此，以本校经贸专业《计算机应用基础》课程的教学为例，来实践教学和评价模式的改革。

1. 根据学生的特点及需求制定教学方案

首先，教师根据课程教学大纲、教学目标和教学对象的特点，结合计算机应用基础课程的特点，运用系统的观点与方法，制定适合学生的教学方案，设置一些合理的案例分析。在进行教学设计时必须从学生出发，以学生的需求为目标，突出重点，要满足各个层次学生的学习需求。同时，在教学设计过程中可以加入一些学生感兴趣的元素，以激发学生的学习积极性。

2. 采用多元化的教学方法

案例教学法是教师根据课程教学目标的要求，利用案例引起教学活动，组织学生进行学习和研讨的一种教学方法；任务驱动法是教师根据教学目标设计并提出任务，先讲解完成任务的思路、方法，引导学生完成相应的学习任务的教学方法。在实践性非常强的计算机应用基础课程教学中，改革传统的教学模式，我们采用“案例教学法”与“任务驱动教学法”相结合的多元教学方法。在案例的选择上，可以结合学生的日常生活工作需要来进行，这样会提高学生的学习积极性和兴趣，也方便学生实践完成之后的自我评价；在任务的设置上，可以分为难、中、易三个层次，根据学生的不同层次布置相应的任务，让学生分小组完成，这有利于调动学生的主动参与意识，培养学生团队合作精神的创新能力，在之后的评价过程中组内成员可以进行相互评价，确保评价的公平性和全面性。

3. 加强因人施教的个性化教学

根据学生基础的不同、理解能力和接受能力的不同，在教学中要采取个性化教学，争取使得每个学生都能在原有的基础上能有所提高，有所收获。虽然在教学中采用相同的教材，但在内容的选取和组织以及讲授的深度上要有所区别。对于计算机基础不好的同学在讲授上需要采取容易理解的方式，加大学习内容的辅导，多与学生沟通，布置一些基础的学习任务让学生在课后完成，并鼓励学生在课后多看微课视频及课件，这样学生能及时掌握课程内容；对于那些有一定基础的同学，需要对他们设置较高的教学标准，增加讲授的深度和广度，并且布置一些难度稍大的学习任务，使学生能对课程内容进行很好的综合运用。可以将学生们分成若干个小组，大家可以在课堂中进行讨论，每个小组都有程度不同的同学，基础好的同学可以担任小组长，由其对其他基础不好的同学进行适当的辅导，大家可以根据自己的情况和需要选择难易不同的学习任务，在完成较易的学生任务后可以向难的任务挑战，总之，小组成员之间一起讨论，互相帮助，相互促进，能提高大家的学习积极性，激发学生的学习兴趣。

4. 采取信息化教学手段辅助教学

在教学过程中，我们使用多媒体CAI课件来辅助教学，将多媒体课件在班级中进行共享，学生课后可以进行学习。根据学生在课堂中的学习掌握情况，有针对性地制作一些微课视频，微课视频里体现每个知识的重点及难点，同学们在课后可以有针对性地根据自己在课堂中掌握不好的知识进行再学习，对不熟悉的内容进行反复观看；或者对于少数无法参加课堂学习的同学，无论在何时何地都可以进行学习，使得学生在学习方式、学习地点和学习时间的选择上都有很大的灵活性，以满足不同的教学对象。总之，在网络资源的支持下，学生可以共享更多的学习资源，在学习内容和学习进度的选择上，学生自己能有很大的自动性和主动性，由过去的被动学习转变为主动学习。因此，与传统的教学方法相比，采取信息化手段来辅助教学最显著的优势是有利于个别化教学。

5. 学生和教师同时进行反思

学生在实践学习之后进行互相评价和自我评价，以此完善对自我学习成果的认识。根据评价结果进行反思，找出学习的漏洞和需要加强的弱项。教师在得到学生反馈之后进行教学反思，结合学生的知识掌握情况，设计更为完善的教学方案。在实行因人施教的个性化教学时，根据不同的教学对象，采用合适的教学思路，灵活运用教学方法，强化目标教学内容设计，辅以信息化教学手段，能够有效激发学生的学习动机，激发学生的学习主动性和积极性，真正体现以人为本、以素质为本的教育，可以使得这门看似简单的计算机基础课程以新的形式呈现在学生面前。

教育过程“人性化”“教书育人”“因材施教”都是我国很好的传统教育形式，在教育过程中体现人性的关怀，特别是注重人的个体差异，客观地选择教育的方式方法。每一个人都存在着很大的个体差异，如家庭出身背景、教育背景以及影响到个人成长的社会环境、民俗习惯、信仰宗旨以致生理上的发育程度、智商、悟性及心理的承受能力等等，但每一个都有长处和短处，如果在教学中毫不考虑这些差异，采用千篇一律"大一统"的教学模式，势必抹杀个性。我们应该因人而异、因势利导，充分挖掘潜能，让每一个学生都能显示不同的个性。世界是丰富多彩的，社会的发展对人才的需求是多层次、多规格的，教育应为社会的发展培养多元化、多个性的人才。课堂教学要面向全体学生，承认个体差异，注重因势利导、因材施教，使其禀性天赋得到充分的张扬，使其兴趣爱好能得到个性化发展。教育应随其天性，张扬个性。只有根据学生的个人特点提出不同的要求，课堂教学才能真正体现面向大多数学生。以人为本的学生主体观要求在课堂教学中，教师要面向每一个学生，照顾每一个学生，承认每一个学生都有自己的特殊性，相互之间的差异性，真正贯彻因材施教的原则。同时，要突出学生在学习活动中的主体地位，即其学习的自主性、能动性和创造性，要为学生获得终身学习的能力、创造的能力以及生存和发展的能力，打好基础。

"以人为本"的教学要求教师必须具有丰富的关于所教学科的知识，并且能灵活使用各种不同的教学方法；必须有积极的自我观念，并相信学生的学习和自我发展的能力；对学生，对教师群体都必须有明锐的情感。融洽的师生关系不仅能促进学生深入的学习，也是教师有效教学的重要条件。实际上，良好的师生关系本身就是最好的教学方法。因为师生关系是相互促进，相互影响的。以人为本的教学要求有安全感的教学气氛和成就感的自我观念。

总之，"以人为本"的数学教育要求以学生为中心，在课堂实施中培养学生学习与生活的基本能力，使学生成为全面发展的人。教师在课堂教学中应确立以学生为中心，把学生看作一个完整的人，一切教学设计活动都要符合人的自然属性，都要有利于学生的自我发展。基于这样的认识，教师要充分了解学生的性格，习惯，情感态度和知识能力，充分了解社会的发展，时代的需要和学生的责任。在课堂教学和教学设计中，教师应能灵活处理教学材料，努力营造人性化的教学环境，积极组织互动式的教学活动，宽容和平等地对待每一个学生，从而把以人为本的思想真正贯穿到日常的课堂教学中去。当今社会，教育只有做到“以人为本”，对学生一视同仁而又尊重其个性，注重其全面发展，才能把满足社会育才、选才的一般需要与促进受教育者自身个性的特殊发展协调统一起来，进而才能满足一个持续发展的社会对高质量、大数量、多层次人才的需求。

第四章

“互联网+”时代的经贸类专业人才培养方略

2016年11月16日至18日，第三届世界互联网大会在中国乌镇举行。与会嘉宾有一个共识，即“互联网正成为当代中国发展新动能的重要来源，成为中国经济提质增效的新引擎”。“互联网+”时代的到来，为教育改革带来了重大发展机遇，加快推进互联网与教育的深度融合，可以促进传统教育转型升级和提质增效。对于处于转型发展期的高等院校来说，抓住“互联网+”时代机遇，进行一系列课程改革升级意义重大。

第一节　互联网在教学中的作用

互联网时代的到来和互联网运用到教学之中，这中间有着一段的发展时间。只有了解了互联网在广泛的教学中的应用，才能更深入地精细地了解“互联网+”时代的经贸类专业人才培养方略。那么，我们首先要了解互联网究竟是什么，怎么运作。

一、何为“互联网+”

“互联网+”代表一种新的经济形态，即充分发挥互联网在生产要素配置中的优化和集成作用，将互联网的创新成果深度融合于经济社会各领域之中，提升实体经济的创新力和生产力，形成更广泛的以互联网为基础设施和实现工具的经济发展新形态。

“互联网+”行动计划将重点促进以云计算、物联网、大数据为代表的新一代信息技术与现代制造业、生产性服务业等的融合创新，发展壮大新兴业态，打造新的产业增长点，为大众创业、万众创新提供环境，为产业智能化提供支撑，增强新的经济发展动力，促进国民经济提质增效升级。

2015年3月5日，十二届全国人大三次会议的政府工作报告中首次提出“互联网+”行动计划。

(一) 互联网的基本概念

国内“互联网+”理念的提出并未明确与“+互联网”的区别，两种模式主体不同，适合的经济体也不同，不可通俗地认为加上互联网就是“互联

网 +”，最早可以追溯到 2012 年 11 月于扬在易观第五届移动互联网博览会的发言。易观国际董事长兼首席执行官于扬首次提出“互联网 +”理念。他认为：“在未来，‘互联网 +’公式应该是我们所在的行业的产品和服务，在与我们未来看到的多屏全网跨平台用户场景结合之后产生的这样一种化学公式。我们可以按照这样一个思路找到若干这样的想法。而怎么找到你所在行业的‘互联网 +’是企业需要思考的问题”。

2014 年 11 月，李克强出席首届世界互联网大会时指出，互联网是大众创业、万众创新的新工具。其中“大众创业、万众创新”正是此次政府工作报告中的重要主题，被称作中国经济体制增效升级的“新引擎”，可见其重要作用。

2015 年 3 月，全国两会上，全国人大代表马化腾提交了《关于以“互联网 +”为驱动，推进我国经济社会创新发展的建议》的议案，表达了对经济社会的创新，提出了建议和看法。他呼吁，我们需要持续以“互联网 +”为驱动，鼓励产业创新、促进跨界融合、惠及社会民生，推动我国经济和社会的创新发展。马化腾表示，“互联网 +”是指利用互联网的平台、信息通信技术把互联网和包括传统行业在内的各行各业结合起来，从而在新领域创造一种新生态。他希望这种生态战略能够被国家采纳，成为国家战略。

2015 年 3 月 5 日上午，十二届全国人大三次会议上，李克强总理在政府工作报告中首次提出“互联网 +”行动计划。李克强在政府工作报告中提出：“制定‘互联网 +’行动计划，推动移动互联网、云计算、大数据、物联网等与现代制造业结合，促进电子商务、工业互联网和互联网金融健康发展，引导互联网企业拓展国际市场”。

“互联网 +”是两化融合的升级版，将互联网作为当前信息化发展的核心特征提取出来，并与工业、商业、金融业等服务业全面融合。这其中关键就是创新，只有创新才能让这个 + 真正有价值、有意义。正因为此，“互联网 +”被认为是创新 2.0 下的互联网发展新形态、新业态，是知识社会创新 2.0 推动下的经济社会发展新形态演进。

通俗来说，“互联网 +”就是“互联网 + 各个传统行业”，但这并不是简单的两者相加，而是利用信息通信技术以及互联网平台，让互联网与传统行业进行深度融合，创造新的发展生态。

“互联网 +”有六大特征：

一是跨界融合。+ 就是跨界，就是变革，就是开放，就是重塑融合。敢于跨界了，创新的基础就更坚实；融合协同了，群体智能才会实现，从研发到产业化的路径才会更垂直。融合本身也指代身份的融合，客户消费转化为投资，伙伴参与创新，等等，不一而足。

二是创新驱动。中国粗放的资源驱动型增长方式早就难以为继，必须转变到创新驱动发展这条正确的道路上来。这正是互联网的特质，用所谓的互联网思维来求变、自我革命，也更能发挥创新的力量。

三是重塑结构。信息革命、全球化、互联网业已打破了原有的社会结构、经济结构、地缘结构、文化结构。权力、议事规则、话语权不断在发生变化。互联网 + 社会治理、虚拟社会治理会是很大的不同。

四是尊重人性。人性的光辉是推动科技进步、经济增长、社会进步、文化繁荣的最根本的力量，互联网的力量之强大最根本的也来源于对人性的最大限度的尊重、对人体验的敬畏、对人的创造性发挥的重视。例如 UGC，例如卷入式营销，例如分享经济。

五是开放生态。关于“互联网 +”，生态是非常重要的特征，而生态的本身就是开放的。我们推进“互联网 +”，其中一个重要的方向就是要把过去制约创新的环节化解掉，把孤岛式创新连接起来，让研发由人性决定的市场驱动，让创业并努力者有机会实现价值。

六是连接一切。连接是有层次的，可连接性是有差异的，连接的价值是相差很大的，但是连接一切是“互联网 +”的目标。

(二) 互联网在教育上的应用

在“互联网 +”的涌动中，教育已成为其中的一个加数，于是有了“互联网 + 教育”一词的流行。与此同时，有人对这一说法提出质疑，认为相对于教育的特质和互联网的特征，“教育 + 互联网”的提法更能准确地反映教育与互联网的关系，更有利于在线教育实践和相关产业的发展，更有利于深刻、理性、健全地促进教育与互联网结合，更有利于教育当事人或社会成员利用教育和互联网服务来更好地成长、发展。

稍稍做些调查不难发现，那些不了解教育的以“互联网 + 教育”方式发展起来的企业总体上存续时间，要明显短于那些以“教育 + 互联网”的方式发展起来的在线教育实体。只要你的教育做得好，能切实解决用户的问题，加上互联网就能够如虎添翼，不加互联网也能保证生存；如果你的教育做不好，加上互联网也未必会好到哪里，很可能会加速灭亡。就是说“互联网＋教育”本身在一定程度上误导了资本和在线教育，走进“教育＋互联网”才能良性复归。

一所学校、一位老师、一间教室，这是传统教育。一张网、一个移动终端、几百万学生，学校任你挑、老师由你选，这就是“互联网＋教育”。

在教育领域，面向中小学、大学、职业教育、IT培训等多层次人群开放课程，可以足不出户在家上课。互联网＋教育的结果，将会使未来的一切教与学活动都围绕互联网进行，老师在互联网上教，学生在互联网上学，信息在互联网上流动，知识在互联网上成型，线下的活动成为线上活动的补充与拓展。

互联网＋教育的影响不只是创业者们，还有一些平台能够实现就业的机会，在线教育平台能提供的职业培训就能够让一批人实现职能的培训，而自身创业就能够解决就业。总理提出的“大众创业，万众创新”对教育而言有深远的影响。教育不只是商业，就类似极客学院上线一年多，就用近千门职业技术课程和4000多课时帮助80多万IT从业者用户提高职业技能。

2015年6月14日举办的2015中国互联网＋创新大会河北峰会上，业界权威专家学者围绕互联网＋教育这个中心议题，纷纷阐述自己的观点。“互联＋”不会取代传统教育，而且会让传统教育焕发出新的活力。”

第一代教育以书本为核心，第二代教育以教材为核心，第三代教育以辅导和案例方式出现，如今的第四代教育，才是真正以学生为核心。中国工程院院士李京文表示，中国教育正在迈向4.0时代”。

二、“互联网＋”时代的教育改革

“互联网＋”主要通过采用互联网技术，利用各种通信技术，不断将互联网与各种行业密切联合起来，在当前的新兴领域创造出应有的价值。“互联网＋”将会发展为当前的时代趋势，同时，各行各业都需要互联网技术的沟通。通过对以往互联网技术的双重改造，各种网络媒体、娱乐媒体以及电子商务都已经普遍采用相应的技术。通过当前各种互联网技术的发展，将会凸显各类技术的成熟。随着时代的发展，互联网技术也将会日益普及，同时，也表明“互联网 +”是新常态下创新驱动发展的重要组成部分。互联网通过与教学进行双向融合，将会推动当前教学活动的逐步开展，教师通过在互联网上教，学生在互联网上学，实现资源的优化配置。同时，通过互联网的双向活动，不断丰富网上资源，线下的活动成为线上活动的有益补充，最终促进各种技术的成熟。因此，我们不能忽视“互联网 +”对当前教学活动的影响，这种影响甚至可能从根本上对当前各种教学活动改善，塑造一个新型的教学模式。随着高等院校的不断扩招，学生人数大幅度增加，学生的层次也呈现多元化的趋势，这给当前学生教学工作带来了较大的考验，因此，传统的教学手段严重阻挡当前教学的发展。因此，根据当前情况，对当前的“互联网 +”时代资源进行优化配置。

(一)“互联网 +”对教学活动的作用

传统教学，在知识培育方面，一直处在社会发展的最基层。通常，由于当前社会发展滞后、教学内容陈旧、教学方式落后、教学效率低下，为了培养出来的人才能够最大限度地符合社会发展的需求，根据当前教学资源受到限制，这种新型的模式需要更好地适应当前社会的封闭性。“互联网 +”改变了原本封闭的形式，这种新型的教育模式必然会更加适应社会的发展。

“互联网 +”时代会通过不断加强各种教学活动，不断调控时间与空间，最大限度促进教学资源的优化配置。在这个互联网平台上，教师可以避开传统的教学方法也就是面授知识，可以让学生在规定时间内，按照教师的要求进行网上学习。这个过程其实是学生和教师共同进步的过程，学生在比较自由的环境中学习知识，教师也在不断地学习如何解决互联网平台资源丰富带来的负面影响。

由于当前互联网技术具有高度的冲击性，学校教育可以通过学校与校外的各种资源进行优化与分工，而且通过各种细节的把握，提高当前各种技术的价值。“互联网 +”时代通过不断深入到当前教育领域，促进各种技术作用的发挥。因此，“互联网 +”正在逐步改变当前各种教育体系，同时，“互联网 +”时代，将会推动当前各种教学质量的提升，学校与老师通过互联网意识逐步推动当前技能的提升，其具体包括以下几个方面：

提供丰富的教学资源。根据以往各种面授工作，可以通过各种视频、音频最大限度的丰富资源。其中包括将教案提前放到互联网上，学生可以提前预习，教师还可以针对学生的预习情况进行资源配置，对各种问题进行处理。这样就可以不断的优化各种问题与疑难，并且学生也可以随时、随地利用零碎的时间从互联网获取更有价值的资源。在教学过程中，实现了各种教学资源的相互发展，不断突破各种资源的发展，把当前各种教学资源进行相互转化，而且不断推动各种学习资源的发展，同时，“互联网 +”降低了学习的相互热情，促进当前各种资源。

通过当前各种教学资源的发展，提高各种传播速度，在当前发展过程中，不断提高各种技能，其中，高中班主任可以根据当前学生的特点，推出各种“互联网 +”技术的发展，不断激发学生的学习热情。

可以明确师生界限。在传统的教学中，通过不断融合各种教材资源，最大限度的使资源丰富起来。学生是知识的接受者，教师主要优化安排教学，同时，通过不断提升各自的优缺点，不断提升各种技能。因此，教师可以不断调整位置，在恰当时候，通过推动学生成为当前各项活动的引导者与合作伙伴。在教师身份认同过程中，通过引导学生积极学习，并逐步提高其兴趣，才能逐步推动教学活动的开展。“互联网 +”能够给当前各种技能带来好处，同时也能促进各种教学工作的开展。

强化教师工作职责。在当前传统的教育过程中，在当前教育发展中，通过各种技能的提升，融合各种技术。然而，在互联网时代的教育中，师生之间更多是知识和信息层面的交互，教育的育人功能被弱化。

(二)“互联网 +”在教学改革中的具体运用

目前，典型的“互联网 + 教学”模式当属大规模网络公开课。大规模网络公开课兴起于哈佛大学、耶鲁大学、斯坦福大学等美国高等教育界，尽管其创立的初衷是为了提高美国国内高等教育参与率，但因网络公开课具有的开放共享、竞争机制和成本优势，使其成为网络时代一种重要的教学模式。“它为高校、学生和学者在虚拟空间上的国际交流提供了一个新机制，为学术合作和丰富现有的课程赋予新的含义。”大规模网络公开课的学科应用性广，不但针对热门专业(经济贸易、计算机科学等)，而且对于一些传统专业的知识传播也非常有利。“大规模开放网络课程的发展，对解决中国教育不均衡发展问题提供了机遇，同时也使我国的教育管理模式面临巨大挑战，大规模开放网络课程正以信息化和网络化的全新教学形式和以‘学’为本的教学价值取向影响着中国的高校。”更重要的是，这种模式对一些在教学技巧和对社会影响深远的专业，比如经济贸易类专业有着重大的影响。

三、高校的翻转课堂

近年来，翻转课堂作为新的教学模式受到了教师和研究人员的关注。翻转课堂教学模式强调学习的灵活性与自主性，为传统课堂忽视学生差异与教学缺乏针对性的问题提供了行之有效的解决办法。在翻转课堂中，课程视频取代了传统讲授，成为内容传递的重要方式，解放出来的课堂时间为学习者主动学习提供了契机。作为翻转课堂的发源地，美国国家教育非营利组织明日计划与翻转课堂教育网 2014 年秋开展的在线调查显示，28% 的学校管理人员认为翻转课堂已经在改变地区的教学与学习方面产生了显著影响，38% 的初中教师与 40% 的高中教师已经从翻转课堂教学实践中取得了不错效果。

(一) 翻转课堂的内容

翻转课堂教学模式起源于美国科罗拉多州落基山的“林地公园”高中。2007 年春，该校化学教师乔纳森·伯尔曼和亚伦·萨姆斯为帮助缺席的学生补习课程，使用录屏软件录制了教学过程，并把视频上传至网络。在后来的教学中，这两位教师让学生在家先看教学视频，然后在课堂上完成作业，并针对学生在学习中遇到的困难进行讲解。这种新颖的教学模式得到了广大学生及家长的好评。

2011 年，萨尔曼·可汗在 TED 大会上的演讲报告中正式提出“翻转课堂”的说法。同年，翻转课堂教学模式被加拿大的《环球邮报》评为影响课堂教学的重大技术变革。自此，翻转课堂逐渐成为教育者关注的热点。

传统教学过程通常包括知识传授和知识内化两个阶段。知识传授的教学目标通常通过教师的课堂讲授实现，而知识内化的教学目标则依靠学生通过作业、操作或者实践在课下完成此教学。翻转课堂的教学模式完全颠覆了这种传统的教学形式，主要通过信息技术的辅助在课后完成知识传授的任务，知识内化则经教师的帮助与同学的协助在课堂中完成，从而形成了翻转课堂。目前，翻转课堂在美国很受欢迎。

虽然翻转课堂兴起于中小学，但也得到了很多高校的积极响应。如何培养学生的自主探究与实践应用能力，从而更好地适应社会实践的需要，一直是高校关注的问题。注重知识探索、应用与实践的翻转课堂教学模式适应了高校的教学需求。美国数字教育中心 2013 年对美国高校教师开展的全国调查显示，美国一些高校教师已经开始采用翻转课堂教学方式，并取得了不错效果。受翻转课堂教学改革风潮的影响，我国目前也引入很多相关理论与案例。

一些地区与学校正逐步推广翻转课堂实践，希望能通过此种尝试，探索突显学习者主体地位，回应时代对学生个性与能力发展的要求。同时，慕课的兴起为高校教师实施翻转课堂提供了优质的教学资源，间接推动了实践的开展。许多一线教师由此接触到翻转课堂概念，并开展翻转课堂实践。

翻转课堂的“问题引导”、“观看视频”、“问题解决”三个环节是从中观层面上对翻转课堂教学模式进行的概括，但是宏观层面和微观层面的考虑也同样决定着翻转课堂教学模式的设计方向。

从宏观层面来看，翻转课堂触发的是学校教育模式的整体变革，而不仅是单一的某个学科教学模式的改变。

从微观层面来看，每堂课、每个知识点是不是利用翻转课堂模式、怎样利用翻转课堂模式是由教学目标、学习者已有基础、知识点的学科属性以及知识点之间的联系、教师与学生的状态等因素综合决定的。对于能够利用翻转课堂实施的教学内容，利用翻转课堂教学会对学生的学习产生积极的影响；对于不适合使用翻转课堂进行的教学内容，需要及时调整，不能生拉硬拽，机械套用。

翻转课堂的内在特质对学校课程的整体设计提出了要求。学校要通过翻转课堂模式改变教与学的方式，提升课堂教学质量，首先要做的是对所有课程进行统一设计，而不是局部或零星的调整。除了学校安排课程所遵循的一般规则外，学校课程的整体设计还需要考虑几个主要方面：

一是课程安排的相互补充。这种相互补充涉及课程与课程之间的相互补充和同一课程内部的相互补充。比如同一天安排实施翻转课堂的课程不能太多，同一课程同一天内有多次安排的，可以安排翻转课堂与练习课、巩固课等其他课型相配合。

二是教师承担课程所付出的时间总量。很多教师除了承担正常的教学任务之外，还有大量的时间在额外承担非教学事务。这些非教学事务可能严重挤压教师从事翻转课堂研究的时间。如果教师承担课程所付出的时间超过了他们所能承受的极限，翻转课堂的开展是会受到很大影响的。

三是学生在学习课程中的时间总量。学生每天能够集中精力完成作业的时间是有限的。如果每门课的课后任务都是翻转课堂任务，对于学生来说，课业负担过重，也会影响学习的效果。

翻转课堂所需的微视频的定义、录制形式对翻转课堂的影响都不会太大，关键是这些微视频是不是需要教师个人去制作和在课堂教学中究竟应该怎么使用。相比起一堂常规教学的录像课而言，微视频的时间是短了很多，录制形式也可以多种多样，但是录制微视频所耗费的教学设计时间、录制技术掌握所需的时间，对于教师而言，同样是需要花费很多精力的。录制微视频需要考虑教学目标、过程、知识点的性质、学习者特征、练习作业等。基于这种考虑，我们认为体现教学理念和特色的示范性微视频可以由教师个人来设计，但是成系列、适合一门课程或一个学期的微视频可以采用学校集体购置或区域性共享的方式实现。

微视频的作用绝不只是课前让学生观看这么简单。学生观看微视频后没有重构知识，但是也没有内化知识，这是完全有可能的。这样带来的结果是可能会使学生对知识的学习进入一种混乱状态，会对老师的教学和学生的学习成长产生不利的影响。所以翻转课堂不能仅仅机械地理解为“课前观看微视频＋课中讨论”。实际上，微视频的作用概括起来有三点：一是在课前进行观看，这种观看其实是对知识的一种自主学习。二是在课中讨论时使用，这样就会在学习理解概念的时候起到及时提示或促进思考的作用，避免教师的多次重复讲解。三是课后做作业或安排学习任务的时候，可以继续观看微视频，把混乱或不懂的知识通过观看微视频加以解决。使用微视频时要注意区分知识类型，尤其是对于一些非良构、学习者不能自发建立概念的知识，需要灵活把握。在学生适应翻转课堂教学模式的初期，可以降低知识的难度，选取良构知识作为学生适应的过渡，等学生适应之后，再选取非良构知识即可。还要注意的是，过于简单的知识，使用微视频的意义不大；过于困难的知识，微视频的作用也不能充分发挥。分析知识的难度等级对于合理使用微视频进行翻转课堂教学的作用是不能忽视的。

有了微视频并不意味着其他的课堂教学资源就可以不用或少用。恰恰相反，通过微视频学习后，课堂中互动讨论需要深度有效达成教学目标，所使用的资源既要能和微视频相互补充，又要比微视频有更集中的认知聚焦。即翻转课堂中的教学资源需要更加集中指向学生学习的重难点、不懂或有疑惑的地方，而不是像一般的教学资源那样面面俱到。

(二) 翻转课堂在经贸类专业的应用

教师需要根据所讲授的课程内容和学生观看教学视频、课前练习中提出的疑问，总结出一些有探究价值的问题。学生根据理解与兴趣选择相应的探究题目。在此过程中，教师应该有针对性地指导学生选择探究题目。根据学生所选问题对学生进行分组，其中，选择同一个问题者将组成一个小组，小组规模控制在 5 人以内。然后，根据问题的难易、类型进行小组内部的协作分工设计。

教师要首先要向学生提供学习资源，其次学生在教师的指导下有针对性地初步完成资源的学习，以此达到知识传递的目的。例如经济理论，教师基于对教学目标、教学对象和教学内容的分析，制作 PPT 课件、教学视频和测试题库等学习资源，其中 PPT 课件中包含经济的概念、经济意义、类型、影响经济的因素、基本的应用等内容，教学视频是对需求价格弹性的概念。学生利用 U 盘等移动存储设备或通过电子邮件、QQ 等网络交流工具获取教师制作的学习资源，并在教师的指引下，根据自身情况观看 PPT 课件和教学视频、参与网络课程、检索网络资源、进行自测练习等活动。如果懂了，学生可以迅速跳过，如果没懂，学生则要将 PPT 课件和教学视频反复观看，并仔细思考或做笔记，把遇到的问题通过网络、电话等交流工具向教师或同学求助，或者将其拿到课上进行解决。通过课下教师和学生的共同努力，学生对弹性的概念、原理、基本应用有了一定的理解和掌握，实现了知识传递的过程。

在经济与贸易专业翻转课堂教学中，应该加强协作交互学习的设计。教师需要随时捕捉学生的动态并及时加以指导，小组中每个人都可以参与活动，允许和鼓励学生以低风险、无威胁的方式有意义地参与，教师需要为参与者提供和同伴交流并随时检查自己想法的正确性的机会。最后由教师组织提供多种解决问题的策略，加深学生对当堂经济与贸易类专业课堂内容的理解。

在翻转课堂教学中，教师是教学活动的引领者和督促者，不仅要提供课下的学习资源并监督学生课下的学习情况，还要组织课上的教学活动并对学生的知识掌握和应用进行综合测评，学习资源包括自制 PPT 课件和教学视频等。这就要求教师不仅要灵活驾驭经济与贸易课程中的专业知识，还要会使用屏录软件制作课件，并掌握必要的视频拍摄、录制、剪辑的技术。在教学组织过程中，很多活动是通过网络进行的，就需要教师掌握一定的网络知识并能够熟练操作。翻转课堂对教师提出了更高的要求。

在翻转课堂教学中，学生由被动的接受者转变为主动的学习者，课下要安排足够的时间观看教学视频和 PPT 课件，对于看不懂的地方反复观看，并在互联网中查找相关的资料，或者用网络或电话等工具向同学、教师求助，或者用笔记下到课堂中与教师、同学讨论，自觉完成相应的学习任务。课上要积极地独立思考问题并提出自己的见解，仔细倾听教师、同学对该问题的看法，不断地反思并完善该问题的解答。无论是课上还是课下，学生都需要能够熟练使用网络和信息技术，以完成其学习活动。翻转课堂需要学生具备较高的自律性、较好的自主学习能力和信息技术素养。

在经济与贸易专业翻转课堂教学中，学生需要在课堂上汇报、交流学习体验，分享问题解决的成功和喜悦。成果交流的形式可多种多样，如举行报告会、辩论会、小型比赛等。除在课堂直接进行汇报之外，还可翻转汇报过程，学生在课余将自己的汇报过程录像，上传至网络平台，教师和同学在观看汇报视频后，在课堂上进行讨论、评价。

四、高校专业课课堂教学中多媒体技术的应用

高校专业课教学是培养大学生专业素质、实践能力、创新能力，综合运用基础知识的重要途径，是推进大学生成为专业型人才的关键环节。专业课教学工作属于高校教学工作的核心。有学者认为，这对大学生今后的发展与树立高校的品牌乃至对行业的发展都有十分重要的影响。早在二十多年之前，多媒体技术作为教学改革的重要切入点、教学现代化的重要途径被引入我国的课堂教学。目前，我国高校的专业课课堂教学过程中普遍采用多媒体技术进行辅助教学。然而效果差强人意，这与我国教师在过去二十几年来的课堂教学过程中形成的关于使用多媒体技术的种种模式有关。伴随着移动互联网技术成熟而带来的自主学习、网络学习浪潮的影响，我国高校的专业课课堂教学面临诸多挑战。如何用好多媒体技术，如何在吸引学生注意力的同时提高教学效果，迎接来自海外教育同行的挑战，成为关乎我国高校专业教师职业生存与发展的重要课题

(一) 高校专业课课堂教学中多媒体技术使用现状

普遍存在的问题是专业课教师过分依赖多媒体。年纪大的教师或者为了减轻教学中的互动环节，直接把传统课堂上板书的内容搬到投影屏幕上。年纪轻的教师为了减轻思考和讲解费时费力，把多媒体技术理解为电子黑板，只是执行播放功能。这种做法忽略了学生的反应，课堂缺乏师生互动。形成了老师上面讲，下面学生玩手机的现象。这种情况在马列课堂的多媒体使用中已经少见，我国的政治理论课程教学无论是从理论研究还是包括多媒体使用在内的教学方法方面，都取得了突出的成绩。这方面值得专业课教师学习。

与传统的黑板相比，投影仪投射到屏幕上大量与教学有关的信息，学生甚至来不及阅读，如果没有专业教师的讲解，这些学生很难消化数量巨大的信息。

我国目前高校的专业课课堂普遍采用了多媒体技术来开展教学活动，在某种程度上容易为传统的填鸭式教学找到新的载体——投影仪。多媒体技术、扬声器系统的配合使用增加了课堂的有效面积，这就为更多的学生听课提供了可能，同时也带来了师生互动的难度。多媒体技术的普遍使用让课堂问题的复杂性骤然增加。教育学之所以难以对教师的行为进行评价，一个重要的原因是无法评价师生互动情况。教学是重要的师生互动的过程，“在狭小而拥挤的教室中，各种活动如走马灯般快速变换着，教师在常规的工作日内，大约每小时有200到300人次的人际互动。虽然一些互动是重复新的，但是这些互动的内容及其进程是无法精确地预知或者预先计划的”。

在互动过程中，因果关系和反应进程是多维的，目前不能对这种互动过程中的行为进行精确的分类。专业教师在课堂上的行为多是自发的，而学生的行为多靠直觉。投影仪的工作不是减少了教师的自发性，而是增加了教

师的逻辑性，这让试图把教育行为看作逻辑行为或者理性行为的业内人士有了考评的依据，然而让学生们不知所以然。这种考评工作正在不断改进着专业教师的教学，不知道方向是否符合教育对象的要求。由于教师和学生之间没有互动，多媒体技术的使用没有带来教学效果的提升。学生混学分，教师混课时，这种状况在专业课堂是十分危险的。师生之间没有互动的结果是教师将板书搬上大屏幕，却把学生交给了手机小屏幕。

传统课堂教学策略包括对教学方法、步骤、组织形式的选择，技术要素涉及黑板、粉笔等，核心是教师与学生。目前的情况是多媒体技术征服了教师、学生。以往教师口若悬河、学生激烈讨论的情景消失了，师生将关注的重点都放在了屏幕，而屏幕展示的内容由于过于庞杂，学生听不出重点，教师讲不出重点。部分教师没有设置问题进行合理引导，这样造成了传统教学策略一溃千里。教学策略是否有效，以目标论认为：应该以能否实现教学目标和保持学习者的学习积极性为主要标志。教学策略不能仅仅拿多媒体当黑板，这方面的确应当引起师生注意。

在实际采用多媒体技术的课堂教学中，专业课程的生物分析、理化实验等以多媒体的方式呈现表面上简化了学生的实验，以形象理解代替抽象理性，这是不可取的，也是危险的。这样学生在生产实验中会产生固有模式，从而影响创造力的形成、发展。在文科的课堂中，使用多媒体固然可以带来信息量的优势，但是以客观图形和数据展示给学生的知识，学生不会接受，更谈不上质疑，时间长了更会造成理论与实践的脱节，不能培养合格的大学生。多媒体技术的不正确使用让原有的课堂教学策略变成了围着幻灯片转圈的活动。有效的课堂教学策略能保持学习者的学习积极性，这正是专业教师所必备的，而多媒体技术的不适当使用毁了学生的积极性。

没有根据技术条件制定和选择的课堂教学策略显然是不适当的，这就好像没有考虑兵器性能的作战方略，必然会导致战役的失败。多媒体技术的介入显著地增加了课堂教学策略制定的难度，大学的专业教学尤其如此，这就好像从前的战场只有轻武器，这回增加了加农炮、迫击炮、步兵战车等重装备，作为指挥官的教师应该学会新的策略，否则不但达不到效果，还会造成自伤，士兵不知所措。虽然教学策略与战争策略不同，还是存在共性，都需要有明确的指向性和操作程序。幻灯片很容易被复制，然而教学策略不具有可模仿性，也就是说没有两个相同的战场，更不会有两个相同的课堂。由于我国高校即使同样专业课的教学活动，这一过程中也存在着许多变量，因为学生受教育情况、特定时间、特定地点等，讲授的内容也有显著的不同，所以高中生选择不同的大学接受高等教育。同样一门专业课的教学策略在不同的学生中运用应有所变化。使用不同的技术更应该采取不同的策略。

课堂教学过程是具体而复杂的，教学内容是丰富多彩的，多媒体技术的正确使用会增加这种丰富性，但是使用不适当会把图画搞乱。从教育的目标而言，既要根据大学生的学习准备、认知风格、学习技能等方面的大体情况，也要根据教室的面积、多媒体设备、音响设备、气温情况等来制定教学策略。教师更要根据自己的知识水平制定教学策略以适应在专业教学中对学生进行指导的需要。教师的教学策略要尽量给每个学生提供尽可能多的参与教学活动的机会，但是在目前的高校专业课课堂，每个人都参与并不现实可行，因为我们的课堂一般在60人以上。理想中的高校专业课课堂教学策略应呈现动态可调的结构，但现实并非如此。多媒体的纳入打乱了原有的师生二元结构。

高校教师只能根据教学的实际情况创造性地组织每一堂教学，因为教室的多媒体情况不同，有些多媒体可以播放音频视频资料，有些教室的多媒体只能使用较低版本的 PowerPoint 软件，甚至有些软件并不支持你的课件格式。高校教师只能因地制宜地融会贯通地理解并运用多样化的专业课教学策略。但是部分专业教师没有驾驭好这门技术，成为多媒体技术的俘虏。

采用多媒体技术来开展高校专业课课堂教学活动，改变了原有的课堂结构，课堂结构被异化为“教师—投影仪—学生”的三元结构，这需要教师能够使用新技术作出调整。走进了此类课堂教学误区的教师比较多，高校的专业课程由于技术性较强。由于教师在传统教学中的主导因素被颠覆了，三元结构条件下，教师与多媒体互动，教师热情高涨，多媒体幻灯闪动频繁；而大学生根本不可能跟上幻灯的闪动，孤立地在教室里，打开了手机答疑解惑。部分同学费力跟上了幻灯，由于教室条件的限制，图文字符的局限等，不能够理解理论，更不要说实践了。

课堂结构被改变，大学生创新的动力被压抑，教师与学生之间的关联将增加。比如在普通课堂上使用投影仪，这让大学生缺乏了对于教师的亲切感和尊敬感，由此产生了课堂教学等同于网络教学的问题。专业课上大量的专业词汇需要解释，教师直接告诉学生显然会更加具有说服力，学生们更感兴趣，在移动互联网的条件下，学生们与教师的沟通方式多种多样，然而课堂是传授知识的主战场，“大学之道，在明明德”等治学精神和学术互动需要课堂活动来完成。多媒体技术的不适当使用毁掉的不仅仅是学生的兴趣，更是学术精神的传承，大学精神、健康校园课堂文化的发展。这值得教育人士警醒。

(一) 多媒体技术使用现状的形成原因分析

1. 教师不具备或者缺乏多媒体使用技术

从教师层面来看，许多高校的专业课教师获得了博士学位即参加教学，没有进行专门的文秘学、计算机技术培训。年轻教师对多媒体技术的使用主要依靠老教授的口传身授，或者模仿自己的导师，而这些人往往不会用或者不善于使用多媒体技术。

刚刚走出答辩会的博士、硕士们，表面上看并不缺乏计算机知识，事实上远非如此。多媒体技术的掌握需要专门的学习，许多教学软件的功能日常生活中涉猎不到的，因此可以说高校的专业课多媒体使用是一门技术，需要掌握。即便是理工科背景出身的具有计算机知识的教师，面对声音、光学、图像、美工等多种技术的综合体，要熟练掌握这些手段，没有踏实学习的态度是不能获得的。

高校专业课教师在课堂教学的初级阶段需要集中时间精力去熟悉软件操作，努力寻找多媒体素材，适应的教学课堂环境。这些活动都要与高校专业课的传承、传播相适应。另外，教师在课堂教学的过程中往往注意到了学生的兴趣，而忽视了教学的目的。这是多媒体技术的缺乏，是在现阶段多媒体技术变成了幻灯片播放、课堂教学流于形式的主要原因。

2. 重感性而轻思辨

多媒体技术的优势在于形象思维，从而产生了重智慧、重直觉、重想象、重体验、重灵感等现象。感官体验不是教学的目的，仅仅是教育的手段。多媒体技术引入教育领域，其生动的视听体验在幼儿教育、义务教育阶段、特殊教育等领域的效能功不可没，受到社会各界的高度重视。然而高校的专业知识传授与感性无关，无论是文科、艺术还是理工、医学学科，都要求重知识、重逻辑、重客观，这样多媒体教学技术在专业课的教学中用武之地被大大压缩。加之多媒体技术操作不熟练，可用资源庞杂无序，学生们在这个过程中容易产生误解，影响了教学目标的实现。

3. 课件编制不适当

多媒体课件的编制是对专业课课堂教学素材起补充和辅助作用，使之有效地被应用于课堂教学。课件的内容显然不会与教材内容完全一致，教师会根据个人对知识点的理解对教材进行梳理与拓展。课件内容与外延拓展过多易使学生过度关注课件而无暇顾及教材，课件内容过少则无法发挥多媒体课堂教学的应有效用。

部分教师对其教授的课程有个人独到的看法，其课件的编制顺序并不完全与教材一致；教师的见解独到的确对学生有极大的好处，但从另一方面而言，这种授课方式一开始会使部分学生无所适从，纠结于课件与教材的抉择。

有些教师为了精简备课时间，往往在网上下载与自身教学观点相近的课件，当然这些教师只是少数，但也应引起重视。学生更为注重课件的教学性，而网上的教学课件多为教材的翻版，多媒体教学是辅助而非代替，也就是说这种课件几乎没有使用的必要。课件应令教学内容简单化、条理化，更加形象地体现教学内容简单化、条理化，更加形象地体现教师的想法和构思。

4. 多媒体素材形式单一

PowerPoint（PPT）是最常见的多媒体素材，表现形式就是课件。在日常学习生活中不难发现，大部分教师只是单一地使用课件，而忽略了其他教学素材的使用。

音频、视频、动画等使用比率相对不高。这也侧面反映了教师对多媒体素材的认识、收集、处理不够完善，如果没有多且优的多媒体素材，再好的多媒体设备也难以活跃课堂气氛，提高教学效率。多媒体技术之所以被推广，是因为它有其他教学材料无法比拟的优越性，它能创设生动的教学情境，激发学生兴趣。应多运用图、文、声、像、影并茂的特点，在自然教学中增加不同形式的教学信息量，弥补书本知识的不足。

5. 无法应对移动互联网的挑战

随着手机等移动终端的普及和功能增强，大学生对其的依赖程度日益加深。有观点认为：以手机为代表的移动互联网分散学习注意力，干扰正常的课堂活动；移动互联网让大学生思考问题的时间减少、思考深度肤浅、增加学生玩手机的概率。所以应该建立更多的无手机课堂。

上述说法值得商榷。这是部分教师或者教育管理者无法应对移动互联网挑战的托词。相对于传统互联网，移动互联网在建设成本、适应性、扩展性以及维护性等方面都存在优势，能够满足用户碎片化时间的应用，具备了移动社交应用服务功能。在这种背景下，高校的课堂教学策略应将学生对信息的获取、传播、处理等网络活动纳入教学计划。高校的专业课程教学必须考虑移动互联网要素，只有主动应对移动互联网的挑战，才能把高校的专业课课堂搞好。

(三) 搞好高校专业课课堂教学中多媒体技术使用的建议

针对2010年以来我国高等学校专业课课堂存在的问题，结合形成、发展、原因的分析以及影响要素的剖析，在现有的物质、技术、时空条件下，为更好地让教师正确而创新地使用多媒体技术，趋利避害地发挥好多媒体技术在高校专业课课堂教学的作用，这里提出如下建议：

1. 教师应认识多媒体的本质

符合时代要求的高校教师应该接受相关方面的培训。多媒体的本质是教学工具，是我们使用的声音、图像、动画的综合体。多媒体除了给出展示效果外，本质上与粉笔、黑板没有区别，应该为教师所驾驭。使用多媒体可以节约时间，但是学生接受的时间、思考的时间、提问的时间不能节省。

认识了多媒体的本质，可以防止形成教师跟着PPT走的局面。多媒体的使用技术和水平高低是一门专有技术，不是一门科学。教师应该学会驾驭多媒体的能力，这就需要技术，需要敬业精神、感悟与较多的经验。

2. 教师应具备课件制作能力

教师能熟练地操作多媒体设备，是搞好课堂教学顺利进行的关键。学校可以举办教学课件的开发制作培训班，根据教师实际情况分理科专业课教师班和文科专业课教师班。专业课多媒体技术培训班与教师的职称、教龄、专业没有关系，或者组织教师自学的方式，定期举办多媒体技术交流会。

由于高校的专业众多，专业课程五花八门，其实培训班的效果十分有限。更多的技能获取方式还是教师间的交流，小型交流会的方式既可以拉近教师们之间的距离，更能让教师们的技术都有所提升。另外，鼓励每个教师聘请一位多媒体助手，这种方式可以避免老教授在学术方面的领军地位而在这方面失去较多话语权的尴尬，也有利于教师整体水平的提高。甚至可以尝试有水平的研究生帮助其导师学习多媒体技术。

3. 教师应创新教学模式

理想的图画是多媒体技术要素与教师、学生、教学内容等教学系统中的各要素相互紧密联系，还要让这些要素相互激烈作用，以实现课堂教学过程中各环节、各层次的整体优化，达到教学目标。这事实上需要建立创新型的专业课课堂结构模式。

这方面高校课堂不乏成功的例子，除了政治理论课堂的多媒体使用获得普遍认可外，大学英语课堂的多媒体技术使用也获得了较多认可。多媒体计算机已广泛进入大学英语课堂。由于多媒体本身丰富的表现力以及大学英语本身的学科特点，在高校普遍开设的现代大学英语课堂中，特定的教学模式遵循了认知规律，做到了知能并举，教法与学法并重。这种教学模式能够有助于提高教学质量；同时也有助于教师自身水平的提高。这样的方法可以设法在各门专业课程中使用，让学生、教师、社会均获益。

4. 教师应学会运用移动互联网教学

教师需要付出较多的努力来研究移动互联网融入课堂教学的方式。移动互联网条件下的课堂出现问题时，教师可以鼓励学生用移动终端来解决问题，学生通过自己的搜索找到了答案，证明了伪命题，这对他们来说是有成就感的，更有利于激发学生的兴趣。以学生为中心，教师辅助指导的方式将会更好地实现教育的目的。

5. 教师应掌握专业课程教育的方法论

以法学专业为例，梁西教授曾指出，教师要写好法律课程的讲稿，不仅要收集本课程的资料，还要收集边缘性或交叉学科的资料，教师讲课要注意台风；课堂需要与学生进行思想交流，这是一种内在的意识活动，不是外在行为；渴求知识的大学生与专业课教师之间应形成学术思想上的良性循环，使之逐渐出现一种思想、理论、实践的探索与共鸣，会让教学更有魅力，易于突破教学瓶颈。这样会提高学生的接受能力，加强教学效果。

专业课的内容往往有其自身的规律，多媒体技术仅仅是展示其部分内容，而剖析专业课内部外部的关系、逻辑、价值等需要专业教师作出耐心地讲解，这个过程也是师生互动的过程，更是实现专业课程教育方法论的过程，而掌握这种方法论并运用好，需要专业课教师的努力。

第二节 “互联网+”时代的教学变革——MOOC

通过网络传授知识并不是一个新鲜的模式，远程教育早在十年前就已经兴起，并催生了一大批相关企业。

但 MOOC 的这种方式，被称为“2.0”的在线教育，希望用硅谷的思维来改造高校教育。它和传统的远程教育差别在于：它不是花钱购买一门课程的在线资料，MOOC 体系和现实中的大学课程一样，有一套完整的教学模式，包括参与、反馈、作业、评价、考试、证书，严格按照大学的课时排列来向学生授课，比如说在传统的大学里，一门课一周只讲 90 分钟，在 MOOC 平台上，一周同样只向学生播放 90 分钟，学生像追美剧一样地吸收课程。在剩下的时间里，通过在线社区与老师和同学们进行讨论互动，每堂课后会有相应的课后作业，课程结束后通过线上考试获取学分和相关证书。

一、MOOC 发展过程

大型开放式网络课程，即 MOOC（massive open online courses）。2012 年，美国的顶尖大学陆续设立网络学习平台，在网上提供免费课程，Coursera、UdacitY、edX 三大课程提供商的兴起，给更多学生提供了系统学习的可能。2013 年 2 月，新加坡国立大学与美国公司 Coursera 合作，加入大型开放式网络课程平台。新加坡国立大学是第一所与 Coursera 达成合作协议的新加坡大学，它 2014 年率先通过该公司平台推出量子物理学和古典音乐创作的课程。这三个大平台的课程全部针对高等教育，并且像真正的大学一样，有一套自己的学习和管理系统。再者，它们的课程都是免费的。

虽然大量公开免费线上教学课程是 2000 年之后才发展出来的概念，但其理论基础深植于资讯时代之前，最远可追溯至 20 世纪 60 年代。1961 年

4月22日，巴克敏斯特·富勒针对教育科技的工业化规模发表了一个演讲。1962年，美国发明家道格拉斯·恩格尔巴特向史丹福研究中心提出一个研究“扩大人类智力之概念纲领”，并在其中强调使用电脑辅助学习的可能性。在此计划书里，恩格尔巴特提倡电脑个人化，并解释使用个人电脑搭配电脑间的网络为何将造成巨大、扩及世界规模的交换资讯潮。

2007年8月，大卫·怀利在犹他州州立大学教授早期的大型开放式网络课程 ，或称为大型开放式网络课程原型，一个开放给全球有兴趣学习的人来参与的研究生课程。在成为开放课程之前，这门课本来只有5个研究生选修，后来变成有50个来自8个国家的学生选修。

2011年秋天，大型开放式网络课程有重大突破：超过16万人通过赛巴斯汀·索恩新成立的知识实验室（现称 Udacity）参与索恩和彼得·诺威格所开设的“人工智能导论”课程。

有很多美国人以外的顶尖大学将提供大型开放式网络课程。两家提供网上课程的机构宣布，将与加拿大、墨西哥、欧洲、中国、新加坡、日本和澳大利亚的顶尖大学合作，同时还会跟更多美国学府签约。

总部在美国加州的 Coursera 新增中文、法文、西班牙文和意大利文四种授课语言。未来几个月，它将能多提供约90个新课程。其联合创立人、斯坦福大学副教授吴恩达（Andrew Ng）说：“用其他语言授课将能让更多学生上我们的课。”

国外的开放课程几乎都是在本校内受欢迎的课程，教授也几乎都是在本领域颇有建树的专家。据了解，耶鲁大学每门开放课的制作费高达三四万美元，麻省理工学院每门开放课的制作费也需两万美元。将免费提供资源。斯坦福大学校长约翰·L·汉尼希（John L. Hennessy）在最近的一篇评论文章中解释说：“由学界大师在堂授课的小班课程依然保持其高水准。但与此同时，网络课程也被证明是一种高效的学习方式。如果和大课相比的话，更是如此。”

北京时间2013年5月21日晚7时，清华大学与美国在线教育平台 edX 同时宣布，清华大学正式加盟 edX，成为 edX 的首批亚洲高校成员之一。清华大学将配备高水平教学团队与 edX 对接，前期将选择4门课程上线，面向全球开放。未来，清华大学将在中国建立自己的在线教育平台，进一步拓展在线教育模式，大力推动优质教育资源的开放和共享，为社会提供更为广泛的教育服务。

清华大学前任校长陈吉宁表示，在线教育提供了一种全新的知识传播模式和学习方式，将引发全球高等教育的一场重大变革。这场重大变革，与以往的网络教学有着本质区别，不单是教育技术的革新，更会带来教育观念、教育体制、教学方式、人才培养过程等方面的深刻变化。

清华大学针对在线教育开展了多方面的工作。清华计算机系、交叉信息研究院、心理学系和教育研究院联合成立了“清华大学大规模在线教育研究中心”，深入研究教与学的规律，促进先进计算和网络技术与教育的融合，提升学生的学习质量和学习效率。交叉信息研究院前期也引进了 edX 平台上伯克利加州大学的“云计算与软件工程”的网络开放课程，并依据清华教学特色、针对学生特点进行了再次开发。借助加入 edX 在线教育平台这一契机，清华大学将全面推动课程教学改革，作为混合式教学模式的试点，清华近期将开发 30 门新一代在线课程。

2013 年 7 月，复旦大学、上海交通大学签约“MOOC”平台 Coursera。

同年，果壳网旗下 MOOC 学院上线。MOOC 学院是最大的中文 MOOC 学习社区，收录了 1500 多门各大 MOOC 平台上的课程，有 50 万学习者在这里点评课程、分享笔记、讨论交流。

2013 年 10 月 10 日，清华大学正式推出“学堂在线”平台，面向全球提供在线课程。2014 年 4 月 29 日，“学堂在线”与 edX 签约，引进哈佛、MIT、加州伯克利、斯坦福等世界一流大学的优秀 MOOC 课程。

2015 年 3 月 18 日，南京大学首批 4 门“慕课”上线国际平台 Coursera，成为国内第五所加入国际“慕课”平台的高校。

根据 Coursera 的数据显示，2013 年 Coursera 上注册的中国用户共有 13 万人，位居全球第九。而在 2014 年达到了 65 万人，增长幅度远超过其他国家。而 Coursera 的联合创始人和董事长吴恩达（Andrew Ng）在参与果壳网 MOOC 学院 2014 年度的在线教育主题论坛时的发言中谈到，现在每 8 个新增的学习者中就有一个人来自中国。果壳网 CEO、MOOC 学院创始人姬十三也重点指出，和一年前相比，越来越多的中学生开始利用 MOOC 提前学习大学课程。以 MOOC 为代表的新型在线教育模式，为那些有超强学习欲望的90后、95后提供了前所未有的机会和帮助。Coursera现在也逐步开始和国内的一些企业合作，让更多中国大学的课程出现在Coursera平台上。

2014年5月，由网易云课堂承接教育部国家精品开放课程任务，与爱课程网合作推出的“中国大学MOOC”项目正式上线。

在中国的MOOC学习者主要分布在一线城市和教育发达城市，学生的比例较大。

正如央视在《新闻调查》中报道果壳网MOOC学院时所说：“慕课到底是什么？了解慕课，或许最好的方式就是去真正上一门慕课课程，毕竟站在岸上，我们永远无法去体会游泳者的感受。”在这个网络时代，时间和空间的隔阂都无法再成为阻止你去学习的原因。终身学习将变得越来越容易和便捷，爱学习和会学习的人将能更好地进行自我培训。有了慕课，随时都是学习的好时候。

其大规模体现在MOOC平台中的参与高校众多。Coursera选择的合作对象是每年最新发布的世界大学学术排行榜上排名前5%的学校。截至2013年7月，全球共有83所高校和机构加盟Coursera平台，其中欧洲大学14所，亚洲大学7所。共有28所顶级大学加盟edX平台，包括7所亚洲高校香港大学、香港科技大学、清华大学、北京大学、日本京都大学、韩国首尔国立大学、印度理工学院等。2012年6月，弗吉尼亚大学校长特瑞萨·沙利文（Teresa Sullivan）就因采取“渐进”策略对待MOOC而被校董会罢免（尽管16天后在师生的抗议下官复原职），校董会担心她的决策会让弗吉尼亚大学的光辉被其他先行开展MOOC的一流高校所遮蔽。美国知名大学面对MOOC所承受的压力，由此可见一斑。同时，也不难想见，随着MOOC理念的不断深入人心，将会有更多学校加入在线教育平台。

大量的教师以团队方式参与课程教学。以福建师范学院福清分校经贸类专业为例，教师团队要制作精美的视频、课件上传到网络上，适时解答学生疑问，组织协调大量学生在学习社区中有效互动，引导在线学生完成教学目标和任务，这实非一己之力所能及的事情，所以对在线教育平台的依赖就体现了出来。

二、MOOC 的课程特征

MOOC 是一种依托于网络的大规模的教育，可以在全球范围内为学习者提供大规模优质教育资源，是传统大学教育所无法比拟的，将引发全球高等教育的一场重大变革。

它的特征之一就是大规模。大规模体现在学生规模、高校数量、课程制作团队、投入、课程数量等方面。MOOC 的出现，让世界各地十几万人同时上一堂课成为可能，生师比扩展至传统班级的成百上千倍；在规模上，世界知名学校纷纷加入 MOOC 平台，而且将会有更多学校加入；MOOC 发展势头迅猛，除了资金，还需要时间、经历的投入，课程的制作需要教师以团队的方式参与课程教学。

另外，它的开放性也是其他传统教育难以比拟的。在 MOOC 教育的平台上，学习者不受地域、年龄、语言、文化、种族、资本、收入等因素制约，随时随地都可以按照自己的节奏学习。在提供的 MOOC 学习网站上提前了解课程安排，选择喜欢的课程，免费注册会员进行学习。

在线互动的特征让这种授课方式得以快速传播。在教学设计中，采用微型知识单元的设计，将知识点划分为多个关联的小单元，每个小单元约 8~12 分钟，每个小单元录制成专门为 MOOC 课程精心录制的教学视频，其间穿插小测试，适应随时随地的学习需求。这样还可以让学习者能够根据自身学习情况与兴趣点自由选取学习内容，并增强教学过程中的师生互动性。

MOOC 有着非常热烈的讨论区，有的教师会参与到学习者的讨论区，有的则是由助教对学习者的讨论和问题进行反馈和提醒。学员需要按时提交作业。

专业制作团队提高课程质量。MOOC 不同于传统课堂教学的师生面对面，MOOC 中教师的作用是在学习中进行组织和指导，学生主要通过观看教学视频学习内容，同时辅以在线测评、专题研讨、网上提交作品等功能。MOOC 也不同于传统的网络教学仅把教材搬到网上，而不组织教学与评价，MOOC 把课堂的各个教学环节都搬到了网上，具有比较完整的课程结构，是一种资源和信息都开放的网络教学方式。MOOC 每个课程都拥有专业的制作团队，以此提高课程质量。课程制作成精彩的分段视频，教师的授课地点可以选择不同的场景和具体实体，随着知识需要注重实践练习的课程，过去的教学过程由于不能着重锻炼学生实际解决问题的能力，使得一些课程成为难教、难学的课程。

在课程教学过程中引入 Proteus 仿真软件，对教师和学生来说，都具有非常重要的意义。教师在课程设计的过程中，可以根据课程内容加入相应的实例，通过对实例逐步讲解和演示，使整个课程内容更容易理解和掌握，提高了教学质量。学生在学习过程中由于增加了更多的感性认识，提高了学习兴趣，学习的过程中困难减少。通过老师实例的讲解，对所学知识也能形成一个整体上的认识。而课后通过使用 Proteus 完成相应的学习任务，提高了自行解决问题的能力。

MOOC 有着不可忽视的可扩张性，MOOC 的可扩张性特征是指其教育规模不受空间限制，可根据注册人数的增加而不断扩充教育容量。该特征由两方面因素决定：一方面，作为一种网络教育模式，MOOC 得益于具有无限空间的网络平台，相对于传统课堂而言，具有无可比拟的空间优势，因而在单一课程的教育容量上具有无限扩张的特性；另一方面，由于 MOOC 提供者无法准确预测课程学习者的数量，因而必须赋予 MOOC 无限扩充容量的特性。正是因为 MOOC 具有传统课堂所不具备的可扩张性特征，许多在线课程能容纳成千上万名学习者同时进行同一课程的学习，一些顶尖大学的知名课程教学规模更是达到惊人的程度。如，世界三大 MOOC 供应平台之一、由麻省理工学院和哈佛大学联合建立的 edX 于 2012 年 3 月推出首个在线课程《电路与电子》，吸引了来自全世界 160 多个国家的 154763 人注册学习。MOOC 的可扩张性大大拓展了单一课程的容量，提高了教育资源特别是优质教育资源的利用效率，这在教育资源供需矛盾日趋紧张的时代，无论对于政府还是学习者个人，MOOC 都将成为重要的选择对象。

MOOC 的网络化特征体现在学习环境网络、个体学习网络和课程知识网络等三个维度。在学习环境网络维度，MOOC 的学习资源通过互联网空间生成和传播，MOOC 的教与学活动利用各种网络学习支持工具在互联网络空间中实施。在个体学习网络维度，参与 MOOC 学习是学习者个体构建个体内部知识网络和外部生态网络的过程，学习者利用同化和顺应两种认知机制更新大脑中的知识网络，同时利用社交媒体工具构建个体的社交网络和知识生态网络。在课程知识网络维度，MOOC是一个分布式知识库系统，其内部存在一个以学习者、教学者、社交媒体、学习资源和人工制品等为节点的相互交织的知识网络，知识以片段形式散布于该网络的各个节点中。

交互性是指在MOOC教学过程中，教师和学生通过该课程提供的网络平台进行双向乃至多向交流的特性。MOOC提供方充分运用现代网络通信技术，搭建社交网络平台，供教师和学生进行交流互动。MOOC的这一特性增强了网络课程的情景性，使网络课程学习更加接近真实课堂教学，激发了学习者的积极性，提高了教学效果。

此外，edX还通过在线作业、学习论坛、考试等方式进行师生间的双向、多向交流和互动，为该课程营造了良好的学习氛围。

与传统课程学习相比，MOOC更能充分实现学习者的个性化学习。首先，学习者自选学习内容和自定学习步调。学习者根据学习兴趣和学习需要选修课程和确定课程学习的路径，根据自己的知识基础自定课程学习的步骤。其次，课程学习方案与课程资源的个性化推荐服务。MOOC平台根据学习者的个人档案和学习行为，使用协同过滤推荐技术向学习者推荐其可能感兴趣的课程，支持学习者创建个性化的课程学习方案，同时从海量学习资源中提取和推荐符合学习者认知需求的学习资源。最后，MOOC内嵌学习者的个性化学习情景。学习者使用移动学习终端设备，摆脱了传统物理教室和实验室的限制，将课程学习灵活地与学习者所处的特定学习情境融合，支持学习者开展基于情景的个性化学习。

参与性是MOOC与视频公开课、网络精品课程和精品资源共享课的重要区别之一。MOOC与以上三类课程的相同之处是通过网络共享课程的优质资源，包括课程大纲、作业、讲义、题库、课件和教学录像；不同之处在于学习者和教学者通过在线参与课程教学活动实现课程教学的全部过程。首先，MOOC拥有特定的教学方法和教学活动，包括课堂讲解、随堂测试、虚拟实验、师生对话、学生研讨、作业互评、分组协作、单元测试、期末考试和证书申请等，学习者除了教学视频，需要积极参加以上课程教学活动。其次，课程评价将学习者在教学活动中的参与度作为主要的评价维度。MOOC学习环境利用互联网的自动跟踪和记录功能，记录并保存学习者在课程学习活动中的学习行为，利用学习行为分析算法挖掘学习大数据背后的信息和规律，将形成性评价结果及时反馈给学习者和教学者，为学习者提供个性化的学习指导，帮助教学者了解课程教学效果，改进教学策略和方法，科学、全面地提高课程教学质量。

MOOC 的另一个重要特征是国际化。由于 MOOC 秉承开放性的教育理念，几乎所有的教学环节都通过网络进行，因而无论是课程提供方还是学习者，都呈现出明显的国际化特征。就课程提供方而言，世界各国的众多高校和教育培训公司已开始行动，希望在 MOOC 这一新兴领域占得先机。以 edX 为例，这个由美国哈佛大学和麻省理工学院主导的 MOOC 平台已经吸引了德国、加拿大、澳大利亚、荷兰、瑞典、瑞士、比利时、日本、韩国、印度以及中国香港等十几个国家和地区的 30 所高校参与其中。2013 年 5 月，清华大学和北京大学相继宣布加入 edX 平台，成为首批提供 MOOC 资源的中国内地高校。就学习者而言，注册学习 MOOC 的学生也呈现出明显的国际化特征。例 MOOC 的自主性是指学习者在课程学习过程中，较少受外界的约束或影响，更多依靠个人的主观努力，或在学习者自主建立的学习社区的帮助下进行学习。由于 MOOC 注册者的学习动机源于对知识的兴趣与渴求，因而在课程学习中更能发挥主动性和积极性，而且对知识的共同兴趣又促使学习者更容易结成网络学习社区，以相互借鉴和交流。麻省理工学院在对已开设的 MOOC 进行分析时发现，学习者自主开发了许多工具和软件供大家使用，以共同解决在学习中遇到的各种问题，一个有序的学习生态社区正在逐步形成。

三、MOOC 对中国教育改革的启示

作为一种新兴的网络教育模式，MOOC 尽管还存在许多问题和不足，但其本身具有的独特优势预示了广阔的发展前景。目前，从全世界范围看，MOOC 仍处于始发阶段，发达国家并未完全控制 MOOC 的话语权，我国高等教育机构应抓住有利时机，积极参与在线网络课程的建设工作。

(一) 从教学方面看 MOOC 理念的应用

从目前的现实情况看，我国高校参与 MOOC 资源建设可以从两个方面入手。一方面，积极参与由西方大学主导的网络课程平台建设。由于西方大学经历了较长的网络课程发展时期，具有较为丰富的经验，参与他们主导的

MOOC平台，可以更好地学习和借鉴先进经验。这方面的工作已经起步，继清华大学和北京大学宣布加入美国edX平台后，上海交通大学和复旦大学也相继宣布加入由斯坦福大学主导的教学平台。例如福建省就已经开始采取行动，采用“政府推动、高校为主、社会参与”的方式积极推动福建省高校的在线教育事业的发展，于2016年5月正式成立了福建省高校在线教育联盟(简称福课联盟，FOOC)，以建立起校际间优质课程资源的共享机制，提升地方高校人才培养水平和服务社会能力。

从高校教师的角度分析。对于高校教师，尤其是参与MOOC教学的教师而言，MOOC的出现改变了传统的“一人教，众人听”的授课模式，一定程度上增进了教师间的沟通与交流。在进行网络授课时，整个课程往往是由几名教师采取分工协作的方式完成的，一般一名教师只负责一个阶段的教学。在课程网络教学上线前，教师需要做大量工作，如课程资料整理、试题分析、课程讲授、课程录像、后期制作等。因此，在此过程中，团队密切合作就显得尤为重要。相比于传统授课模式，MOOC对授课教师的要求更高，教师不仅要具备扎实的专业基础和组织教学能力，还要逐步提升其信息化应用能力和团队合作能力。因此，教师要想适应MOOC教学的发展需求，就必须积极完善自身教学理念，不断拓宽其知识面，提升其信息化综合应用能力。

从学习者自身的立场分析。MOOC的广泛应用引发了一次学习革命，不仅对教育者提出了一系列新要求，同时也给学习者的学习带来了影响。在课程设置方面，MOOC从教育心理学规律出发，将视频课程时间压缩至8到10分钟，授课时间的缩短更有利于学习者对知识的掌握。同时在教学内容安排上，MOOC在综合考点知识的基础上，有计划、有选择、有针对性地安排知识内容，学习效果较以往更好。此外，网络课程在课程结束后常会安排相应的测验，以提升学习效果，达到查漏补缺的目的。而MOOC不仅可以作业分析与评价，而且还能针对学习者在学习中遇到的问题进行专业辅导。这种及时反馈促进了学生对问题的理解学习深度。

学习者参与MOOC的学习动机也是研究者特别关注的，这对于了解学习者以及MOOC的发展方向具有重要的价值。edX的“6.002x”课程具有很强的专业技能性，超过一半的受访者反映他们参加“6.002x”的主要原因是为了获得知识和技能，超过四分之一的学生参加课程是为了“个人挑战”，主要是想看自己是否有能力通过麻省理工学院的课程。杜克大学课后调查将学生的典型动机归为四类：支持终身学习或了解学科内容；为了乐趣、娱乐和智力激发；方便；丰富教育经历。不同大学调查问卷中对动机设置的选项有所不同，综合来看，学生学习 MOOC 的动机有：获取知识、学习兴趣、职业发展需求、个人挑战、了解 MOOC，为其他考试做准备、结识朋友以及获取证书。综合对比三份报告中有关学习者动机的分析可以发现，在所有的动机中，学习者的学习兴趣和知识期望都占有最大的比例，这表明 MOOC 学习者本身就有很强的学习求知欲，对课程知识有极大的兴趣，这一点对于 MOOC 的成功开展是极其重要的。edX 在调查学习者的动机和成功之间的关系时发现，注册的动机和成功是没有相关性的，因此无论学习者注册学习课程的动机是什么，都不会影响学习者对 MOOC 课程的学习。

结合高等教育教学活动进行分析，MOOC 还逐步深化了传统高等教育的教学理念，明确了教学目标和方法。此外，在教学对象方面，MOOC 更为关注学生的实际学习需求，它将学习效果和授课情况以量化的方式呈现出来，有效发挥了教学评价的反馈功能和导向功能。

就实际应用情况来看，MOOC 对高等院校教育教学的影响主要集中在教学方法和教学策略上。在 MOOC 教学模式下，教师运用丰富的教学方法进行授课，如自主学习法、演示法、谈话法、讨论法等，这在传统课堂中是极少出现的。这种授课模式有利于师生间更好地展开专业交流，提高了学生的学习效率。

在线开放课程发展促使高等教育学习模式、教育观念、教学方式和学分证书的改革，大规模在线开放课程的发展使传统高等教育的学习模式面临变革。在线开放课程是基于大数据分析与处理形成和发展起来的，它可以根据学生的学习特点和思维方式更好地安排和控制学习进度，并实现学习过程和学习行为的全面跟踪，从而进行个性化和特色化教学。MOOC 教学颠覆了传统教育观念，极大地促进了教师的反思与提升。教师可以在一堂课结束后，根据教学反馈与实时评价情况确定改进目标，有目的性、有针对性地不断学习和改进。同时，MOOC 还打破了学习的时间和空间限制，学生可以根据其具体情况灵活安排学习计划和学习方式，师生互动更频繁。教育部部长助理林蕙青在清华大学举行的大规模在线教育论坛接受记者采访时表示，教育部将积极探索学籍、学分、学历证书等管理制度的改革，建立适应学习者个性化学习需求和终身教育体制要求的在线教育管理制度。这表明了 MOOC 的发展将带来高等教育学习模式、教育观念、教学方式和学分证书制度的巨大变革。

对于中国高校的课程而言，大部分都是由本校教师面对面讲授的，极少部分会请其他高校的老师来讲授(民办高校除外)。不过，这样可能会存在一个问题，一些学校根本开不出某些课程，或者开不好某些课程。

MOOC 的开展需要主讲教师和其他教学支持团队协作完成。虽然主讲教师在课程教授方面发挥不可或缺的作用，但其他教学支持团队在课程活动的组织、管理和监督等方面同样发挥着重要作用。MOOC 由于学习者众多，其学习背景、能力等方面有不同，课程活动的开展及进度掌控性较低，仅靠主讲教师很难进行管理，需要其他人员协助开展课程。国外 MOOC 的开展均需要一个教学团队共同支持，比如在爱丁堡大学，各门课程均有不同数量的专业人员负责。因此 MOOC 开展之前应成立该门课程的专业小组，由专人负责课程材料的准备、课程活动的组织以及课程的监督和评估等。

那么 MOOC 是否提供了一个新的思路呢？比如，可否引入 MOOC 或其他网络课程，让学生看着视频学习，然后安排辅导教师检查作业，组织考试，并授予正式学分，这样不就可以开设一些原来无法开出或者开不好的课程了吗？

当然，这样的课程组织模式也不一定非要拘泥于 MOOC 的形式，比如上海高校就推出了中国式 MOOC：由上海市教委牵头，30 多所上海的高校联合成立了上海高校课程资源共享管理委员会，推动各个学校优质的课程向其他的高校学生开放。

如果我们将改革的步子迈得更大一点，是否可以让学生直接在一些经过认证的 MOOC 平台上学习课程，然后通过相关学校组织的考试，或者通过本校组织的考试，就授予相应学分呢？如果这样，是否就真的实现“教考分离”了呢？

以上其实主要考虑了如何用优质的视频课程资源替代“面对面讲授”，但是如果和翻转课堂 (Flipped Class Model) 结合起来，可能就真的实现课堂模式变革了。翻转课堂是自2007年开始在美国及世界各地流行起来的一种教学模式，传统的教学模式是老师在课堂上讲课，学生回家做作业。在翻转课堂教学模式下，学生在家通过看视频完成知识的学习，来到课堂上做作业并和大家讨论。很多人对这一种模式很推崇，认为它是兼顾了班级制教学和个性化教学的教学模式，可以最大限度地促进个性化学习。将MOOC和翻转课堂结合起来，高校的学生可以在课余时间在网上学习最优秀的授课视频，到课堂上后，可以和本地老师、同学进行面对面的讨论和交流。

当然，不管用何种方式组织课程，其实一切都取决于学习者的主动性，虽然目前很多学生在MOOC上很热闹，但是他们是否会很认真地自己学习完相关课程，还是一个值得研究的问题。因此不管课程模式如何变化，都需要想方设法调动学习者的积极性。

（二）MOOC在中国如何发展

现阶段MOOC模式的中国实践仍存在诸如学校体制与机制、教学内容与方法、资源开放与互认等多方面的不适应，MOOC所引发的教学改革重任不是一家或几家机构能够承担的，而是需要教育主管部门、高校、教学服务机构或认证机构等多方利益相关者的协调与统筹以及机制上的保障。

1. 由MOOC引起的对高校教学改革的思考

首先，现阶段MOOC模式的中国实践仍存在诸如学校体制与机制、教学内容与方法、资源开放与互认等多方面的不适应，MOOC所引发的教学改革重任不是一家或几家机构能够承担的，而是需要教育主管部门、高校、教学服务机构或认证机构等多方利益相关者的协调与统筹以及机制上的保障。

其次，建立开放教育资源共建共享机制。从国内外经验来看，以共建共享为原则，推动不同机构的整体、协同发展，是MOOC可持续发展的必然选择。共建共享机制创新是MOOC长期良性运作的保障，通过市场化、产业化运作，引入多元主体参与确保经费充足，保障各方利益，促进学校、公司、政府部门之间的合作，推动教育资源的整合与共享。从未来发展看，在国内如果解决了课程证书的认证问题，这对网络教育的发展、高等教育大众化以及终身学习的发展将是一个不可小觑的推动力量。因此，需要相关政策法规和制度的支持，尽快建立资源共享机制，成立专门的认证机构，实现学校之间、学历教育与非学历教育之间的课程互选与学分互认。

再次，充分利用MOOC理念开展校内教学改革。MOOC充分体现了以学习者为中心的理念，学校要积极开展教学改革和创新实践，在课程设置上，要突破专业限制，开放部分试点课程，提供以课程为中心的教学服务，承认学习者多样化的学习经历，建设开放式教学管理系统，为学生提供终身学习电子档案；在内容设置上，要满足终身学习社会个人知识的适应性与发展性要求，课程内容的组织从结构主义向解构主义转变，学习内容从系统性、完整性向个性化、碎片化过渡；在教学方式上，逐步从以教师讲授为主的课堂学习向线上学习、翻转课堂等混合式教学模式转变。

最后，有必要引入市场运营机制，由社会化机构提供资源整合、技术支持、过程服务和其他专项服务。MOOC快速发展的一个原因就是出现了多家专门为名师名校开放课程提供MOOC平台的供应商，国外MOOC实践是在不同机构联盟基础上的市场运作。要实现不同机构之间的优质资源共享，必须引入企业管理理念和市场运行机制，与第三方社会化服务机构合作，采用合作加盟方式，实现整体规划与协调发展。鼓励教育部门以外的社会化机构参与，除了现有的现代远程教育公共服务体系、区域公共服务体系所承担的功能、职能外，未来可能还需要专门从事考试服务或认证服务的机构，鼓励用人单位、行业协会、专业学会、研究机构等社会组织参与质量评估，逐步建立健全教育评估资质认证。

2. 对国内开展MOOC实践的建议

随着MOOC概念的普及，MOOC逐步受到教育主管部门及学校教师的高度重视，高等学校和教育机构纷纷加入MOOC浪潮之中。国外相关的MOOC实践评估报告对于了解MOOC学习对象以及如何建设MOOC和平台开发有很大的指导价值。通过对这三份评估报告的综合对比分析，结合目前国内高校及教育现状，提出了在国内开展MOOC课程教学改革的几点建议。

MOOC对有相关知识背景和专业经验的人更有吸引力，学习者多数会选择和自己的专业领域相关的课程学习。目前MOOC各平台上开设的课程多数是由各高校主导，学习对象多数具有高中以上学历且有相关学习背景，而且MOOC学习者自身也有较强的学习求知欲和学习兴趣。国内公开课也有着极为相似的用户特征，根据艾瑞咨询对网络公开课用户的调研，中国的“淘课”一族主要集中在18～35岁，这部分人群大多是在校学生或企业白领，学习的欲望更强，同时年轻人群更易受西方文化的影响，因此成为“淘课”的主流。清华、北大、复旦和上海交通大学的 MOOC 课程也是面向在校生。结合国内学习者需求及特征，试点阶段的 MOOC 应面向有明确需求的高学历在校生或非学历培训领域，满足高层次学习者的学习需求。

MOOC 设计初衷就是呈现短小的课程，让学习者每周可以花费不多的时间来学习，通过评估报告对受访者的满意度调查可以看到，这与设计初衷基本一致。反观国内的精品课程，过于注重知识的体系化与完整性，导致课程的冗长、乏味与课本搬家现象比较严重，学习者对精品课程的满意度整体不高。MOOC 中视频时间大多控制在 10 分钟左右，学习者一周花费在 MOOC 上的时间一般控制在 2~5 小时之内，可以让学习者实现碎片化学习。这在一定程度上也契合了移动学习的需求，相信随着移动技术的发展以及学习者终身学习理念的普及，要实现随时随地学习，对 MOOC 课程碎片化需求会越来越大。

邹景平教授曾指出，MOOC 的特色在于深度且大量的互动。针对数量庞大且背景不一的学习者，MOOC 除了通过在线论坛、同伴互评等方式促进学习者线上交流之外，还嵌入其他社交工具，如博客等，方便学习者进行线上线下交流和讨论。这种交流形式让学习发生于实践社群、个人网络中，淡化了课程平台的专业性和学术性，构建了有效联结学习者学习与生活的课程学习环境，容易激发学习者的互动热情和兴趣，拓宽了学习互动的渠道和形式。三份评估报告也指出，学习者利用不同的社会媒体平台进行了线下交流，并且参与了线下交流的学习者其学习效果明显比较好，因此除了要在固定平台上促进学生学习和交互外，还要提倡学习者使用其他社交媒介。

MOOC 注重形成性评价且评价形式多样，以每周提交作业的形式促进和监督学生学习，对学生的评价综合了学生的日常作业、实验、期中考试和期末考试等表现。此外，MOOC 的特色之一是在学生人数众多且背景不一的情况下引入了同伴互评机制，不仅调动学生学习热情，还能减轻教师评价负担。相关研究表明，同伴互评结果和教师阅卷结果的相关度为 0.88，因此针对大规模数量学生的在线学习评价，建议引入同伴互评机制。

四、MOOC 在经贸类专业的应用

大学经贸教学和 MOOC 的紧密结合已经成为大学经贸教学模式改革的路径之一，MOOC 视阈下大学经贸教学模式的建构不仅仅只是将 MOOC 引入大学经贸教学课程上，而首先是教学理念的转变，其次是基于 MOOC 对传统的大学经贸的教学模式进行全方位的改革和重构，以进一步提高大学经贸课堂教学质量。

(一) MOOC 视阈下大学经贸教学模式的建构

基于 MOOC 的大学经贸“混合式教学模式”。所谓基于 MOOC 的大学经贸“混合式教学模式”是指基于 MOOC 课程的优势和组织课程的模式，将“慕课”和传统大学经贸课程教学相结合，以便充分吸取慕课和传统高校经贸教学各自的优势，取长补短。这一教学模式主要由教师面授、视频课程以及课堂讨论三个模块构成，充分吸收慕课课堂和传统教学的优势，尽力改革传统大学经贸教学的不足，在这种教学模式下，知识性的内容主要由教师面授和视频资料完成，然后加入课堂研讨，学生在教师的引导下进行积极的思维活动，进行探究式的学习，从而达到知识获取和学习方法等多方面的教学目标的实现。

在基于 MOOC 的大学经贸“混合式教学模式”下，教师应首先紧密研究教学内容和学生实际，制定突出教学重难点以及照顾学生学习兴趣的视频资料，尽量保持在 5~10 分钟，然后中间夹杂以适当的教学问题以及小型测试等，教师可以就本节课的学习内容进行简单的介绍和说明，然后围绕本节课主题提出相应的问题，以提高学生的学习热情。通过学生观看教学视频，调动学生积极去思考和解决这些问题，教师进行个别化的辅导和全班疑惑性问题的解答并组织好谈论秩序等，形成开放、平等的课堂氛围。或者也可以由教师在课堂中提出有关本节课课程内容的有关问题，然后提供给学生有关的慕课视频资料，由学生在课后观看视频资料，然后在课堂上分小组进行讨论。这样一方面可以加深学生对有关课程内容的理解和消化，另一方面也可以培养学生的表达能力和团队协作能力，尽管这一模式可能存在着耗时等缺点，但是学生的学习效果却能得到很好的保障，这一模式已经被复旦大学广泛使用于教学课堂中，取得了很好的教学效果。

传统的课堂教学，教师往往把教学过程看成是学生配合教师完成教案设计的过程，一定程度上忽视了学生才是重要的课程资源，因此，在上课的时候，经常看到的是学生埋头在记笔记，很难看到教学过程的动态生成。

实行“MOOC+任务驱动”的教学方法在讲授每一个知识要点以前，由学生登录网络平台，对教师提前录制的MOOC微视频进行学习。在微视频中教师先提出任务，并向学生提示思路，引导学生查阅文献资料，阅读参考书籍。在课堂教学中让学生充分讨论，自己去探索完成的方法。使原本枯燥的教学内容在学生脑海里留下深刻印象，又扩展了学生的视野。课后利用网络平台，教师和学生、学生和学生进行网络面对面的讨论。

在MOOC的教学方式中有一个案例教学，在案例教学中，一部分案例是在教材里，另一部分则是邀请经贸行业的专家对部分内容的实际操作进行专题讲座。这样的教学方式可以引起学生的好奇心，增加学生学习这门课程的兴趣。

而实验模拟教学法即利用贸易模拟软件让学生模拟实习或在课堂教学中开展模拟场景，让学生根据实例分别扮演不同的角色进行训练。把理论与实际联系起来，最大限度地避免教学与实际的脱节。

那么学校需要配合的就是加大力度建立模拟实验室。该实验室采用的是多媒体教学，仿照经济贸易业务的有关场景，让学生可以熟悉、体验贸易、物流等业务流程。该实验室主要是根据业务联系的各个环节，把学生进行分组轮流练习，每组为两到四名学生，通过处理相应的工作，让每个学生都能熟悉业务中每一个环节。并让每个学生在各个环节中轮换角色，通过分组，有利于学生进行亲自动手操作，目的是培养学生独立思考、提高动手能力和团结合作精神，尽快地适应贸易业务员等岗位的工作要求。

考试改革过程中，通过MOOC教学手段的引入，加入了过程性评价，使教师能更好地掌握学生的学习情况，并通过答疑和督导的方式对学生的学习过程进行监控。改革后的考评结构将由视频学习、作业、讨论、提问和课程考试等五部分组成，其中视频学习、讨论、作业和提问均归入过程性评价。学生每学完一章，都会看到一份从在线题库中选择相应的题目随机组合的作业，课后完成后将会获得一定的成绩。通过对作业的批改，教师可以有针对性地对问题进行归纳总结，帮助学生答疑。同时，过程性考评要求学生在课程学习过程中必须在网络平台上提出与课程内容相关的问题至少3个，参与论坛讨论至少5次。最后的课程考试将作为总结性评价，也通过在线完成。考试方式为教师通过平台将考试试卷进行发布，组织学生统一地进行在线考评，对学生整个学期的知识掌握进行测评。总之，在“经济贸易”专业的教学中，始终以培养高素质人才为宗旨，建立起以学生为中心的经济贸易实践教学活动模式，给学生更多的参与机会，把实践教学过程作为加强单证操作能力素质训练的过程，让学生在实践过程中积累正反两方面的经验，从而全面提高学生的分析问题和解决问题的能力，培养学生的竞争意识和合作意识，使学生在实践活动中增强实际操作能力并形成良好的心理品质。

与MOOC相结合的翻转课堂也是一种非常不错的改革教学方式，基于MOOC的大学经贸英语“翻转课堂教学模式”，能让学生获得对教学内容深层次的理解，教师不再利用课堂时间来向学生讲解有关教学内容，这些教学内容需要学生在课后通过观看网络课堂、阅读等等多种途径去获得，可以说，正是慕课等大规模网络在线课堂催生了这一新的教学模式，因此在大学经贸英语的课堂教学中引入这一教学模式进行消化吸收，从而更好地促进教学质量的提高。

(二) 大学经贸英语翻转课堂的具体内容

由于翻转课堂主要由学生课前学习阶段和课堂教学阶段等步骤组成，因此基于MOOC的大学经贸英语翻转课堂教学模式主要有以下步骤：

1. 学生课前学习阶段

学生课前学习阶段是翻转课堂的重要组成部分，学生在这一阶段学习的效果和质量直接决定了后续学习能否有效持续开展，所以在这一阶段，教师要充分根据大学经贸英语的课程单元来选择和制定课程视频资料，向学生提供涵盖课程内容的视频资料等，方便学生进行课程内容的自主学习。

2. 课堂组织教学阶段

学生通过课前学习阶段，已经对本节课的学习内容有了大概的了解，并且清楚自身学习过程中的难点等，因此这一时期教师要为学生创造贴近实际的语言联系场景和情境，由学生进行经贸方面的英语实践练习，通过实际的语言场景的练习来解决各种疑难问题，实现英语实际场景中的表达能力。

3. 课堂分组和讨论阶段

这一阶段由学生组成不同的学习小组，就教师提出的某一问题进行深入的讨论，每个小组都要提出自己的观点，然后由教师来进行点评和讲解。在这一过程中，教师要组织好教学秩序，注重讨论的实效性，讨论结束后由教师进行课堂总结，针对课堂过程中暴露出来的突出性问题予以指导，并在课堂教学内容的基础上适当进行拓展，增加课程内容的视野性和连续性。

总之，MOOC 的出现和迅速发展对现有的高校中的经贸教学乃至其他各科教学的教学模式、教学方法以及更为隐性的教学理念等都产生了较大的冲击，广大高校教师及教学研究人员应紧密关注这一新的网络课程模式，充分运用其优势来进一步改进现有高校教育模式，事实上，基于 MOOC 的大学经贸教学模式远不止以上两种，未来随着人们对慕课这一新的在线网络课程的认识的不断深入，还会有新的教学模式走进高校经贸教学课堂中，不断提高高校经贸教学的教学质量。

第三节　后 MOOC 时代的教学创新——SPOC

SPOC 也就是 Small Private Online Course（小规模限制性在线课程）。这个概念是由加州大学伯克利分校的阿曼德福克斯教授最早提出和使用的。Small 和 Private 是相对于 MOOC 中的 Massive 和 Open 而言，Small 是指学生规模一般在几十人到几百人，Private 是指对学生设置限制性准入条件，达到要求的申请者才能被纳入 SPOC 课程。

一、SPOC 与 MOOC 相比有何不同

当前的 SPOC 教学案例，主要是针对围墙内的大学生和在校学生两类学习者进行设置，前者是一种结合了课堂教学与在线教学的混合学习模式，是在大学校园课堂，采用 MOOC 的讲座视频（或同时采用其在线评价等功能）实施翻转课堂教学。其基本流程是，教师把这些视频材料当作家庭作业布置给学生，然后在实体课堂教学中回答学生的问题，了解学生已经吸收了哪些知识，哪些还没有被吸收，在课上与学生一起处理作业或其他任务。总体上，教师可以根据自己的偏好和学生的需求，自由设置和调控课程的进度、

节奏和评分系统，后者是根据设定的申请条件，从全球的申请者中选取一定规模（通常是500人）的学习者纳入SPOC课程，入选者必须保证学习时间和学习强度，参与在线讨论，完成规定的作业和考试等，通过者将获得课程完成证书。而未申请成功的学习者可以以旁听生的身份注册学习在线课程，例如观看课程讲座视频，自定节奏学习指定的课程材料，做作业，参加在线讨论等，但是他们不能接受教学团队的指导与互动，且在课程结束时不会被授予任何证书。

SPOC采用混合式教学，实现MOOC和传统校园课堂教学的结合，有效地弥补了MOOC的短板。我们可以通过梳理MOOC到SPOC的演变过程，借鉴SPOC的特点和优势，探讨MOOC与SPOC之间的区别。MOOC与SPOC之间的区别主要涵盖办学宗旨、办学体系架构、教师和学生的角色、学习活动、学习资源、学习评价、学习支持服务七个方面。

（一）MOOC的优势与劣势分析

1. 学分认证问题

MOOC的认证不仅是教育部门，也是MOOC平台、教师和学生共同关注的一个问题。支持者认为，从长远角度来看，能够授予证书、文凭甚至学位是MOOC实现真正教育革命的前提；从短期效益来看，MOOC学分和证书能获得传统高校的认可，必将极大地推动MOOC的发展。目前，国内已有MOOC课程获得了部分高校的认可，和传统高校的学分起到一样的作用。

但与此同时，也有人表达了对MOOC学分认证的不满和担忧。他们认为MOOC如果有了证书保证，很可能会加剧现在高校之间在资金、知名度、办学规模等方面的差距。越知名的高校越容易和各个知名的MOOC平台开展MOOC课程的合作，强强联合必将得到更多的资金资助和更高的知名度；而知名度较低的高校在MOOC竞争中将处于劣势，越来越艰难。同样地，如果要在两位教授开设的同样的MOOC课程中做选择，人们普遍倾向于威信更高、影响力更大的那位教授，结果可能是强者更强，弱者更弱，这种马太效应将会使得强者在相关领域获得更多话语权。

2. 课程流失率问题

MOOC被诟病最多的就是流失率高的问题。MOOC课程的注册学习者虽然很多，但能坚持到底并获得证书的比率却很低。其实，中途弃课率高一直以来就是在线教育的痛处，让大量学生连续几周独自坐在电脑前、专注地学完一门课程确实是一件艰巨的任务。

MOOC 适合碎片化学习，既是优点也是缺点。尽管有研究表明 6 分钟左右的短视频更易于让学生保持注意力专注，但其实这并不是问题的关键，关键还在于 MOOC 学习的人大多是学生和上班族，只能在上课和工作以外的业余时间来学习 MOOC，这就意味着它仍然是一个“副业”。

此外，拖延症也是 MOOC 通过率不高的原因之一。实体课堂中老师的督促和同学的帮助能在一定程度上抑制拖延症。而学生一个人利用业余时间在网上学习的约束力不强，在开始的兴奋过后，遇到困难或工作和学生繁忙时，就会拖延。2014 年中国 MOOC 学习者调查报告显示，在没有学习 MOOC 的学生中有 29% 是时间不够，26.1% 是自制力差和有拖延症。

当然，网速带宽和平台使用的便捷性这些因素也很重要，如果把 MOOC 课程比喻为“车”，那么 MOOC 平台就是“路”，车好还需要路宽，才能增加用户体验，吸引学生持续参与。

此外，加入课程只看视频的学生也是大有人在。尤其是那些只为回炉深造而不在意证书的社会学生，他们虽然不交作业、不考试，但能坚持看视频并从视频中学有所获，这也是 MOOC 价值的体现，把这部分人算在流失的学生人数中显然不尽合理。

最后，再来看流失率是如何计算的。通常是通过考试获得证书的人数除以总的注册人数，由于 MOOC 注册是免费的，又很简单，所以可能大多数学生注册课程时对课程并没有太多了解，要么是路过、抱着“进去看看”的想法，要么是冲着课程的名字或者主讲教师的名气加入课程的，在这样巨大的分母之下，较高的流失率是很正常的，即庞大的学生注册人数不可避免地出现过低的通过率。笔者认为，如果未来能够实现学分互认互换并实行付费身份认证，那么很可能会提高 MOOC 通过率，但付费身份认证显然违背了 MOOC 让更多人享受免费优质教育资源的初衷。所以，评价一门 MOOC 课程不能只盯着注册人数和通过率这些数字，而应该关注和分析这些数字背后学生的学习活动，通过对这些“学生大数据”的数据挖掘，掌握学生的学习状况，及时进行反馈指导和学习资源的“推荐”，持续改进课程的教学内容和教学设计，从而提升学生的学习效果，形成吸引学生持续参与的良性循环。

MOOC作为一种新生事物，在弥补传统课堂教学不足的同时也存在一些“软肋”，即也有它做不到的事情。

首先，全凭兴趣驱动的MOOC学习不能保证学生全面系统地获取知识，学到的碎片化知识可能不成体系。有心理学研究表明，人的注意力是有选择性的，人们倾向于只接收自己想接收的信息，表现在MOOC学生中，就是学生倾向于只学自己感兴趣的东西以及自己认同的东西。自由永远都是相对的，兴趣在某些时候是最好的老师，而某些时候显然不是，学生不可以太任性，而且也并不是所有的课程和知识点都适合MOOC。

其次，MOOC平台不能保证评估考核结果的真实可信。防抄袭一直是MOOC的难解之题。尽管有诚信和反作弊条款等约束，但MOOC平台无法确认学生的作业是否是学生本人提交的，即使是学生本人提交的，也无法确认他是否抄袭。

最后，MOOC只能“教书”，不能“育人”。育人需要教师的言传身教，需要学生的耳濡目染，毕竟教师的任务不只是教学生学知识，还要教学生学做人。虽然MOOC也支持教师与学生的隔空互动，但却无法达到师生面对面交流的效果，这也是MOOC无法取代实体课堂的主要原因。

（二）MOOC与SPOC的八大区别

1. 选课人数和收费模式

MOOC为大规模、面向全球学习者，多为免费模式；SPOC为小规模、面向在校注册学生，并为收费模式。

2. 教育效率和可持续性

MOOC教育效率很高，解决了优质学习资源在全球范围内的普及问题，但课程制作成本高，盈利模式目前仍不明确，可持续性略低；SPOC收费形式导致只能惠及少数人，教育的社会责任感和教育效率当然不如MOOC，但其可持续性高。

3. 教学互动性

MOOC是教学的全过程都在线上。SPOC是线上和线下相结合，通常由校内教师在开设SPOC时，挑选一门MOOC的视频、资料、在线作业、测验等教学资源，让学生先自行在线学习，然后在课堂上进行面对面的讨论、答疑、实验等，最后是线下期末考试环节，至此，整个课程完成。

MOOC 当然比纯单向的视频授课要更为重视教学过程中的互动，通常采用跟随课件的讨论、虚拟实验台等手段，MOOC 中的学习者不完全是被动接受，也能动手参与并得到反馈。但是，在 MOOC 中，学生基本还是以独立自主学习为主，即便有讨论区，也只是部分活跃的学生能够获得较多的交互，而且提问后获得解答的效率总不如线上直接询问教师的。尤其，当学生数量大大攀升，师生比大大突破，学习者跨时区和地域的特点，给 MOOC 讨论区如何满足学生需求带来了更加严峻的挑战。因此，在 MOOC 中，就学生总体而言，还是缺乏足够的教学交互。而 SPOC 由于有线上的讨论和答疑，并且学生在课前都已预习过 MOOC 视频资源，因此，在 SPOC 中，有更多的课堂时间可用于师生互动。

4. 教学适应性（因材施教）

MOOC 在向大规模的人群提供无差异的教育教学服务过程中，如何能实现“因材施教”，这是 MOOC 在近几年发展中面临的一个重大挑战。MOOC 由于学生人数多，且来自广泛的地区，学生差异分布明显比 SPOC 高得多，因此要达成良好的授课效果其难度大得多。而 SPOC 面向的是校内学生，通过入学考试、分班等方式对学生进行了筛选和细分，学生同质性较强；再加上学生人数较少，教师可完全洞悉学生的各方面信息，如前续课程成绩、以往表现、个性、优缺点、学习方式等，可以实现老师完全介入到学生的学习过程中，包括与学生之间的充分交流答疑和讨论，甚至根据学生不同的学习基础，在课堂上的某些关键知识点主动要求部分学生做一些特殊的思考，做些面对面的“补课”。

5. 对学生的约束力

MOOC 对学生的约束力较低，上课完成率总体来讲只有 5%，这在一定程度上与教室环境中的因素已被彻底改变有关。在 MOOC 中，学生失去了在教室中的那种环境制约力。

6. 开课不适合的领域

MOOC 不适合实验实践类课程，在这点上有其天然的不足。

7. 考试客观性

在线考试的技术本身是非常简单的，TOFEL、驾考等都进行了很多年，但那些都是封闭式的“机考”。而MOOC采用的是开放式的“互联网考试”，在身份验证上就存在困难，尽管Coursera曾做过一些尝试，例如，通过打字习惯和摄像头相结合来判断是否有“替考”发生，但总归操作性不强，这也是直接导致MOOC课程证书含金量不足的一个原因。而SPOC由于面对的是校园内注册学生，因此可以线下考试。

8. 教学模式的自由度

SPOC教学模式和内容可以是MOOC的超集。也就是说，教师既开设了MOOC，又对校园内一小部分学生施行了SPOC形式，要求后者在选修MOOC的同时，通过其他渠道如线上的在线讨论实现SPOC，即“SPOC=MOOC classroom”。这种混合式教学，通常包含翻转课堂方式，适用面很广泛。

（三）探索基于MOOC+SPOC的线上线下相结合的混合式教学

基于MOOC+SPOC的线上线下相结合的混合式教学广泛应用于国内外的教学领域之中，而在中国，还有一些问题急需解决。

MOOC大规模、开放性的特点使得参与课程的人数少则几百，多则过万。但每个MOOC课程教学团队（构成人员包括教师与助教）的实际人数却相当有限（少则几人，多则几十人）。因此，当大量学生需要帮助的时候，教师往往顾此失彼，很难兼顾到所有学生。学生在独自面对课程困难，有疑问却没能及时被解答时，内心难免会产生孤独、无助和焦虑的情感。在整个课程学习过程中，MOOC学生因情绪波动或遇到困难而产生的问题可能比接受传统课堂教学的学生所遭遇的问题多得多，况且在MOOC平台上还有些问题无法被老师及时发现并解决。这种情况下，学习态度的恶化、问题不能被及时处理，最终导致学生对于课程的倦怠，甚至一部分意志薄弱的学生的辍学。参与MOOC课程的学生，没有教师监督其学习进度（虽然MOOC助教每周会以邮件的方式提醒学生及时完成学习任务，但是学生对于机械式、批量化的邮件往往以麻木的态度对待，久而久之学生往往直接不理会），也不一定要和教师统一学习进度，因此仅依靠学生的自制力和意志力，而缺少在教室里面对教师所施加的隐性学业压力，这样的学习往往缺乏动力。没有教师的监督，学生将学习当成一种负担并一再拖沓，这种学习过程是非常艰难的，也是低效的；可能还会对后续的学习造成一定的心理障碍。因此，教师通过课堂授课的方式定期对学生的学习加以监督并及时给予帮助，这样的教学 / 学习方式 (SPOC) 才是适合并易于被目前长期处于应试教育下的学生所接受的教育方式。

在中国发展 MOOC 要解决的首要问题就是 MOOC 为谁服务的问题。有学者提出，未来中国 MOOC 的发展，应该“面向中国、服务教育、辐射社会、走向世界”。显然，服务教育是关键，如何让 MOOC 在服务学校教育方面发挥其应有的作用，成为一个值得研究和探索的问题。

SPOC 与 MOOC 的主要区别是，MOOC 是面向线上所有的选课学生，而 SPOC 是面向某校某班的学生。SPOC 有同步和异步两种方式，同步 SPOC 是完全跟随一门正在开课的 MOOC 源课程学期，教师仅可补充内容，不能修改源课程原有内容；异步 SPOC 是拷贝一门已结课的源课程学期内容，教师可删减原有 MOOC 的内容，也可增补内容。SPOC 课程分为上、下两部分，上半部分是共享 MOOC 课程的内容，在下半部分，教师可上传与所跟随的 MOOC 不同的教学内容。

基于当前 MOOC 环境背景及 SPOC 特点，我校对经济与贸易专业教育课堂教学的教学模式思考如下：

组建并优化创业教育课堂教学的高质量教学团队，根据教学大纲中的任务要求总结归纳相关知识要点，进一步按章节将每一个或每几个知识点录制成微视频，以供翻转课堂使用。

严格限制学生选课人数及准入条件，由于课堂翻转之后课上时间主要是供师生讨论及模拟、实践，因此，选课规模一定要小，同时考虑到学生的创业意愿、动机及专业基础，在准入条件方面应重点考虑大二、大三的学生，而非大一新生（缺乏相关专业基础）和大四毕业生（创业动机相对减弱）。

组织实施翻转课堂教学。主讲教师将录制好的微视频提前布置给学生进行充分预习后，在实体课堂上为学生答疑解问，了解学生自学过程中掌握重难点情况并及时给予指导，真正实现以学生为主、教师为辅的角色转变。

走出课堂，理论指导实践。由于翻转课堂增加了课下微视频自学环节，可以自由设置和控制课程进度，因此，节省下的时间可以用来进行实践或模拟实践练习，教师或学院可以组织学生走出课堂、走进企业，了解企业实际运作情况，对于部分创业动机强、可行的创业项目，教师可以单独指导参与创业模拟，真正做到在学中用、学以致用。

基于 MOOC+SPOC 的混合式教学给学生带来的好处是，上课没听懂的，在课后还可以通过观看 MOOC 教学视频来补救；在课前观看 MOOC 视频预习后带着问题去听自己的任课老师课堂讲授，或者带着问题在课后去回放 MOOC 视频，这样使学习更有效率和有针对性；MOOC 上定期发布的、多样化的在线训练与自动测试作业，不仅给学生提供了更多练兵的机会，还培养了学生学习的自觉性；作业允许多次提交取最高分，学生提交作业后发现做得不对还可再提交，直到评分满意为止，使学生在一次次的作业提交中强化所学的知识，达到多练、“在学中做，并在做中学”的目的。

基于 MOOC+SPOC 的混合式教学给教师带来的好处又是什么呢？首先是 SPOC 教师不必像 MOOC 教师那样花费大量的时间、精力和成本去录制授课短视频、设计大量的练习题，即 SPOC 教师可以不费吹灰之力地获得 MOOC 课程里的大量教学资源，对其进行重复利用，进而实现教学模式从原来的“讲多练少”过渡到“精讲多练”，从原来的面面俱到过渡到只侧重于重、难点问题。其次是 SPOC 教师可以获得一个在线答疑的团队，即使 SPOC 教师没有时间，还会有 MOOC 教师或其他 SPOC 教师以及助教来答疑，实现大家帮助大家。此外，SPOC 便于教师管理自己所在班级的学生，查看他们的 MOOC 学习成绩，并且因 MOOC 上的作业都是定期发布、定期截止、自动评分、自动统计的，因此节省了教师课堂布置作业以及课后批改作业的时间。

当然，很多教师还会关心这样一个问题：采用 MOOC+SPOC 的混合式教学方式以后，教师在线下的实体课堂上该怎么讲？对于基础较好、学习自觉性较强的小班学生，因学生通常能够按照教师的要求在课前看视频预习，所以在课堂上，教师只需花少量时间回顾基本知识，更多的时间可以用来与学生讨论延伸，既然要讨论延伸就意味着教师的备课方式与以往不同了。正如北京大学开设“人群与网络” MOOC 的李晓明教授所说：“以前备课是想三个小时讲什么，现在是想三个小时问什么。”但是对于基础一般、学习自觉性较差的学生以及 100 人以上的大班学生而言，这种方式的实施显然有些困难，这时课堂教学可以还按照以前的计划进行，但是可以将 MOOC 作为传统课堂教学的一个补充，充分发挥 MOOC 在回放视频复习、在线讨论、在线作业自动评测方面的优势，来弥补传统课堂教学的不足。

虽仍存在争议和问题，但 MOOC 在高质量大学课程方面展现的巨大吸引力使得越来越多的知名院校和传统教育者加入其中，包括建设 MOOC 平台，开设 MOOC 课程，探索“MOOC ＋ SPOC ＋翻转课堂”的混合式教学模式等，它正慢慢地向人们展示着自己的迷人光彩。

二、SPOC 在经济与贸易专业的具体应用

在对翻转课堂和 SPOC 进行深入了解之后，结合经济与贸易专业“宏观经济学”这门课程的特点，提出了开展基于 SPOC 的“宏观经济学”翻转课堂教学改革的基本思路。

基于 SPOC 的“宏观经济学”翻转课堂教学研究是属于探索性的教学研究，探索基于 SPOC 的“宏观经济学”翻转课堂教学改革方案，不宜直接对整门课程进行教学改革，而应该先选取合适的课程章节来进行教学改革试点。选定了进行教学改革试点的课程章节之后，一项很重要的工作是要针对所选定的章节合理地划分线上教学内容和线下教学内容，使二者紧密而自然地衔接起来，以使师生在教学过程中可以自然地从线上教学过渡到线下教学。

基于 SPOC 的翻转课堂采用的是线上线下相结合的混合式教学模式，学生预先对教学核心内容进行自主学习，教师在课堂上将更多的时间与精力用于释疑解惑、深度研讨、组织团队学习等教学活动，这就决定了其教学大纲与传统的教学大纲有较大的差异，在教学目的、教学要求、教学内容、教学时数分配等方面都需要进行调整。

基于 SPOC 的翻转课堂采用的是线上线下相结合的混合式教学模式，在具体的知识单元的教学方案上要重新进行设计，线上教学内容的安排、线上教学过程的组织、线上教学质量的控制、线下教学内容的安排、线下教学过程的组织、线下教学质量的控制、线上线下教学过程的衔接等方面在教学方案中都应该具体体现。要采取有效的措施控制学生线上自主学习的质量，提高学生参与线下教学的积极性和主动性，提高线下教学的深度，提升翻转课堂的教学效果。

基于 SPOC 的翻转课堂采用的是线上线下相结合的混合式教学模式，这

就决定了对学生的考核方式与传统的考核方式应该有所不同，应该设计灵活多元的考核评价体系，充分体现学生在翻转课堂模式下的线上自主学习表现，线下课堂教学参与程度和综合学习效果，使学生在线上和线下教学中的表现得到全面的评价。

根据新的教学大纲和教学方案，建立教学内容知识单元体系，依据SPOC教学的特点将知识碎片化并重新设计编排，以基本知识点为单元拍摄，制作课程教学视频，并从现有的国内外网络课程资源中收集、整合相关视频资源作为补充。根据课程特点和教学需求，制作丰富的数字化资源，如教学文档、富媒体教学课件、习题库、作业库等。

利用现有的网络空间和视频网站平台来搭建简易实用的SPOC课程平台，将课程资源上传，并建立有效的课程准入机制，以保障SPOC课程的小规模和限制性的特点。

基于SPOC课程平台，开展“宏观经济学”线上教学与线下教学相结合的翻转课堂教学，对教学效果进行评估，并调整、完善教学改革方案。

开展基于SPOC的“宏观经济学”翻转课堂教学改革是一项重要而有意义的工作，需要基于“宏观经济学”这门课程的特点，结合翻转课堂和SPOC的特点，研究如何调整教学大纲，设计教学方案，调整课程考核方式，开发SPOC课程资源，搭建SPOC课程平台，开展教学实践。

第五章

应用型人才的培养

随着我国高等教育由精英化向大众化阶段的稳步发展，人才培养的多元化格局日益明显，将应用型本科人才作为学校主要的人才培养目标成为越来越多普通本科院校的共性选择。但在理论层面上对应用型本科人才的概念和性质、特点等的研究与认识仍不深入，甚至存在多种提法并存的混乱现象，急需从概念辨析和高等教育历史比较的双重视角对“应用型本科人才”本身进行深化研究。

所以，这里所说的应用型人才特指应用型本科人才。

第一节　地方本科高校的转型发展

2014年2月26日，国家部署加快发展现代职业教育，提出要引导一批普通本科高校向应用技术型高校转型。教育部《关于地方本科高校转型发展的指导意见》也提出：“引导和推动部分地方本科高校向应用技术类型高校转型发展。”

后来，由应用技术大学（学院）联盟等主办的首届“产教融合发展战略国际论坛”在河南驻马店召开，论坛就引导、推动一批地方本科高校向应用技术型高校转型发展，“建设中国特色应用技术大学”展开讨论。之后国家正式颁布了《国务院关于加快发展现代职业教育的决定》，提出要“引导普通本科高等学校转型发展”。后来，《人民日报》刊发了《教育部：地方本科高校转型发展势在必行》的文章，进一步提出地方本科高校转型发展的必要性和迫切性。教育部、国家发展改革委、财政部、人力资源和社会保障部、农业部、国务院扶贫办六部委联合出台了《现代职业教育体系建设规划（2014—2020年）》，该规划是《国务院关于加快发展现代职业教育的决定》的细化和执行路线图，规划进一步提出：“引导一批本科高等学校转型发展。支持定位于服务行业和地方经济社会发展的本科高等学校实行综合改革，向应用技术类型高校转型发展”。

“转型”是指：第一，社会经济结构、文化形态、价值观念等发生转变；

第二，转换产品的型号或构造。“发展”是指：新事物产生，旧事物灭亡，新事物取代旧事物的过程。本研究认定，转型发展是指明确办学定位、凝练办学特色、转变办学方式，把办学思路真正转到服务地方经济社会发展上来，转到产教融合校企合作上来，转到培养应用型技术技能型人才上来，转到增强学生就业创业能力上来。

一、地方本科高校转型发展的背景

地方本科高校在近年来的发展过程中取得了令人瞩目的成就，例如让更多的适龄学子进入本科高校学习深造，提升了我国适龄青年的受教育程度，促进我国高等教育大众化继续深入发展等。但学校在取得这些成就的同时也面临着经济产业调整和学校发展同质化等问题，具体表现在：国内制造业缺少应用型人才供给、学校办学定位与发展理念不清、学科专业设置与市场需求匹配度较低等。在社会经济产业调整转型和学校发展面临当前困难的背景下，地方本科高校转型发展势在必行。

2008年，美国经济危机引发了全球性的金融海啸，以金融、房地产经济发展为主的发达国家受到严重冲击，产业结构调整和经济转型升级成为这些国家重振国家经济和民众信心的重要举措。

当前地方本科高校从“升本”的过程上看大致可以分为两类：一类是由原先师范专科学校为主合并升格的学校；一类是民办大学和独立学院。这两类学校都缺乏办学历史积淀，没有完善深厚的学科专业背景和优势，本应积极适应社会经济发展需要，将应用型或应用技术型作为其办学定位和发展方向，但一部分地方本科高校盲目追求大而全的学科专业，盲目扩大学校办学规模和在校生人数，盲目追求硕士点乃至博士点的立项建设；一部分地方本科高校虽明确应用型的办学定位，但却按照高职学校的办学思路发展，严重忽视了应用型本科高校的办学特色，造成办学定位与发展理念不配套甚至是模糊不清。

地方本科高校培养应用型人才服务地方经济社会发展符合社会和学校自身发展要求，但部分地方本科高校专业设置的“学科化”倾向依旧比较明显。专业设置“学科化”的最大问题是很少考虑市场需求，仅局限于着眼学科发展。此问题不仅制约着地方本科高校培养应用型人才的质量，而且还影响地方本科高校的生存和进一步发展。当前我国部分地方本科高校人才培养过程中一个明显的趋势是学科专业设置轻重不分、趋热避冷。规划专业没有重点，很少考虑专业培养的人才是否是社会急需的、是否是新的经济结构需要的新型人才。市场需求是一个动态变化的过程，在此过程中，地方高校的专业设置必然要了解其变化趋势，以便调整和完善专业设置。

2014年习近平总书记指出，我国发展仍处于重要战略机遇期，我们要增强信心，从当前中国经济发展的阶段性特征出发，适应新常态，保持战略上的平常心态。我国经济发展上的新常态具体表现在：第一，结构方面：经济结构不断优化升级；第二，动力方面：从要素驱动、投资驱动转向创新驱动。我认为，经济结构的优化升级和创新驱动的战略选择都需要高素质技术技能型人才作为支撑，而部分地方本科高校传统的人才培养思路是按照研究型大学培养理论型人才进行的，这违背了人才培养应用型的基本特征。地方本科高校转型发展的方向之一是培养应用型高素质技术技能型人才，而应用型高素质技术技能型人才又是我国经济社会发展的动力源泉，因此地方本科高校转型发展是适应国家经济社会发展的现实需要。

《国际教育标准分类法》有关高等教育类型的划分提出：按学科划分专业、为研究做准备的高校为学术型大学，而按行业分设专业、培养高科技专门人才的高校为应用型本科高校。目前在我国的应用型本科高校中，除少数“211工程”大学外，大多数为地方本科高校，在地方本科高校中又以新建地方本科高校为主。在我国高等教育体系中，研究型大学和高职院校定位较为清晰，反而是地方本科高校发展至今，其定位仍不十分明确，有较长办学历史的地方高校沿着研究型或教学研究型的发展方向办学，而部分地方本科高校一部分按照高职院校的办学模式、一部分沿着传统“升格”的路子办学。地方本科高校始终没有找到属于自身类型发展的办学方向，而此次转型发展明确了培养应用技术型人才的目标，转型发展的方向是建立应用技术型大学，引导地方本科高校明确办学定位、实现转型发展，坚定培养应用型人才，是高等教育自身分类发展规律的必然要求。

根据教育部统计，截至2016年5月30日，全国高等学校共计2879所，其中普通高等学校2595所（含独立学院266所），2015年普通本科毕业人数已达到358多万人。进入21世纪以来，高校毕业生人数屡创新高，“就业难”

一度成为热门话题，就业难的核心问题是学校培养的学生能力与用人单位所需要求之间存在错位，而比较难就业的人群一般为地方本科高校的毕业生，原因在于地方院校既没有像研究型大学那样拥有优质的教师团队、先进的硬件设施等条件，也没有像高职院校那样有明确的技术技能型人才培养目标等具体方向。培养人才是高校的三大职能之一，学生毕业即失业的现实会在一定程度上导致学校招生困难、学校口碑下降等一系列问题，而这些问题的出现和累积可能会导致学校的生存危机，因此转型发展是关系地方院校生死存亡的根本出路。

二、地方本科高校转型发展的五个基本问题

地方本科高校转型发展的五个基本问题是：为什么要转型发展？朝什么方向转型发展？怎样实现转型发展？能不能实现转型发展？不转型发展会怎样？

（一）为什么要转型发展

关于地方本科高校为什么要转型发展，原因很多，其中最主要也是最急迫的原因就是人才需求和供给的结构性矛盾。一方面，经济发展方式转变、产业结构转型升级，对人才提出了更高的要求，需要人才既具有扎实的理论知识，更需要实际应用能力，即高素质的技术技能型人才；另一方面，每年的毕业生不断增加，但这些人才的素质结构又不符合企业对高素质技术技能型人才的要求，结果就是一方面大量毕业生找不到合适的工作，一方面是许多企业找不到适合的人才，形成高校人才培养的供给和社会需求之间的结构性矛盾。这种人才供需的结构性矛盾就要求地方本科高校要转型发展，以服务区域经济社会发展为导向，培养企业用得上的高素质技术技能型人才，因而地方本科高校转型发展势在必行。

（二）朝什么方向转型发展

关于地方本科高校朝什么方向转型发展，国家的导向很明确，那就是“引导一批普通本科高校向应用技术型高校转型”，应用技术大学（学院）联盟及驻马店“产教融合发展战略国际论坛”等即是向此方向转型的实践者和倡导者。目前的职业教育体系是“断桥”，桥的一边是中职到高职的职业教育，一边是以培养应用型科研人才的专业硕士学位教育，中间缺失了本科层次的职业教育，引导一批普通本科高校向应用技术型高校转型，可以弥补这中间断裂的环节，从而贯通中职、高职和专业硕士甚至专业博士学位教育，建成通畅的现代职业教育体系大桥。最后职业教育体系和学术性教育体系并行，形成类似德国的双元制现代高等教育体系。因此，地方本科高校向应用技术型高校这一目标转型，实质上就是向本科层次的职业教育这一高校类型转型。与之相应，地方本科高校的人才培养目标也就得重新定位，要向高素质技术技能型人才培养目标转型。

(三) 怎样实现转型发展

目标确立之后，下一步就是路径的选择，即怎样实现转型发展。走什么样的路实现地方高校向应用技术型高校转型发展，目前的路径也很清晰，即走“产教融合、校企合作”之路。“产”是生产、是产业，“企”是企业、是行业，产教融合，就是地方本科高校人才培养要以服务社会生产、服务区域产业升级转型为导向，社会生产内容和产业发展技术融入教育教学体系，教育和产业深度融合；校企合作，是地方本科高校人才培养的具体模式，学校和企业合作，共同开展产学研教育，工学结合，在做中学，在学中做，共同培养技术技能型人才。产和教、校和企是两个主体，谁主谁次，谁先谁后？“产教融合、校企合作”不仅指明了地方本科高校转型发展的路径，而且明确了产和教、校和企两个主体之间的关系：产在先，教在后，两者互为主体。“产教融合、校企合作”解开了两个模糊的结：一是学校为主的结，二是起点是学校的结。从观念上这确实是一个很大的变化，也在一定程度上进一步明确了行进的路线。

(四) 能不能实现转型发展

高等教育改革是一项系统工程，地方本科高校向应用技术型大学转型发展，关涉到多个主体，需要政府、教育行政部门、高校、行业企业、学生及其家长乃至全社会的共同努力，同心同德，单靠高校这一主体是断难成就的，德国应用科技大学几十年的发展历程充分证明了这一点。正因为此，目前对地方本科高校是否具备适宜的环境和必要的条件以保证其向应用技术型大学转型发展，客观地说是有一些疑虑的。在推进地方本科高校转型发展的多个主体中，政府是最主要的，能否使内外条件具足，创新体制机制，促成转型发展，关键在政府。国家和教育行政部门的态度也很明确，就是要通过政策引导、资源配置等手段，引导、推动一批地方本科高校向应用技术型高校转型发展，这让人相信，现在或不久的将来，国家是能够具足条件，成就地方本科高校转型发展。

(五) 不转型发展会怎样

在地方本科高校转型发展势在必行的大背景下，摆在地方本科高校面前的只有两种选择：转或不转。按照目前的政策导向和改革思路，不转将会面临“出局”的危险，因而，相信绝大部分高校都会选择“转型”，也就是朝应用技术型大学转型发展，朝职业教育转型发展，朝培养高素质技术技能型人才方向转型发展。

以上对地方本科高校转型发展涉及的五个基本问题进行了分析，可以得出这样的基本结论：地方本科高校转型发展势在必行，转型发展的图景基本绘就。但是，问题也有另一面，地方本科高校要真正实现转型发展，实现像大家所说的“华丽转身”，其实也还有一些问题是需要直面和认真思考的。

三、地方高校转型发展的五个顾虑

与上述地方高校转型发展的五个基本问题对应，地方本科高校在转型发展中有五方面的顾虑：适应社会，担忧丧失大学的独立性；职业教育，担忧丧失大学的学术性；产教融合，担忧丧失大学的自主性；强化技术，担忧丧失大学的人文性；方向一致，担忧丧失大学的多样性。

(一) 担忧丧失大学的独立性

高等教育是整个社会大系统的一个子系统，人才供需的结构性矛盾驱动或者说倒逼地方本科高校向应用技术型高校转型发展，这是源于现实的需要和推动，为了应对和化解这一矛盾，地方本科高校就要进行自身的结构调整和优化，这本是高等教育子系统和社会大系统之间正常的交流和互动。但问题是高等教育这个子系统有其特殊性，这个特殊性就是高等教育之现代大学精神。现代大学精神崇尚独立和自由，希望独立于政治，独立于社会生活，自由思考，自由探索实践。现代大学精神，是人类的崇高社会理想，不仅仅追求实然，更追求应然，植根于社会现实，但又超越社会现实。多年以来，高校被就业、拨款等所束缚，高度渐失，独立渐失，为了适应经济社会的发展，地方本科高校就需要亲近甚至屈从于经济社会现实，如此一来，大学的高度和独立性还能保持吗？高等教育之灵魂——现代大学精神会不会丧失？如果没有了独立之精神，象牙塔垮落了，大学还依然是大学吗？

（二）担忧丧失大学的学术性

地方本科高校向职业教育转型，向培养技术技能型人才转型，大学的学术研究必然逐渐冷落，或者至少窄化为应用研究。科学研究是大学的功能之一，学术是大学的立身之本，科研和学术，是任何一所大学都不敢轻言放弃的。地方本科高校对科研和学术，虽说是爱你不容易，但也是非常重视的，希望以之坚守本科高校的品位，希望以之提升教师的水平，希望以之提高教学的层次，也从内心希望以之促进学科和专业的建设。一所本科院校，如果没有了学术研究，或者只有了应用技术研究，那还是本科高校吗？高校随着技术变革而不断变革，发展壮大的根基又何在？因而，地方高校的转型发展，担忧丧失大学的学术性也就在情理之中了。

（三）担忧丧失大学的自主性

以前谈应用型办学，就是走校企合作的道路，学校在前，企业在后，学校的主体性很明显。现在要转型发展，走“产教融合、校企合作”的道路，产在前，教在后，一定意义上也就是企业在前，学校在后。顺序一变，观念上确实是一个更新，也就像用友软件公司副总裁郭延生说的：“这表明政府和高校更加重视企业、产业的角色和需求了。”但是，“产教融合”观念这一更新，学校就要适应行业企业的需求，紧紧跟随经济社会发展，产业不断转型升级，学校就要不断调整自己的学科专业和人才培养目标，跟着产业转，这样一来，地方本科高校与曾经的行业院校或企业技校的区别又何在呢？如果高校以追随者的身份存在，那高校的自主性又何在？更重要的是，高校自主性的丧失，可能随之丧失的就是大学的独立性品格。

（四）担忧丧失大学的人文性

现代大学有人才培养、科学研究、社会服务和文化传承创新四大使命，其中人才培养是根本性的。关于什么是人才，标准很多，但有一条是铁定的，人才，首先必须是人，因而人才培养就不仅仅是职业教育和技术的教育，还必须是人的教育。

人的教育，就要把人当作目的，而不是手段，人是主体，而不是客体，人除了职业能力和技术能力之外，应该还具有自由的思想、高贵的理性、丰富的情感等等特质，或者用一个词“人文性”来概括。如今，经济发展了，物质丰富了，但人文性的缺失、道德的滑坡也是不争的事实。国家通过行政的力量引导、推动地方本科高校以相同的步伐向应用技术型高校转型，会不会导致人才培养中出现技术性和工具性的强化，而弱化人文性？

更重要的是，向应用技术型转型，随之出现的必然是理工类专业的强化和招生数的增加，那么一些人文社会学科的专业又将何去何从？立德树人是教育的根本宗旨，高等教育如果人文性旁落了，还依然是高等教育吗？人才如果缺失了人文性，还依然是人才吗？

（五）担忧丧失大学的多样性

由于缺乏长期的积淀和陶铸，地方本科高校在办学定位、人才培养目标定位以及学科专业布局方面存在很大的趋同性，个性不突出，特色不明显。趋同性一直是困扰地方本科高校特色发展的一个重要问题，如何破解趋同性也就成为地方本科高校需要认真思考并努力解决的问题，实践中，很多地方本科高校在依托地方、服务地方的指导思想下，在突破趋同性方面也取得了一定的成绩，形成了一定的特色。现在，地方本科高校类型要向职业教育转型，人才培养要向技术技能型人才转型，培养的路径主要也就是“产交融和、校企合作”，大家都沿着同一条路向同一方向行进，如此一来，会不会重新造成另一种形式的趋同性？生态系统的生命力或者说生态系统之所以是生态系统，其特质就是生物的多样性，地方本科高校沿着同一条路向一个目标转型，那地方高校的生物多样性如何体现呢？能形成生机勃发的地方本科高校生态系吗？

高校毕业生的顺利就业关系到国家的长治久安和亿万家庭的幸福，就业难确实是一个巨大的社会压力，但把原因归结为供需矛盾的“结构性失业”是不是有些简单化了？这里面还有没有其他更深层次的原因？如马克思曾经指出的社会化大生产的发达和技术的进步而产生的机器吃人的现象？

设想一下，如果所有地方本科高校都转向了应用技术型大学，是不是真的就能解决“结构性失业”的问题呢？教育是民族振兴、社会进步的基石，是提高国民素质、促进人的全面发展的根本途径，寄托着亿万家庭对美好生活的期盼。教育的影响不仅在于目前，更在于长远，我们学习德国的成功经验，走应用科技大学的发展之路，培养技术技能型人才，是否也学到了他们更深层次的建基于康德哲学人文主义之上的现代大学精神呢？我们为解决一时就业难的阵痛，让占高校半壁江山的地方本科高校“齐步转”，是否会留下长久的人的教育缺失的后遗症呢？

作为地方本科高校的一员，也觉得地方本科高校转型发展势在必行，也期待着一场深刻的转型发展之革命。但是，在转型发展的过程中，上述五个方面的担忧如果理论上不能做出令人信服的解释，实践中如果不能妥善地处理好，这不但会延缓转型的步伐，更会危及转型的成功，甚至于影响现代高等教育体系的真正建立。当然，需要指出的是，任何事物都是矛盾的统一体，地方本科高校的转型发展也不例外，如果因为有所顾虑而裹足不前或刻意排斥，那同样也不是科学理性的态度，敢于直面问题并努力创造性地解决问题，也许才是正确的态度。

四、地方本科高校转型发展的基本策略

明确转型类别与发展定位是转型发展的前提。学校发展不可雷同，不能同质化，必须走自己的办学道路，以特色引领发展。认识转型发展过程，首先要认识自身的站位。一般而言，地方新建本科院校有以下几个类别：由师专升本后继续办师范学院；师专或以师专为主体升本后办综合院校：理、工、农、医、财经等专业类学校升本办有传统特色的专业院校。由于高校历史与专业类别不同，转型高校在办学目标、人才培养、队伍建设等方面的顶层设计也应有所不同。

明确高校的站位后，就要做好高校定位。高校定位就是寻找并确定能够最大限度发挥自身职能和作用的发展角色，这是高校建设与发展的基础性和本质性问题。新建本科高校的发展定位主要包括办学类型定位、人才培养定位、服务面向定位等方面。新建本科高校要深刻把握自身的历史背景和社会根源，认清自己的使命，确立“本科、教学、应用、地方”四个基点，牢固树立为区域经济社会发展服务的意识，加强与区域经济社会的交融互动，坚持办应用型大学这个大方向。社会对人才的需求可以笼统分为学术型和应用型两类，新建本科高校应根据自己的办学类型定位，结合自身实际，将人才培养定位在主要培养本科层次应用型人才上。服务面向定位是指高校在履行高校职能时要明确所覆盖的地理区域或行业范围。新建本科高校的前身多是因地方发展需要所建立的专科学校，这就决定了新建本科高校必须立足于当地，服务于地方，自觉承担起为本地区经济社会发展提供智力支持和人才保障的使命，不能盲目追求全方位、高层次的“大而全”。

大学理念是大学内涵建设的前提，是大学的思想、精神和灵魂。大学理念不仅决定大学的今天，更决定大学的明天。一所学校究竟该如何发展，不完全是由该校既有传统来决定，也不是由个人意志来决定，而是由社会对学校的需求程度来决定。地方院校转型发展意味着打破传统。从心理学角度看，打破一种习惯不仅困难，还会带来新的不适应，由不适应而导致痛苦。这就要求新建本科高校要下大力气解放思想，统一认识。在高等教育大众化背景下，要回应现代社会发展需求，地方新建本科高校的培养方向应向应用型本科教育延伸和转型。

新建本科高校要通过大规模、多层次、高频度的学习、讨论，更新观念、提升理念，在指导思想、教育教学方法、教学水平等方面迅速适应应用型本科的办学要求。要切实实现“三个转变”：

（1）转变教学理念，改革教学方法，提升教学水平，工学结合，教学做合一，提高学生的实践应用能力。

（2）转变育人理念。学校的人才培养要与地方经济社会发展联动，加强校企合作，推进产学研一体，创新育人模式，培养高素质应用型创新人才。

（3）转变发展理念，开放办学。积极学习借鉴国内外应用型大学的办学经验，学科专业建设与地方产业成长相对接，重点突破，打造学校办学特色。

应用技术型人才培养需要与之相适应的师资队伍，特别要求教师具备学术经历与企业经历的双重素养。而地方本科院校普遍存在重学历、轻能力，重理论、轻实践，忽视将理论转化为技术、将技术转化为现实生产力的专业实践活动的情况。部分教师思想上固守重知识传授的旧观念，习惯于传统的教学套路，受观念、年龄、学历、资历、时间等因素的影响，要在短时间内成长为具有双重素养的教师是一件痛苦的事情，也是一件困难的事情，对学校的转型发展来说是一个难点。

新建本科高校在转型发展中，一方面要加强对在职教师的培养，与企业合作建立稳定的“双师型”教师校外实习、培训基地，通过顶岗工作、挂职锻炼等方式，尽可能安排专业教师到企业顶岗实践，引导教师为企业开展技术服务，不断积累实际工作经验，提高实践教学能力。另一方面要积极从企业行业、其他高校和科研院所聘用专业素质高、实践经验丰富、教学能力强的高级工程技术人员、管理人员作为兼职教师，构建灵活多样的弹性用人机制，努力打造一支专兼聘结合的双师素质教学团队。

人才培养是高等学校的主要职能和工作核心，提高人才培养质量是高等学校永恒的主题。新建本科高校的转型发展要在人才培养模式上实现突破，具体说要做到“两个一体化”，加强“四个合作”，打破“三个边界”，进行“六个着力”。“两个一体化”即人才培养方案与课程体系一体化、实践教学体系与教学方法手段一体化。“四个合作”即学校和行业企业开展“合作办学、合作育人、合作就业、合作发展”。打破“三个边界”即打破学校边界、课堂边界、教师边界。“六个着力”即着力构建应用型、实践性人才培养体系；着力构建符合专业定位、富有特色的人才培养方案；着力构建以实践和应用为引领、以“知识、应用能力、素养”为核心的创新型应用型课程模块；着力构建“亲行业、接产业”的、具有本校特色的育人模式；着力构建以创新发展、技术研发、社会服务为主线，满足职业发展规划的实践教学及创新创业体系；着力构建以学习成果为导向、满足就业市场最新需求的教学评价体系。

部分转型高校在这一方面已经进行了有益的探索，可为其他高校转型提供借鉴。如内江师范学院在转型发展中以改革教学模式为重点，提出了“以发展为中心，教学做统一”的育人模式，构建起了“一条主线、两个延伸、三个平台”的操作系统，即以课堂为主线；课内向课外延伸，校内向校外延伸；把课堂作为教学育人平台，校内活动作为活动育人平台，校内外互动作为联动育人平台。

在转型发展中，新建地方本科高校要体现服务区域经济社会发展的办学理念，学校的学科专业设置要与当地的经济社会发展紧密结合。

首先，转型高校要以增强服务地方经济社会发展能力为目标，调整和优化学科专业结构，包括设置适应地方新兴产业需要的本科专业，取消发展滞后、前景渺茫的专业，集中力量办好一批与区域经济结构匹配度较高的应用技术型重点学科和特色专业，建设若干有一定办学优势、具有良好发展前景和产生显著社会经济效益的专业，构建起整体上体现应用、主体学科专业突出、部分学科专业有特色的学科专业体系。

其次，转型高校要按照学科专业群对接产业和产业链的要求，整合学校教育资源，促进学科专业交叉融合，构建特色和优势鲜明的学科专业集群。

转型发展不单是学校自己的事情，也是政府、社会、高校共同的责任。高校、企业(行业)和科研院所在整个高校转型发展中应发挥各自不同的作用。总体上讲，新建地方本科高校在转型发展中，应注重“三位一体”协同创新，在政府指导下，加强校地合作、校企合作、校校合作、校院合作，提升科研能力、服务水平和人才培养质量。

第二节　应用型人才与创新创业教育

在第一节提及应用型人才，也说过这里的应用型人才主要是指本科应用型人才，所以首先要来了解一下本科应用型人才与社会上广义的应用型人才的区别。

一、本科应用型人才与广义上的应用型人才

随着我国市场经济的不断完善和科技文化的快速发展，社会各行各业需要大批不同规格和层次的人才。高等教育教学改革的根本目的是“为了提高人才培养的质量，提高人才培养质量的核心就是在遵循教育规律的前提下，改革人才培养模式，使培养方案和培养途径更好地与人才培养目标及培养规格相协调，更好地适应社会的需要”。

所谓人才培养模式，就是造就人才的组织结构样式和特殊的运行方式。人才培养模式包括人才培养目标、教学制度、课程结构和课程内容、教学方法和教学组织形式、校园文化诸要素。人才培养没有统一的模式。就大学组织来说，不同的大学，其人才培养模式具有不同的特点和运行方式。

市场经济的发展要求高等教育能培养更多的应用型人才。所谓应用型

人才，是指能将专业知识和技能应用于所从事专业的社会实践的一种专门的人才类型，是熟练掌握社会生产或社会活动一线的基础知识和基本技能，主要从事一线生产的技术或专业人才。

但这只是社会上对广义的应用型人才的定位，真正的本科应用型人才其含义更深，特点也更为显著。

(一) 本科应用型人才的基本特点

应用型人才是相对于理论型人才而言的人才类型。按照学科专业、行业领域、教育层次、岗位职位等不同的分类标准，可以将人才划分为不同的类型，如按照所从事的行业领域，可以分为政治人才、金融人才、文艺人才等；按照人们在一个完整的生产过程中所发挥作用的性质不同，可以将人才划分为理论型和应用型两大类。一般而言，经济和社会的发展，是一个从科学到技术再到生产的过程，是发现规律、创新知识、转化应用、生产实践的过程。理论型人才，富有创新能力和研究兴趣，在经济和社会发展过程中主要承担发现规律、创新知识的重任；应用型人才，把发现、发明、创造变成可以实践或接近实践，主要承担转化应用、实际生产的任务。从概念本身而言，应用型人才和理论型人才只是类型的不同，而不是层次的差异；从推动社会生产发展的角度来说，两者都是一个国家不可缺失的人才；从提高生产的效益和工艺水平上讲，应用型人才的作用更为显著。以培养应用型人才为主要目标的高等院校，“应用”应成为学科布局、专业设置、科学研究、教学模式、质量评价、办学传统的主色调。在教学、科研、社会服务上，应用性是特色，是优势，是本质特征。与理论型人才培养相比较，相对于其注重理论性知识，我们更要强调应用性知识；相对于其强调理论研究，我们更要强调技术应用；相对于其强调宽口径厚基础，我们更要强调专精实用。

应用型人才具有不同的层次和水平，按照在生产活动过程中所运用的知识和能力所包含的创新程度、所解决问题的复杂程度，可以将应用型人才进一步细分为工程型、技术型和技能型。每一种应用型人才都是社会生产链条上不可或缺的一环，对于社会经济发展来说都是至关重要的。工程型人才主要依靠所学专业基本理论、专门知识和基本技能，将科学原理及学科体系知识转化为设计方案或设计图纸；技术型人才主要从事产品开发、生产现场管理、经营决策等活动，将设计方案与图纸转化为产品；技能型人才则主要依靠熟练的操作技能来具体完成产品的制作，把决策、设计、方案等变成现实，转化为不同形态的产品，主要承担生产实践任务。按照所受高等教育的学历层次不同，应用型人才可以细分为专科层次、本科层次、研究生层次等。目前，普通高等院校所培养的应用型人才应该主要定位在技术型和工程技术型人才上，着眼于培养有理论有技术的本科层次的应用型人才上，达到《中华人民共和国高等教育法》规定的本科教育的学业标准。近几年来，为适应社会对高素质应用型人才的需求，我国开展了专业研究生教育，如工程硕士、临床医学硕士、工商管理学硕士、建筑学硕士、法律硕士、教育硕士等。普通高等院校可以根据学校的发展变化，适时开展应用型研究生教育，培养更高层次的应用型人才，甚至成为世界一流的以应用工程为特色的大学。 普通高等院校培养的应用型人才，似乎与高等职业技术院校培养的人才在界限上难以界定。我们认为，如果从“出口”上看待这一问题，比较容易甄别：高职培养的人才大多对应的是岗位或职业，而普通高校培养的人才对应的是职业群和行业。

高素质应用型人才在突出“应用”特征的同时，还要突出“高素质”特征。在知识方面，高素质应用型人才一方面要有一定的知识广度。纯粹的研究人才主要掌握系统科学知识，不仅要有一定的理论知识，同时还要有较强的理论技能；不仅要有扎实的专业基础知识，还需要有过硬的应用型知识，有一定的科学人文知识和相关的财务、管理和人际方面的知识。另一方面，他们要有一定的知识深度，要从以“够用”和“实用”为限的要求逐步向“基础扎实、增强后劲”转变，从掌握职业岗位技能和技术的操作性要求的知识逐步向掌握完整、系统和科学性的专业知识体系方面逐步转变。

在能力方面，高素质应用型人才不仅要有一定的操作实践能力，还要有较强的创新能力。在以成熟的技术和规范为基础、具有某种职业岗位的职业技能、技艺和运用能力的同时，更要具有较强的理论知识和技术的应用能力，要为学生构建应用知识进行技术创新和技术的二次开发的能力、科学研究的能力。

在素质方面，应用型人才不仅要有较高的专业素养，还要有一定的非专业素养。实际上，应用型创新人才在进行技术开发、生产管理的过程中，专业知识的运用、技能的发挥往往与个人的责任心、道德感、心理素质、意志品质、身体条件等非专业方面的素养关系密切，这些非专业素养直接影响专业工作完成的效果和质量。因此，应用型本科教育要避免“重专业技能、轻综合素养”、过分重视人的技术价值、工具价值，忽视人自我发展的价值，要从片面强调学生的职业素质转变为兼重综合素质。

在对本科应用型人才的分析比较中，我们认为本科应用型人才培养必须符合高等教育法关于一般高等教育标准的规定，同时有着自身的基本特点，可以概括如下：

首先，在培养任务方面，以培养生产、工程、管理、服务等一线的高级工程应用型专门人才为根本任务；以应用为主线构建学生素质结构和人才培养方案，使学生具有基础扎实、适用面宽、实践能力强、素质高等特点；以适应地方和行业经济建设发展需要为目标，为地方经济建设和社会发展推广高新实用技术、提升企业的科技含量、提高产品的市场占有率服务。

其次，在教学方面，以应用为主旨构建课程结构和教学内容体系；在教学过程中，更加注重学生的实践能力；实践教学在培养方案中占有较大比重，其主要目的是培养学生的运用知识解决问题的能力。

再次，在师资方面，专业师资队伍是一支既能从事教育又能从事工程实践的“双师型”队伍。

最后，在教育实验设施方面，有比较完备的实验室和实习基地，结合紧密的产学研联合教育基地。

(二) 本科应用型人才培养的重要意义

大学本科应用型教育，在高等教育比重中占一定的比例，其作为高等教育类型的一种，一支重要的生力军，在我国高等教育体系中具有重要的意义。

1. 有利于促进地方经济和小康社会的发展

随着社会主义市场经济的发展，本科毕业生绝大多数将从事生产和实践问题相关的工作。地方企业现在急需的人才不是研究开发型人才，主要是一线的工程技术人员，要求设计与工艺并重，甚至工艺更为多一些，这是因为，大多数企业存在的问题不是设计上不去，主要是产品的质量上不去和成本下不来。以广西为例，由于历史原因，经济与沿海省市相比相对落后，国有大中型企业相对较少，改革开放的一大成就就是乡镇企业得到了很大的发展，乡镇企业已成为地方经济建设的生力军，而乡镇企业对技术的要求主要是对技术的吸收、利用和转化，因而，能解决生产一线生产技术问题的人才是目前人才市场最急切需要的人才。一般本科教育中重理论轻实践、重知识轻能力、重研究轻应用的培养模式与地方经济建设对人才规格、标准的要求形成了愈来愈大的反差。地方经济需要的人才不再是狭义的专门人才，而是具有大学本科水平的知识层次与能力水平，又具有从事某一专业的科研能力和动手能力的本科应用型人才。因此大学本科应用型人才的教育能为地方经济建设与社会发展解决难题，尤其是为生产、建设、服务与管理第一线推广高新实用技术，为提升地方企业的科技含量，提高产品的市场占有率服务。

小康社会和现代化是社会全面发展、人民生活水平全面提高的十分现实的目标，这一目标的实现需要每个人都为社会作出较大的贡献，并可从社会获得较高的回报。按照马克思劳动价值论和按劳分配理论，劳动可分为简单劳动和复杂劳动，复杂劳动是经过培训具有一定知识技能的劳动，复杂劳动比简单劳动对社会贡献大，获得的报酬高，同时由于生产力发展水平制约和社会分工的存在，在市场经济条件下，市场机制调节资源的合理分配，人才只有在适合的位置上才能最大限度地发挥自己的作用，才能从中获得最优的报酬。目前社会出现了大学生就业难的现象，这并不能说明中国的大学生太多了。大学生就业难是供需失衡导致的结构性过剩。而与“人才高消费”“白领泡沫”形成强烈反差的是高级技工、新兴“灰领”阶层人才紧俏。造成这种现状的原因是高校长期偏重培养学理型人才，忽视了经济社会发展对应用型人才培养的需要，导致人才结构失衡，所以培养大批应用型人才是解决大学生充分就业的有效途径，是全面建设小康社会的重要保证。

2. 有利于地方高等教育稳步发展

随着我国进入全面建设小康社会、加快实施社会主义现代化建设第三步战略阶段，对高等教育在量的发展和质的提高方面提出了历史性的要求，需要培养和造就数以千万计的专门人才和大批拔尖创新人才。同时，随着独生子女大学学习高峰期的到来，广大学生和家长希望接受更高、更好教育，特别是本科教育，希望通过接受良好的高等教育，获得更强的就业能力和发展机会。自 1998 年以来，每年在省级中心城市和地市中心城市新设立一大批本科应用型院校，大大增加了本科招生比例，在一定程度上了满足了人民群众接受本科教育的需求。在我国高等教育“大众化”的背景下，各高等院校根据各地的需求和经费投入及师资条件的可能，适当地逐年扩招已成为必然趋势。社会需要更多的是能直接到生产、服务、管理第一线的应用型人才，所以在近几年高校扩招的前提下，我国的地方高等院校应把大力发展本科应用型人才教育当做学校发展的良好机遇和生长点，充分利用办学资源，做好本科应用型人才教育这篇大文章，这对学校的发展会发挥积极的推进作用。

3. 有利于本科教育人才培养模式的创新和多样化

我国原来的高等教育体制是在实行高度集中统一的计划经济体制下形成的，基本特征是“大一统”，培养人才的规格和人才培养模式比较单一。这一特征在名牌老校中更为突出，大都是培养学理型人才。改革开放以来，随着市场经济的发展，特别是20世纪90年代知识经济的到来，社会对人才类型与规格的需求越来越多样化。这种单一规格的人才，既不适应大跨度的生产技术对多种类型的科技人才的需求，也不适应不同地区发展区域经济对人才规格的不同要求，更不能适应广大农村发展对人才规格的要求。人才培养的规格单一化与社会对人才类型与规格的需求越来越多样化的矛盾越来越尖锐。这种越来越尖锐的矛盾，正是催生本科应用型人才教育的强大动力。它以应用型人才为培养目标，致力于人才培养模式的创新，积极开展应用型人才培养模式的理论研究和实践。本科应用型人才培养模式创新与多样化，将在较大程度上改变我国高等教育培养人才规格单一化倾向，对深化高等教育的改革具有重要意义。

二、应用型本科人才与本科应用型人才的区分

本科应用型人才和应用型本科人才有着明显的不同，这一点必须区分开来。

(一) 应用型本科人才的内涵

通过概念辨析与历史考察，可以将“应用型本科人才”的内涵概括与总结如下：第一，应用型本科人才是与传统的学术性研究型人才相区别的人才类型。从类型上，应用型本科人才属于应用型人才范畴，是面向社会需要的职业性人才。从层次上，作为本科人才，主要不是为研究生教育做准备，而

是毕业后大多直接走上工作岗位的人才，虽然也有少部分将进入研究生层次，但不是主体。第二，应用型本科人才是一种特殊类型的应用型人才，在高等教育大众化占据主导地位。传统意义上的学术人才或应用人才之间表现出互相漂移或移植现象。但传统精英大学的应用型人才更多地体现出通才性、学术性特点，仍是一种学术型人才。而在进入高等教育大众化阶段后，高等教育的职业性、实用取向和多样性特点愈加明显，应用型本科人才成为了高等教育的重要对象，并占据了主导地位。第三，应用型本科人才是具有多样性特征的人才培养类型。作为不同于传统学术研究型人才的特殊人才类型，侧重于知识应用，具有市场导向、着眼于学生就业需要的人才都可以归属于应用型人才，呈现出发展性和多样性特征。

依据应用型人才的内在属性，参照国际范围内的本科人才培养规格要求及发展趋势，应用型本科人才的特点集中呈现为：

1. 职业性是其根本属性

伴随高等教育大众化的发展，在全球范围内，高等教育的职业化是一个重要的趋势。世界各国普遍认为，大学课程必须为越来越复杂的工作提供相应的训练。因此，今天的本科生比以往任何时候都强烈地感受到：在大学里不仅要为自己的职业生涯做准备，而且还要为某一具体的岗位做好准备。但在学术本位导向下，以研究型大学为代表的传统学术型高等教育固守精英学术人才培养理念，以为学生未来从事科学研究做准备，将职业性课程视为眼中钉。为此，世界各国不得不兴建或发展了一批新型高等教育机构，以为学生未来职业生涯做准备是其根本特征。因而，职业性是应用型人才的根本属性，既具有普通高等教育性质，又从属于职业教育范畴，是一种具有特殊性的高层次职业人才。

2. 专业性是其内在属性

专业是与职业密切相关的概念。在高等教育系统开放的西方社会看来，现代大学存在的基本理由就是社会对“专门职业人”的需要，因此应用型本科人才是适应社会职业发展需要的专业性人才，具有四大特征：第一，教育专门化，即必须接受特定正规的高等学校教育，具备该职业特具的专门的知识和技能；第二，素质综合化，即必须经过和接受比普通职业更多的教育和训练，包括高水平的普通教育和训练；第三，活动标准化，即必须具备符合专门职业要求的知识标准、技术标准和专业伦理等；第四，职业规范性，即必须依法取得社会承认的职业资格证明或开业注册许可。

(二) 应用型本科人才，基础性是其发展属性

一方面，应用型本科人才的职业性和专业性特征决定了其必须以市场发展和职业变动为导向，但近几十年来，知识经济时代的到来，科技发展、知识爆炸和社会变动速度呈倍速增长，社会职业的变动和工作的性质及要求都发生了极大的变化，要求就业者必须有能力迅速适应变化，包括通过在职训练和转岗 / 转职培训的能力和素质。因而应用型本科人才是着眼于整个职业生涯而不是针对专业职业或具体岗位的发展。另一方面，应用型本科人才的基础性鲜明地体现在，职业性和专业性等是以本科教育本身的丰富性和知识基础性为根基的。有调查证明，接受普通教育时间越长、知识基础越牢的人更能有效地学习和掌握新技术新知识，无论对个人还是企业，经济回报都比较高。因而，应用型本科人才在强调专业性、职业性知识与能力培养和训练的同时，也不能忽视其他本科教育目的，应更加重视作为本科教育普通知识和基础能力的培养。应用型本科人才作为一种特殊类型的应用性人才，职业性、专业性和基础性贯穿于人才培养的始终，三者之间互相联系、相互依存和交叉影响，缺一不可，共同构成应用型本科人才作为一种与传统学术型精英人才既有区别又有紧密联系的人才类型的典型特征和群体特点。

本科应用型人才的培养是一个系统工程，这要求学校重点从课程、教学、师资等方面创造条件构建和优化本科应用型人才的专业素质结构。

并且本科应用型人才与社会上广义的“应用型人才”有所区别，应用本科教育属于较高层次的技术教育，是我国高等教育中的重要组成部分。它是相对于普通本科和高职专科而言的，它既不同于一般四年制的普通本科，也不同于专科层次的高职。

二、本科应用型人才培养的基本策略

(一) 加强实践课程，优化课程结构

课程结构是指根据教育的目标对各种内容、各种类型、各种形态的课程的科学安排以及按照一定的科学标准选择和组织起来的课程内容所具有的各种内部关系。课程功能的正常发挥不仅取决于课程内容的选择，而且还

取决于合理的课程结构。课程结构与课程功能是密不可分的。课程结构合理的程度直接影响着课程功能的大小。优化课程结构的目的正是发挥课程的整体功能，课程结构决定了课程功能的方向和水平。

课程功能的方向是指学校课程引导学生身心发展的方向。对课程功能的方向具有决定作用的内因就是课程结构。合理的课程结构，由于具备完整的课程要素、课程成分及各个组成部分，并使它们之间具有密切的联系，因而通过课程的实施，就能引导学生全面、主动地学习，使学生在品德、才智、审美、体质几方面主动地得到发展。课程功能的水平是指学校课程是否具有显著的整体功能。

这取决于课程结构的合理程度。如果课程结构很合理，课程的整体功能必然大于课程内部各部分的总和，反之亦然。建立合理的课程结构既包括建立课程的整体结构，又包括建立课程的具体结构，前者是指课程体系的整体优化，后者是指对每种课程或每类课程的内容和形式安排的优化，而无论是课程整体结构，还是课程的具体结构，其完善都要涉及课程的内容和形式两个方面，否则，真正合理的课程结构将无法形成。目前我国高校课程改革的重心主要偏向于课程形式的调整，因此对课程形式的研究与探讨是构建课程结构的关键所在。

(二)强化实践教学，调整教学体系

在以往的教学理论和实践中，实践教学是与课堂教学相对而言的，它主要是指通过实践的途径使学生对课堂中所学的一些知识有更为深刻的理解和应用。因此，在以往的教学体系中，实践教学依附于课堂教学，被看成是课堂教学的延伸和补充，这种价值定位在很大程度上影响了实践教学的实施。成功智力理论认为，个人成功智力的发展，特别是实践性智力的发展过程中，包括了大量个体缄默知识和技能的参与。可以说，没有这种个体缄默知识的参与，就不会有个体实践能力的发展，也不会有任何的创造和发现。然而，对于个体的实践能力发展至关重要的缄默知识，却很难与显性知识一样通过“静坐式”的课堂教学方式加以传递和掌握，在很大程度上，它只能通过个体“身临其境”的“活动导向式”的实践性学习，从中亲自感受或体验到一些“只能意会，不能言传”的缄默知识。这些缄默知识结合学生习得的学业知识(通常是显性知识)，为实践能力的发展构建了相互补充的知识平台，从而更有利于学生获得成功。因此，要想发展实践能力，就必须在改革课堂教学、提高质量的同时，重视具有“学徒制”形式的实践教学，重视“活动导向”的实践性学习，重视“身临其境”的实践体验，重视丰富多彩的社会实践和艺术实践等等。

培养应用型人才应依靠自身技术力量，本着现代教育技术应用与教学目的一致化的原则，自主开发适合本校教学需要的各种教学软件，使宏观或微观过程可视化，抽象过程形象化，达到教学过程密集化、教学方式互助化的要求。为此，应该建立教学双向交互系统，创建多媒体专业综合实训室，开展网上教学工作，加强教师软件开发和应用能力的培训，不断优化教学过程。

在教学实践中，如何才能有效培养学生分析、思维能力和解决问题的能力，一直是我们思考的问题。传统的“灌输”教学方法，在理论教学中，老师讲、学生做笔记，学生没有思考的空间，在实践教学中，也只是简单的重复操作，难以体现实践智慧的发展。为提高学生的分析、思维能力和解决问题的能力，从而提高学生的实践能力和创新能力，问题解决教学法及案例教学法是行之有效的教学方法。

(三) 培育“双师型”教师，提升教师水平

21世纪是知识经济时代，为此世界各国都十分重视教师队伍的建设。如美国在1986年发布的《国家为21世纪的教师作准备》的报告中提出：“只有保留和造就最优秀的教师，这个国家才能摆脱她所陷入的困境。”日本提出了“关于提高教员素质能力措施”的报告。法国、德国等发达国家也都在教育改革中把提高教师素质放在头等重要的地位。同样，我国在《中国教育改革和发展纲要》中指出：“振兴民族的希望在教育，振兴教育的希望在教师。”培养应用型人才，关键是要造就一支优良的教师队伍。要把培养造就师德高尚、素质优良、结构合理、相对稳定的师资队伍作为一项系统工程，围绕师德、学术水平、教研能力等方面的目标深化师资管理模式、运行机制改革，以使教师队伍更好地适应本科应用型教育的要求。

教育部颁发的《关于进一步加强和改进师德建设的意见》中明确指出，要进一步加强和改进师德建设。大学教育要求高校教师不仅要用丰富的学识教人，还要用良好的道德行为影响、启迪和感化学生的心灵。这不仅是知

识的传递，更重要的是灵魂对灵魂的塑造。教师不仅是自身职业要求其本身应具有较高的道德追求，而且社会对教师道德的要求也很高。《青年研究》杂志曾发表过一篇题为《当代大学生品德心理与品德教育现状的调查》的文章。这篇文章根据全国范围的大学生抽样调查资料，得出了一些较有价值的结果，其中有两项最有价值：一是 77.89% 的学生认为，在学校、家庭、社会三者当中，学校对其综合素质的提高，特别是思品德的形成影响最大；二是 57.04% 的学生认为，在学校中，教师、辅导员和班主任对其综合素质的提高，特别是思想品德的形成有很大的影响。道德乃做人之本，师德乃教师之基。对教师个体而言，师德居于教师德、业、学、识、行诸素质之首，它不仅决定与制约着教师其他素质的存在与发展，也是提高教师其他素质的动力与源泉。师德是一所学校教育方向和教育力量的决定因素，是贯彻党的教育方针，提高教育质量，培养合格人才的根本保证，亦是学校树立良好社会形象与取得社会有力支持的感召力之所在。

对于“双师型”教师的界定，人们通常认为既取得了教师系列职称，同时又获得了其他有关系列职称资格的教师，就是“双师型”教师。比如一个学校有讲师及以上职称的老师，又通过相关的系列职称资格考试，取得了律师、会计师、经济师等职称资格，便认为这些教师自然成为“双师型”教师。有的学校甚至将从企事业单位调入的具有工程师、会计师、经济师等职称的人员，试聘为讲师而组成“双师型”教师队伍。笔者认为这是片面的、不科学的。真正意义上的“双师型”教师，首先应是具有双工作岗位的内涵，即从事某课程教学工作的教师，同时也曾在与所教课程紧密关联的实际工作岗位上工作过。其次应有“师”的水准，既具备扎实的学科理论知识和较高的教学水平，又具有丰富的实践经验和较强的实践能力。仅凭参加教师以外系列职称资格考试而取得另一职称资格就成为所谓的“双师型”教师，以至把“双职称”与“双师型”等同起来的做法，实际上是一种误区。因为考试获得某专业职称与胜任某专业岗位的实践能力毕竟还不完全是一回事。具有实际工作经验的工程师、会计师，是否就能胜任高校教师的岗位也值得商榷。要培养本科应用型人才，必须正确把握“双师型”教师的内涵。

三、基于应用型人才培养的创新创业教育

(一) 何为创新创业教育

创新创业教育是以培养具有创业基本素质和开创型个性的人才为目标，不仅仅以培育在校学生的创业意识、创业精神、创新创业能力为主的教育，而是要面向全社会，针对那些打算创业、已经创业、成功创业的创业群体，分阶段、分层次地进行创新思维培养和创业能力锻炼的教育。创新创业教育本质上是一种实用教育。

要提高大学生的创新创业能力，形成良好的创新创业教育氛围，建设完善的创新创业培育体系，形成一个像生态体系一样的良性循环系统，构建一个全方位的立体创新创业教育生态培育体系。这一体系包括高校、政府、企业、家庭、学生等多个子系统，各子系统之间相互联系、相互作用、相互支撑，构成一个完整的创新创业教育培育体系。

作为高校创新创业教育体系的主干，高校在创新创业教育培育体系中发挥着关键作用。

作为参与者和协助者，政府是高校创新创业教育生态系统中的重要一环，发挥着重要作用，能够在政策制定、资金支持、舆论导向、服务体系、部门协调等多方面为高校创新创业教育创造良好的外部环境，起到难以替代的积极作用。

各种企业，尤其是知名企业在高校的创新创业教育中起着重要的示范作用，他们是大学毕业生创新创业的最直观的感受和奋斗目标，因此，企业在高校的创新创业教育中担负着不可推卸的社会责任。

创新创业教育的最终落脚点在学生，只有学生接受了创新创业观念，并勇于去实践创新创业，才能说创新创业教育起到了实际的效果。每一个学生的背后都有一个家庭，家庭的支持是学生实践创新创业的有力保障。

创新创业的内容体系如下：

(1) 意识培养：启蒙学生的创新意识和创业精神，使学生了解创新型人才的素质要求，了解创业的概念、要素与特征等，使学生掌握开展创业活动所需要的基本知识。

(2) 能力提升：解析并培养学生的批判性思维、洞察力、决策力、组织协调能力与领导力等各项创新创业素质，使学生具备必要的创业能力。

(3) 环境认知：引导学生认知当今企业及行业环境，了解创业机会，把握创业风险，掌握商业模式开发的过程、设计策略及技巧等。

(4) 实践模拟：通过创业计划书撰写、模拟实践活动的开展等，鼓励学生体验创业准备的各个环节，包括创业市场评估、创业融资、创办企业流程与风险管理等。

2012年8月1日，教育部办公厅下达关于印发《普通本科学校创业教育教学基本要求 (试行)》的通知。文件指出：在普通高等学校开展创业教育，是服务国家加快转变经济发展方式、建设创新型国家和人力资源强国的战略举措，是深化高等教育教学改革、提高人才培养质量、促进大学生全面发展的重要途径，是落实以创业带动就业、促进高校毕业生充分就业的重要措施。

随着“创业基础”课纳入本科必修，创新创业教育再一次成为教育研究的关注点。随后，联合国青年就业网络中国示范项目CDEP平台开通创新创业系统，也标志着创新创业教育在我国的大力开展是与世界接轨的。

大学生创新创业教育理念要转化为教育实践，需要依托有效的课程载体。课程体系是实现创新创业教育的关键。创新创业教育课程体系主要由以下三个层次构成：第一层次，面向全体学生，旨在培养学生创新创业意识，激发学生创新创业动力的普及课程；第二层次，面向有较强创新、创业意愿和潜质的学生，旨在提高其基本知识、技巧、技能的专门的系列专业课程；第三层次，旨在培养学生创新创业实际运用能力的各类实践活动课程，要以项目、活动为引导，教学与实践相结合，有针对性地加强对学生创业过程的指导。

高校创新创业教育的内容体系和课程互为支撑，内容体系为课程提供课程内容的支撑，课程体系为内容体系提供内容实现形式的支撑，两者共同作用，促进高校创新创业教育的发展。

国内高校创新创业教育的实施始于20世纪末。1998年，清华大学举办首届清华大学创业计划大赛，成为第一所将大学生创业计划竞赛引入亚洲的高校。2002年，高校创业教育在我国正式启动，教育部将清华大学、中国人民大学、北京航空航天大学等9所院校确定为开展创业教育的试点院校。十多年来，创新创业教育逐步引起了各高校的重视，一些高校在国家有关部门和地方政府的积极引导下，进行了有益的探索与实践。目前国内高校的创新创业教育主要有如下几种类型。

(1) 以“挑战杯”及创业设计类竞赛为载体，开展创新创业教育；

(2) 以大学生就业指导课为依托，开展创新创业教育；

(3) 以大学生创业基地（园区）为平台，开展创新创业教育；

(4) 以成立专门组织机构为保证，推动创新创业教育的发展；

(5) 以人才培养模式创新实验区为试点，培养创新型人才；

(6) 搭建创新创业教育课程体系，实施创新创业教育；

(7) 融入人才培养方案，全面实施创新创业教育。

其中在国内著名的案例很少，但是个个都有着借鉴意义。

南京理工大学在2015年制定学校创新创业教育改革实施方案，全面启动学校创新创业教育改革，在学校“十三五”人才培养规划中设立“大学生创新创业教育改革”专项计划，强化宣传，营造氛围。到2017年，初步建成有机融合、联动高效的创新创业教育工作机制，形成配套完备的运行制度体系，立项建设一批创新创业教改项目和重点实践项目，使创新创业教育理念融入人才培养全过程。到2020年，建立健全课堂教学、自主学习、结合实践、指导帮扶、文化引领融为一体的创新创业教育体系，产生一系列创新创业教育教学成果，学生的创新精神、创业意识和创新创业能力明显增强——参与教师科研和参加各类竞赛的学生比例达到80%以上，本科生申请专利、发表论文、竞赛获奖等的总比例达到30%以上，投身创业实践的学生比例达到20%，成功创业的学生比例显著提高，对经济社会的贡献度明显提升。

根据本科专业类教学质量国家标准，结合学校办学定位和服务面向，立足精英教育，对接国际工程教育专业认证标准，进一步明确创新创业教育的目标要求，制定学校专业教学质量标准，在2018年完成制定并实施新版专业人才培养方案，积极推动专业教育与创新创业教育的有机融合，突出大学生创新精神、创业意识和创新创业能力培养。将创新创业教育课程纳入专业培养计划，将科研训练作为必修课实现全覆盖；专业实践教学、创新创业教育环节必修学时占比进一步提高；设置多样化创新创业选修课程模块，满足学生个性化发展需求。

并且以多样化人才培养目标为牵引，以院际、校企、政学、国际多元合作为途径，积极推进多样化工程创新人才培养模式改革。立足院际合作，建设教育实验学院，探索拔尖创新人才培养新模式；立足校企合作，推进“卓越工程师教育培养计划”，培养高级工程人才；立足政学合作，建设知识产权学院，培养复合型人才；立足国际合作，建设中法工程师学院，培养国际化创新人才。优化“三学期制”教学安排，将创新创业实践作为夏季“短学期”主要教学内容。依托国家级工程创新综合实验中心，以合作项目课程为突破口，探索建立跨学院、跨学科、跨专业交叉培养创新创业人才的新机制，促进人才培养由学科专业单一型向多学科融合型转变。完善副修双学位制度，逐步扩大专业覆盖面，为学生多样化发展提供多种路径。

在专业管理方面，学校着重规范专业管理，优化专业结构。打破学科壁垒，控制专业规模，优化资源配置，突出建设重点，在学校深化综合改革的战略布局下，探索创新专业建设管理体制。重点建设国家级、省部级重点专业和校级品牌专业，大力支持新能源、新材料等战略性新兴产业相关专业和适应“互联网 +”行动计划、“中国制造 2025”行动纲领等领域的相关专业建设，着力提高专业建设水平。实行专业建设成效自评估制度，建立专业的动态调整、预警和退出机制。对与学校定位不相适应、办学效益低，以及实践教学、创新创业教育水平低，总体教育质量差、就业率低的专业进行调整，激发专业发展的生机和活力。

又在一定程度上健全“基础实践→科研训练→综合创新→创业实践”一体化的创新创业实践教育体系，使学生在实践中培育创新精神与创业意识，提升创新创业能力。

充分发挥教师教学发展中心作用，将提高教师创新创业教育的意识和能力作为岗前培训、教学研修的重要内容，大力开展启发式、讨论式、参与式和探究式等研究性教学方法的研究与培训。加大创业教育学院的建设力度，以培育教学团队为牵引，引导专任教师积极开展创新创业教育理论与案例研究，产出一批示范性成果。鼓励教师参与社会创新创业实践，建立相关专业教师、创新创业教育专职教师到行业企业挂职锻炼制度，提高具有工程背景专职教师比例。完善专业技术职务评聘和绩效考核标准，加强创新创业教育的考核评价。完善兼职教师管理规范，聘请知名学者、创业成功者、企业家、特聘“产业教授”、投资人等各行各业杰出人士，开办讲座论坛，担任专业课、创新创业课程授课或指导教师；发挥“南京理工大学海外青年学者‘紫金高层论坛’”平台作用，吸引海外师资补充，建立一支“专兼结合、优势互补、学科交叉、融合发展”的国际化创新创业教师队伍。

大力宣传加强创新创业教育的必要性、紧迫性、重要性，使创新创业成为学校办学、教师教学、学生求学的理性认知与行动自觉。加强创新创业文化建设，把创新创业文化作为大学文化建设的重要内容，努力营造敢为人先、敢冒风险、宽容失败的氛围环境，使“大众创业，万众创新”理念深入人心。及时总结推广好经验好做法，发掘树立大学生创新创业典型，弘扬创新创业正能量，以榜样力量激发学生创新创业热情。

(二) 应用型人才培养的创新创业教育

党的十八大对创新创业人才培养做出重要部署，国务院对加强创新创业教育提出明确要求。2015 年 5 月出台的《国务院办公厅关于深化高等学校创新创业教育改革的实施意见》把高校创新创业教育改革提升为国家战略，明确指出高校创新创业教育是国家实施创新驱动发展战略、促进经济提质增效升级的迫切需要。近年来，我国地方性本科院校在创新创业人才培养方面做了大量的探索与实践，取得了一定的成绩。但是由于创新创业教育起步较晚，人们还存在一定的误区，再加上传统教育理念的影响，创新创业人才培养工作任重道远。作为地方性本科院校积极探索适合地方经济发展需要的创新创业人才培养路径，培养一大批整体素质高、适用性强，具有创新意识、创业精神和创新创业能力的应用型人才极其重要和必要。

我校实施大学生创新创业教育，以制度设计创建体制机制与文化氛围，确定创新创业教育的人才培养导向和功能定位，把大学生创新创业教育纳入人才培养方案，使之贯穿于应用型人才培养全过程。并将大学生创新创业教育纳入教学内涵建设，促进教学方式改革和应用型人才培养模式探索与实践，培养具有创新精神、创业意识、专业背景和批判性思考能力的高素质应用型人才。经过多年实践，学校初步构建了以能力培养为主线，以项目实践为载体，以队伍建设为支撑，多部门联动、教科融通的具有我校校本特色的创新创业教育体制机制。

(三) 创新创业教育与应用型人才培养

培养具有专业背景，有批判性思维能力和创造力的高素质人才符合应用型教育的要求，对技术的集成创新是应用型本科人才必备的素质和能力。同时，基于社会发展和经济转型对高素质应用型人才的培养目标要求，创新创业教育是本科教育的应有之义，并非游离于传统教学体系之外，应是贯穿于专业教育全过程，并促进教学方式改革和人才培养模式探索与实践。实施创新创业教育的最终目标在于培养能“用”之才，即培养能够适应国家产业发展需要的，能够主动服务于经济转型发展的具有创造力和创业精神的应用型创新人才。

创新与创业教育是两个不可割裂的教育理念，创新创业教育应该是一个统一的系统。核心是培养大学生创新意识、创业精神和创新创业能力。其中，对学生而言创新是起点和支点，创业则是目标产出和价值体现，也就是说创新致力于创业、创业基于创新。基于专业的就业是我们倡导的大学生就业导向，而基于创新成果的创业才是本科人才高质量的创业实践。本科开展创新创业教育可以有效提高大学生的创新能力和基于创新的创业能力。

首先，创新创业教育强调学生的主体性实践地位。通过个性发展推助学生以更宽广的视角“重新发现”和构建知识能力体系，并在“真刀真枪”环境中养成“探究性”思维习惯和“批判性”思维能力，使应用和创造力不断提升。其次，创新创业教育重视产教融合的实践路径。建立产学研教育共同体是创新创业教育的关键，创新创业训练项目往往来源于校内外共同体组织的专门活动以及为培养学生的创新意识和创业素养而开展的一系列活动。最后，创新创业教育倡导“用以致学”的实践原则。“用以致学”是一种“以终为始”、“以用为本”的学习理念，是一个引发并导致有效学习的目标性指导原则。“用以致学”强调教之主体在于用，教之目的在于用，教之效果在于用，符合应用型人才培养的目标要求，符合成果导向教育的基本理念。“用以致学”原则体现在“教”方面就是教师基于培养学生解决实际复杂问题能力的项目化教学；反映在“学”方面就是基于专业知识应用的学生自主式学习和“做中学”、“做中思”，强调学生主体、知行合一。

(四) 应用型人才需要培养创新创业能力

地方应用型本科院校培养的本科毕业生必须满足社会发展和区域经济

转型对创新创业人才的需求，应该达到“就业有岗、创业有道、发展有余”的能力要求，也就是说有符合岗位需要的技术技能、有寻找市场需求的创业素质、有基于专业知识的创新应用和提高的能力。基于应用型人才定位，作为将来的生产一线工程技术人员对技术的应用和集成创新是必备的素质与能力，开展创新教育，培养具有专业背景、批判性思维能力和创造力的高素质人才符合应用型教育的培养目标；同时，应用型人才应当紧密结合社会经济发展积极就业和自主创业，如果说对口专业的就业是应该倡导的就业导向，那么大学生依靠专业创新成果和经验进行创业才是高质量的创业实践。创业教育的根本目的就是培养学生应用专业知识的意识和运用专业技能寻找市场需求，开拓创业空间的素质与能力。因此，开展创新创业教育是应用型人才培养命题的应有之义。

(五) 创新教育与创业教育统一于应用型人才培养过程

创新创业教育是一个统一的系统。创新是起点和支点，创业则是目标产出和价值体现，也就是说创新致力于创业、创业基于创新。对大学生而言，创新教育是“用以致学”的教育，学生通过创新实践项目训练，提升专业知识学习的兴趣，促进学习的主动性和学习效果，从而提高人才培养质量；创业教育则是“学以致用”的教育，通过基于专业知识和技能的创业实训，培育大学生建立应用专业知识解决实际 (社会) 问题的价值观，逐步形成应用型人才必须具备的对知识应用和知识创新的基本意识和素质。创新教育与创业教育相辅相成，可以实现持续改进人才培养的课程体系和教学过程，以保障学生学习、教师教授始终与应用型人才培养目标和毕业要求相符合。由此可见，创新教育与创业教育统一于应用型人才培养过程，创业需求引领创新过程，创新成果助推创业实践，实施创新创业教育的最终目标在于培养能“用”之才，即培养能够适应国家产业发展需要的，能够主动服务于经济转型发展的具有创造力和创业精神的人才。

(六) 创新创业教育助推应用型人才培养模式改革

创新创业教育不能游离于传统教学体系之外，而要贯穿于专业教育全过程，并促进应用型人才培养模式改革。在人才培养方案课程体系的架构中，创新创业课程不仅不应“外挂”于课堂学习之外，也不能简单做加法，直接“嵌入”人才培养方案，而是要围绕应用型人才规格要求，融通创新创业教育、专业教育和通识教育，实现创新创业课程、学科专业课程和通识课程的“三课融合”，将创新能力和创业素质培养融入各教学环节，并以此带动教学内容和课堂教学方法的变革，创建一种新的“教”与“学”的方式。据此，与传统认识和实践不同，创新创业教育必将带来五个方面的转变：在学习主体上，由针对少数优秀生的拔优训练向面向全体大学生的能力素质教育转变；在学习形式上，由以松散的课外实践为主向以规范的课堂教学为主转变；在学习载体上，由分散的、单元式的竞赛和实践训练项目向体系结构完备的课程转变；在学习态度上，由对知识消极接受的被动心态向勇于质疑和批判的精神品格转变；在学习环境上，由片面强调用知识培养人才向创建有利于创新创业人才“冒”出来的有利氛围转变。

四、以创业创新为依托的应用型人才的培养

“大众创业，万众创新”已成为经济进入新常态的国家战略和中国经济发展的新引擎，高等教育将为整个经济社会的创新创业提供人才和智力支撑。这里以福建师范学院福清分校的经济与贸易专业为例，详解如何实现创新创业教育为培养应用型人才服务这个当下高校教学改革最迫切的最重要的任务。

经济与贸易专业人才培养模式的研究高校一直以传统模式为主，人才培养方案与课程设置存在趋同性，实践能力培养效果差、与产业结合不够紧密是在人才培养中存在的共同问题。

以经济与贸易专业学科教学资源为基础，以人才培养方案改革为突破点，以创新创业人才培养机制为引导，以培养适应经济与贸易需求的应用型人才为目标，将创新创业教育理念融入经济与贸易专业本科人才培养方案，强化创新创业教育与专业教育的融合。

(一) 开设大学生创新创业教育的意义

我国目前已经进入改革开放以来的第三次就业高峰，并且这次高峰在一段时间内将持续。而对于经济与贸易专业，由于许多学校纷纷扩招或增设，导致近几年经济与贸易专业的毕业生就业竞争越来越激烈。因此，如果国贸专业的学生在校时就能接受创业教育，将大大提高学生的综合素质，使学生不仅具备经济与贸易的专业知识，又有创业实践的信心和能力。这将既能缓解目前严峻的就业形势，也会有利于国贸专业的发展，从而形成本专业学生进出通畅的双赢局面。

如今，我们已经进入知识经济的时代，也有人称其为创新经济。知识经济时代最需要的就是创新型人才。美国教育界早在20世纪70年代就提出了“培养具有创新能力的跨世纪人才的目标”，日本则于1982年提出“要培养全球性的，进攻型的创造性人才”。

因此，培养创新人才既是时代发展的需要，也是我国高校教育改革的方向。创业教育作为培养创新型人才的一个有机组成部分，有必要逐渐成为高校教育的重要内容。事实上，创业本身就是一种“创新”，创业教育的过程也是培养学生开拓创新、独立思考的过程。

我国贸易发展迅速，行业的迅速发展必然需要大量的贸易从业人员。特别是2004年起新的《贸易法》允许以个人身份从事进出口贸易活动，而且新的《公司法》解决了之前个体户经营外贸业务的“无限责任”和“一般纳税人”待遇问题，如今个人开设外贸公司的越来越多。为适应外贸行业的变化和发展，高校国际贸易专业的教学也应积极改革，合理实施创业教育，着力提高本专业学生的实践能力和创新创业能力，为学生将来个人创业做好准备。

创新创业教育就是一种开发和提高青少年创新创业基本素质，培养具有开创个性和能力的现代化建设人才的教育。从实质上讲，这是一种新兴的生存教育、发展教育和创新教育。在知识经济时代，创新创业教育是培养创新精神、创业能力的需要，作为社会创新体系的重要一环，高校创业教育日益显示出其重要性和迫切性。

实施大学生创新创业教育，进一步拓展就业新视野，确立大学创新创业教育新理念，提高大学生的创新创业素质，将为经济社会的全面协调发展开辟新的途径。

高校应主动适应时代发展的要求，发挥大学对经济社会的引领作用，提倡创新、创业精神，不但要出高质量的科研成果，而且要出高素质的创业人才。高校要大力发展创新创业教育，培养大学生的实践精神、探索精神、冒险精神和创业能力，把培养创新创业人才作为自己的重要目标，最大限度地挖掘并培育大学生的创造潜能，使之成为激发社会活力的策源地。

创新创业教育可以培养大学生的创新意识、创业精神和就业能力。创新创业意识支配着创新创业者的态度和行为，良好的创新创业意识能激发大学生的主观能动性，大学生具有了主观能动性，则能更好地发掘自身的创造潜力。

可见，推进大学生创新创业教育不仅仅是高校自身发展的客观需求，也是我国经济社会发展对高校教育提出的迫切要求。在校大学生中有效地开展实践类教育，能培养学生社会实践的兴趣并激发创业的热情，帮助未踏上社会的学生树立正确的社会主义人生观和价值观，注重创业精神和学生专业的结合，促进大学生个性化发展和综合能力的提高。

（二）建立“三融合”人才培养体系

在经济与贸易专业的人才培养模式改革中应注重以下三个方面的融合：

（1）要强化学科交叉，强化经济与贸易、物流管理、跨境电子商务、互联网金融等多学科交叉，拓宽专业口径，提升与开发学生的发展潜质。

（2）强化创新创业教育。在教学内容中融入创新创业教育内容，与经济与贸易相关课题的实践相结合，培养学生创新创业管理能力。通过开设学科前沿，学生提交创意设计以培养其创新意识；通过专业课程的相关市场调研，提交学生创业计划书；通过设置选修课程库，为学生创新创业提供个性化服务。

（3）强化实践教学。加强校内外实践教学基地建设，建立适应创新创业人才成长的实践教育体系与方法，加强学生应用实践创新能力的培养，将创新创业实践教育贯穿大学教育全过程。创新创业实践是提高大学生实践创新能力的重要途径，需要贯穿大学实践教育始终。

让学生有机会进行创新创业实训、案例分析及进入实习基地进行创意创业训练，提升学生实践创新和社会适应能力、团队合作及敬业精神，逐步强化创新创业能力的培养。

按照经济与贸易专业创新创业人才培养目标，打破原有的分段式教学模式，实现课程计划内在的融通，增加交叉融合课程学时比例，构建多平台、分模块、多向选择的课程体系，实现知识的整合，在构建人才培养模式时分设通识课程模块、专业基础课程模块、专业核心课程模块、专业方向模块及集中性实验平台、专业必修实验平台、专业选修实验平台及毕业实习，专业教育中渗透创新创业教育。

(三) 构建课内外相结合的创新创业实践教育体系

围绕创新创业实践，开设创新创业实践必修课程，构建课内外相结合的创新创业实践教育体系。同时创设创业技能实训体系，选拔具有创业兴趣与愿望、激情与潜质的学生参加基于创业实际情境下的创业培训课程，帮助学生系统学习创业知识与技能，培养创业精神与素质，了解创业过程与模式，掌握创业方法与步骤，提高自主创业意识与创业成功率。

构建符合学生认知规律的创新创业实践教育方法，建立包括选题、搜集资料、设计方案、方案评审、方案实施、总结讨论、撰写论文、成绩评定、总结交流等大学生创新创业训练实施的程序，逐步培养学生实践能力、创新能力及科学思维；构建以技能竞赛、创新实验大赛、创业大赛为内容的学科竞赛体系，激发学生创新兴趣和潜能。以研究式教学和探究式学习为主，进行案例教学、互动式教学、多元化实践，重点突出“专业基础深厚、学科交叉融合，方向特色鲜明、实践创新卓越”的人才培养特色，培养专业理论基础与技能扎实、创新创业实践能力较强、国际视野广阔、善于开拓创新、勇于承担风险的跨境电子商务领域高级管理人才、岗位创新人才、专业复合型应用创新人才或自主创业人才。

构建创新创业的社会化合作模式。社会化合作模式，是指高校联合企业、非营利性机构 (培训机构)、政府机关等社会单位进行专业创新创业四位一体的实战活动。该模式面向真实的市场背景，以项目为驱动，是对创新创业体验和创新创业课程的升级，它打开了高校大门，借脑引智，让创业精英、行业领袖、天使投资人等一线人才成为高校创新创业课程的导师，为学生提供具有针对性实效性的课程，是创新创业教育与专业教育相结合的最高层次。

创新创业学生的培养与专业教育的培养应该建立一套自我评估机制。合理的创新创业评估机制，也可以有效地体现出创新创业的效果，能够清晰地了解到创新创业教育的进程。这样不仅可以提高高校的创新创业教育进度，也可以激发学生的潜能与积极性，构建创新创业模式的学分考评体系，将创新创业实践纳入学分考评体系，建立学分转化机制。

从体制机制上营造创新创业的氛围，激发学生的创新精神和创业热情，挖掘创新创业人才。

综上所述，开展创新创业教育，提高学生的创新创业能力，构建合理的创新创业教育体系，建立合理的创新创业教育评估机制，建设能够满足专业教育与创新创业相融合的师资队伍，并获得社会各界的支持，使得创新创业教育面向全体学生、结合专业教育，将创新创业教育融入人才培养全过程已经成为我国高校面临的改革课题。

第三节　经贸类专业学生创新创业能力培养

21 世纪是创新的世纪，创新作为时代的潮流已经逐步渗透到高校的教育管理中。当前，创新型人才的培养已引起国家足够的重视，创新型人才已经成为国家建设的重要支撑。 国务院前总理温家宝曾指出："要把高校毕业生的就业放在突出位置，加快建设一批投资少、见效快的大学生创业园或创业孵化基地。"因此，各大高校中已开始着重培养大学生的创新能力，同时，推进高校创新教育、塑造潜在创业者已经成为高校教育中的重要方向。

一、现今大学生创新创业能力的现状

现今，随着科学技术的进步和社会的发展，综合国力的竞争主要是科学技术和创新创业型人才的竞争。高等教育在培养人才上应该改变传统的教育体制，对大学生创新创业能力进行培养。但是就大学生创业现状来看，其创业创新能力比较低，而且大部分的学生缺乏创新的观念、欲望以及观察力和思维能力。

就高校自身而言，在就业压力逐年增加的情况下，开展创新创业教育已成为高等教育改革的一项基本要求。从 20 世纪末开始，全国高校已经开始对在校大学生的创新创业能力进行研究和培养，如 21 世纪初，教育部为推动创新创业教育的进一步发展，在清华大学、中国人民大学、北京航空航天大学等院校开展创新创业教育的试点，并且依据相关的政策给予支持。经过近些年来的发展，我国的创新创业取得了一定的成果，但是仍然处于初级阶段。就当前的总体现状来看，我国高校的创新创业教育仍然存在不少亟待解决的问题，如：培养目标的评价标准不统一，大学生自身的创业意识比较

薄弱，并且高校自身的培养环境、培养模式以及管理制度都存在或多或少的问题。

就调查显示来说，有大部分学生的创业意识不强，就他们自身想法而言，受过多年的教育使他们都想获得一份安逸的工作，不愿意去自主创业。加上不少大学生自身缺乏创业的基本知识和创业能力，甚至有相当一部分学生只是把创业作为迫不得已而为之。虽然在现实的生活中，大部分的学生认识到创业的价值，但是大部分学生没有做好创业的准备。据数据统计显示，仅有 0.86% 的学生愿意创业。由此可见，大学生的创业意愿较差。

高校虽然已经普遍地认识到大学生创业的重要性，但是大部分还仅处于认识阶段。有相当一部分学生在校园内没有接受过创新创业课程的教育，并且大多数的高校没有将创业课程纳入必修课学分范畴，仅是作为选修课，因而其教学的主要方向并没有大的改变，大学生的创新创业教育并没有得到应有的重视，学校也并没有给予学生创业培养的良好环境。在缺失创业教育的环境中，大学生创业知识的积累受到了严重的阻碍，不利于学生创新能力的培养。

现今，政府对创业政策支持的实施程度较低，并且风险投资环境差，不能够解决户口和社会保障的问题，尊重创业、倡导创业的社会氛围不浓厚。此外，对于学生家长来说，他们深受传统思想的影响，并不支持自己的孩子进行创业。而且，对于大学生自身来说，缺乏创业经验、缺乏资金投入。总而言之，学生创业的大环境较差，风险大，而且失败率极高，这种种因素都让不少大学生望而却步。

随着社会经济的发展，创新创业已经不能等同于传统意义上的创业。现如今，创新创业作为一项系统工程，需要对项目进行进一步研究，在项目选择、市场运作、团队管理以及人脉管理等多种方面都需要系统的知识和经验。就创业者而言，如果自身缺乏创新的思维和相关的知识技能，在很大的程度上会导致创业的失败。因此，对于创业者来说，自身具备开拓性的思维以及技能对其创业是否成功有很大的影响。据调查显示，大多数大学生缺乏创新创业意识，其创业技能、管理以及人际交往方面都比较薄弱，这就表明大多数的学生不具备创新的思维和基本的创业技能。

二、培养大学生创新创业意识的途径

在素质教育的大背景下，大学生的个性发展和创业意识在大学教育中必须有机结合起来。在充分开展个性教育的基础上，重点开展创新意识的培养、创新创业行为的教育指导。探索最大化挖掘学生个性培养的教学方法，充分开发学生创新能力、培养创新意识。

培养大学生的创业创新意识，我们需要一支高素质的教师队伍。有一批具有创业激情、创新头脑的高素质创业培养人才在高校中不可或缺。鼓励高校教师走到高新技术企业中去，学习和提升自我修养，培养和激发创新潜能。更要在政策上鼓励具有创业精神的老师，真正加入创业大军中去，培养一批创业者兼学者的优秀教师队伍。

优化师资结构，可以学习世界其他各国的优秀经验。将社会优秀创业人才聘请到学校，成为兼职教师。专业教师与兼职教师相辅相成，可以弥补高校创新创业教育人才缺口，更可以大大提升全职教师的创新创业能力，从而优化师资力量。

创新与创业二者共存亡，只有相互促进才能相互影响。对创业而言，只有创新意识的注入才能使创业紧跟社会发展的步伐，对创业而言，创业自身的发展离不开创新。因此，在对大学生进行创业能力培养的过程中，要重视大学生的创新能力，可以通过增加创新课程、营造课堂创新氛围等方法对大学生创新创业能力进行培养。

当前，大多数高校通过开设《创新学》这个课程来有意培养学生的创新意识。创新课程的开设能够将创新思维和各类教学课程相互融合，让教师在提高自身创新意识的同时对学生进行指引，使学生有自己的创新思维。

高校作为传播思想与知识的集中地，具有开放化、多元化的特点，多元思想相互交融。因此，高校应该营造创新的氛围，提高学生对创新能力的认识，从而迈出创新步伐。

受传统安逸思想的影响，大多数的高校学生希望自己毕业之后找到一份福利待遇各方面都符合自己期望值的工作，普遍缺乏自主的创业意识。因此，在当前就业问题严峻的情况下，高校应该对培养理念进行改革，在积极探索开发创新教育的同时，逐步构建和完善大学生创新创业能力的培养体系。不少学生已经看到创业的价值，认为创业可以带给自己高额的回报率；但是大多数的学生都缺乏最基本的担当和责任意识。因而，应该加强对大学生创新创业意识的培养，让大学生认识到创业带来的不仅仅是金钱和财富，同时创业还是一种社会责任。

以项目和社团为载体，增强创新意识和创业精神，鼓励学生创造性地投身于各种社会实践活动和社会公益活动中，通过开展创业教育讲座，以及各种竞赛、活动等方式，形成以专业为依托，以项目和社团为组织形式的“创业教育”实践群体，来激发大学生的创新意识和创业精神。以社团为载体充分发挥大学生的主体作用，组织开展创业沙龙、创业技能技巧大赛等活动。发挥学生自我服务、自我教育功能的形式，培养学生创业能力。

构建创业教育课程体系，培养学生创业能力，建立渗透创业教育内容的教育课程，在课堂上可考虑采用创业案例进行教学，向学生直观、生动地展示成功创业者的创业精神、创业方法、过程和规律，培养学生良好的自主创业意识，树立全新的就业观念；启发学生的创业思路、拓宽其创业视野；培养学生创业的基本素质、能力和品质。

现今，随着毕业就业形势愈来愈严峻，多数高校已经认识到培养学生创新创业能力的重要性，已经在高校中开展创新创业教育体系的构建。创新创业能力作为一项系统性的工程，需要高校建立和完善教育教学体系，培养更为合格的大学生自主创业人才。

客观来讲，大学生创新创业具有创造性、多变性、无法预见性、风险性等特点。当前大学生创新创业重点难点集中在：创新意识虽高，实际创新比例却偏低，学生创业的科技转化率低等问题。大学生创新创业需要学校和社会的共同指导和帮扶。

利用大学科技园，作为学生创新创业的孵化器，大学科技园区是国家创新产业的重要构成和自主创新的重要基地。大学科技园可以向学生提供完善的创新创业指导，帮助学生快速走出懵懂与迷茫，分析创业形式、强化创新观念，为学生的创新创业之路提供必要保障。

大学科技园孵化基地是大学生创业体系中最重要的一环。在经历了科学文化知识的学习、创新创业意识的培养、项目的自主研发与推广之后，大学生走在这条充满荆棘的创业之路上仍会遇到这样或那样的麻烦和困扰。企业孵化是所有科技园的基本功能，但是大学生创业园的企业孵化服务就必须更加具化和深入。大学生创新创业往往需要更多的关注和扶持，这是一条创新创业的必经之路。学校的培养不仅仅体现在日常教学中，在大学生创新创业之路上，学校要秉承教学相长、理论紧密联系实际的原则，深入探索，积极跟踪指导，帮扶大学生创新创业企业走向社会。

加强创业实践活动环节，培养学生的创业能力。大学生通过参加各种专业竞赛和科研活动，如“挑战杯”中国大学生课外科技作品竞赛和创业计划竞赛，对于增强创新意识，锻炼和提高观察力、思维力、想象力和动手操作能力都是十分有益的。只有在大学生当中造成浓厚的科技创新氛围，才能使更多的创新人才破土而出。实践最能锻炼和培养一个人的才能，只有在实践中多看、多思、多问、多记，反复检验、反复调查，不断总结、吸取教训，才能从实践中摸索出真知。

在新的社会形势下，大学生创新创业意识的培养关系到大学生就业这个重中之重的社会问题。广大大学毕业生是否可以适应新形势、解决新问题、能否承担起振兴民族的伟大使命，是当前高校人才培养的重要任务。全面切实有效地开展创新创业教育，理论与实际相结合，使更多的大学生把自主创新、张扬个性、创业挑战作为新的人生目标。进一步加强对学生创新意识和实践能力的培养，学校和社会为大学生创业企业提供更多的扶持和帮助，让大学生创新创业之路走得更稳、更好。积极培养大学生创新创业能力，是社会对高等教育提出的新要求，是时代赋予高校的新使命。

三、“互联网 +”时代大学生创新创业教育新模式

“互联网 +”时代提供了无所不在的创新机会，使大众创业万众创新成为“新常态”。教育作为大众创业、万众创新的智力源泉必须进行相应调整，尤其是要积极探索适应时代发展的大学生创新创业教育新模式。高校要构建“立体式”的、基于“泛在学习”的大学生创新创业教育新模式，要从网络新职业入手来开展创新创业教育，要积极开发创新创业教育的 MOOC 课和微课程，并积极开展创客教育。

2015 年 5 月，国务院下发的《关于深化高等学校创新创业教育改革的实施意见》指出：到 2020 年，创新创业教育体系要全面建成，显著提升人才培

养质量，明显增强大学生的创新精神和创新创业意识和能力，使大学生投身创业实践的数量显著增加。面对信息化和全球化的不断发展，高校也要改革开放，实施“请进来、送出去”战略，即聘请企业家进校园开讲座，选派教师进企业顶岗实习，使大学生创新创业教育更加开放，面向校外乃至全球市场；要把握好时代机遇，深化改革，认真思考“培养什么人和怎样培养人”的问题。

(一) 我国的创新创业教育现状

1989 年 11 月，在北京召开的“面向 21 世纪教育国际研讨会”正式提出了“创业教育”这一概念。首先，它的发展经历了一个由表及里、逐渐深化的过程，目前课程设置日渐合理，内容不断更新，教学方法日臻完善，初步形成了良好的创业教育氛围。其次，它的发展呈现出自上而下的特点，即政府引导推动，先实践摸索再到理论总结，然后理论再指导实践；再次，已经形成了比较成熟的模式，如“创新环”模式、“三创”模式等，这些模式为我们积累了丰富的经验。但这些创新创业教育模式还不够系统，不能根据时代的变迁及时灵活地进行调整，缺乏科学的理论指导，认识还不够深刻。第一，与国外不同，我国的创新创业教育只是为了引导学生创业，通过创业来就业，解决社会的就业压力，并没有将其作为长期的教育工作来培养优秀人才；第二，在教学模式上，忽视学生的个性差异，制定统一的教学计划，不能针对不同的专业开设相应的创新创业课程，课程的内容设置不够成熟，随意性比较大；第三，创新创业教育的师资不足，受益学生有限，社会所需要的“学者型企业家”或“企业家型学者”严重不足，实际上任课教师要么缺乏实战经验，要么没有先进的教育思想，大部分教师在进行案例分析时都是纸上谈兵；第四，政府和学校虽然都有鼓励大学生自主创新创业的政策和场地，如“科技园”、“创业园”等，但参与度和融合度不足，许多政策缺少具体的实施方案，落实不到位。

(二)“互联网 +”时代大学生创新创业教育新模式

在“互联网 +”时代，高校要积极探索和构建多种适应时代发展要求的大学生创新创业教育新模式。

1. 构建“立体式”的创新教育模式

从三个维度出发，构建立体式的创新教育模式。“三维”指的是年级、学生和高校三个维度。在开展创新创业教育的同时，要尽可能做到因材施教，针对不同层次、不同阶段的学生的专业特点、成长特点，切实有效地开展教育，提高教育效果。

同一年级的学生有相似的生活、思想和思维特点。大一是学生意识和行为习惯养成的关键时期，这个阶段适合开设“创业基础”、“职业生涯规划”课程，让学生转变就业观念，了解创新创业，在课外组织创意比赛、小发明、科技竞赛等活动，增强他们的创业热情和信心。大二的学生已经有了创业的热情，这个阶段需要给他们讲解“创业指导”、“公共关系”和管理类、营销类的知识，培养他们的创新思维和素质，课外让学生组建自己的团队，尝试性地开展创业，并将其引入大三、大四的学生团队中去观摩学习。大三和大四的学生需要进行实战训练，适合开设“企业管理”、“创业实战”、“就业指导”等课程，增强他们的创业能力；并选派专业老师进行指导，组织撰写商业计划书，参加创业大赛，深入企业和创业基地实地体验企业的运作，培养他们的实战能力。

创新创业教育要根据学生的特点和需求进行有针对性的个性化教育。对于大部分学生来说，重点在于培养其创新思维和创业素质；对于有较大兴趣和潜力的学生来说，要因材施教，提出更高的要求和标准，加强实践能力培养。

我国高校有综合型、研究型和应用型大学之分，有985、211和普通高校之分，在学科上还有理工类和文管类之分，学校定位不同人才培养的规格和目标就不同，所以教育的方法和培养目标也不同。对于不同类型和层次的高校来说，要针对不同的学科优势，根据实际情况、结合专业教育开展创新创业教育。

2. 构建“三位一体”的创新创业模式

“三位一体”，即“理论奠基 + 模拟实践 + 重在实战”。这种教育模式以通识教育为基础，以理论课程教学为途径；通过模拟实训和实践等教学手段和方法，让学生尝试开公司、办企业等，不断提升学生的创业能力。构建这种模式需做好以下工作：第一，着力营造创新社会氛围。高校要实施创新创业教育，更应重视营造浓厚的创业文化氛围；第二，深入开展相关理论研究和实操训练，建设企业家型的师资队伍；第三，校企合作，强化实践；

第四，加强组织保障。

3. 构建“基于泛在学习”的教育模式

移动互联网的普及改变了人们的学习方式，使全民教育、优质教育成为现实，个性化学习、终身学习成为必然。特别是手持数码产品和无线网络的普及，使“泛在学习”成为趋势，如“微课”就是一种泛在学习方式，并将成为一种新型的教学模式，深刻影响传统的教学模式，通过这种模式，学生可以进行自主创新学习。因此，教师迫切需要改变观念、实现蜕变，掌握微课程开发的方法和技巧，并运用到创新教育过程中去。

目前，高等教育大众化，创新指导是群体性的，没有关注个性差异，未能进行因材施教。在移动互联网时代，知识是泛在的，学生的学习也是随时随地的，因此很有必要开发群体教育之外的创新创业教育 MOOC 课和微课，学生可以在手机上随时选择自己感兴趣的内容或喜欢的老师上课；同时建立创新创业教育平台，将网络上丰富多彩的创业信息和创业资源进行分类整理，提供给有创业热情和创业想法的大学生，帮助他们早日实现创业梦想。

“创客”即 Maker，源于美国麻省理工学院的个人制造实验室，为有想法的学生提供平台，使创新不再受时间和地点的限制，它掀起了个人设计和制造的浪潮。他们的“创”不只是创新，更是创造。“创客”们搭建自己的“圈子”，即“创客空间”，交流思想，分享知识和创新。国内的创客空间主要分布在上海、北京、深圳等地，比较知名的有“新车间”、“柴火创客空间”等。

目前，全世界的创客空间有 1400 多个，比尔·盖茨、乔布斯等都曾是知名的“创客”，他们的创造和发明改变了整个世界。“创客教育”是创客精神和教育相结合的产物，它迎合了学生的好奇心和想象力。它以课程为载体，在创客空间平台下，培养学生的想象力、创造力。它使学生边玩儿边学，使学生回归到最自然的学习状态。学习者可以充满好奇地去发现问题、解决问题，这样就培养了新技能和创造力。在国外，很多学校都开设了创客课程和创客空间。在国内，清华大学、同济大学等高校也组建了自己的创客社团；一些中小学也不甘落后，走在时代的前列，如浙江温州中学搭建的“温州中学 DF 创客空间”，并开设了相应的课程，如“机器人”等。

4. 构建“网络创新创业”教育模式

目前，人们上网已成习惯，娱乐不再是上网的首选，更多人选择网络创业，其中不乏大学生。在实体创业中，大学生往往因为缺少创业资金而半途而废，而网络创业的低成本甚至是零成本受到了众多大学生的青睐。如何选择适合自己的项目和网络途径，并获得成功已成为亟待解决的问题。

“威客”是通过互联网将自己的知识、智慧、经验和技能换成实际经济收益的人，从而实现各取所需的互联网新职业。著名的威客网站有“任务中国”、“猪八戒威客网”等。目前“威客”已经成为在校大学生兼职的首选，计算机专业的大学生可以兼职网站建设、软件编程类的工作；经管专业的大学生可以兼职营销策划类的工作，艺术设计专业的大学生可以兼职平面包装设计类的工作。通过威客兼职不仅能将课堂理论运用于实践，而且能通过实践赚取工资，极大地提高了学生的学习兴趣，并为就业增加了筹码。

网络文学的兴起，造就了一批草根作者，成就了一批像“红薯小说网”一样的网站平台。通过网络平台将自己的作品发表供他人阅读，出版和销量等问题不用考虑和担心，作者的收益由小说阅读点击率来决定，小说风格自由，文体不限，主要以玄幻言情居多。对于喜欢写作的大学生来说不失为好的兼职方法，在课余时间写写网络小说，既锻炼了文笔，又为自己增加了收入。

21 世纪要么电子商务，要么无商可务。众多中小型企业纷纷开设自己的网站平台，宣传推广自己的产品和服务，这就给大学生创业提供了机会。计算机相关专业和艺术设计类专业的大学生可以联手，一起合作开发，一方开发后台，一方美化设计前台，利用课余时间开发并从事网站管理或维护工作。

网络推手即网络策划师，就是通过互联网这种媒介对事件、企业、品牌以及人物进行推广，使之产生一定的影响力和知名度。网络洗底人作为互联网衍生的新兴职业，主要是帮助客户删除个人不愿意在网络上被别人看到的信息或者利用假信息掩盖真信息。这二者都要求从业者经常活跃在论坛、博客、QQ 群等，对于那些热衷于“泡网络”的学生来说是一个很好的兼职。

在“互联网 +”时代，培养大量的创新创业型人才，对于加快经济发展方式转变、提高我国的自主创新能力和建设创新型国家，以及积极应对激烈的国际人才竞争都具有重要的意义。大学生创新创业教育的开展必须适应国家经济和社会的发展要求，高校要开拓创新，抢抓机遇，求真务实，以质量立校，以特色求胜，为国家培养更多优秀的人才，促进高校与科技、经济、社会的紧密结合。

四、构建大学生创新实践能力培养体系

在知识经济时代，经济贸易类大学生的培养应注重创新精神和创新能力培养。针对经贸类大学生应具备的创新能力，构建了经贸类大学生创新能力培养体系，提出了经贸类大学生创新能力培养的长效机制，使创新教育的各项措施落到实处并取得成效。

人类进入以知识作为经济发展推动力的知识经济时代，意味着创新成为这个时代的最显著的特征。只有知识的不断创新，才能推动知识经济不断前进。知识的创新依赖具有创新能力的人才。创新型人才成为影响一个国家综合国力和国际竞争能力的决定因素。经济贸易类大学生是高级经济贸易人才的主要来源，其所具有的创新能力和水平，对提高整个国家的经济贸易水平、推动国家繁荣、实现民族的复兴，具有极其重要的意义。作为培养创新型高级经济贸易人才培养基地的高等院校，必须重视学生的创新能力，这是经济贸易类大学生能力培养的重点。

(一) 经济贸易类大学生应具备的创新能力

所谓创新能力，是指创新主体运用新思想、新方法进行开拓性劳动并取得新成果的能力，它涉及一个人的多种能力，如获取知识能力、运用认识能力、观察能力、记忆能力、判断能力、分析能力、想象能力、实验能力、开拓能力、信息能力等，是一个人综合能力的具体体现。结合知识经济时代特征及其对经济管理人才的要求分析，经济管理类大学生应具备的创新能力主要包含以下六个方面。

1. 获取知识的能力

随着知识经济时代的到来，知识资源的占有、配置、生产、分配和使用将成为经济活动的主要内容。拥有知识资源的多少和质量成为评价一个国家的综合竞争力的核心指标，获得和创造知识的能力成为决定经济发展的核心因素。因此，经济贸易类大学生必须掌握专业基础知识，丰富知识体系，从而提高个人的整体素质，这就要求具备获取知识的能力。

2. 转化知识的能力

在经济全球化时代，国家的创新能力是决定一个国家在国际竞争和全球格局中地位的重要因素。国家的这种创新能力，完全取决于高素质创新人才的占有和有效配置。时代和环境决定了对高素质创新经济管理人才的需要，而这类人才即是具有创新意识、创新精神和创新能力的人才，而创新意识、创新精神和创新能力形成取决于大学生的知识转化能力。

3. 分析问题、解决问题的能力

当今企业面临的环境变化加剧，多变的环境充满了不确定性。这就要求经济管理人才具有较强的对环境应变能力，即发现问题、分析问题、解决问题的能力。对问题的解决是创新能力的具体应用。

4. 承受压力的能力

全球化的时代是竞争的时代，残酷的竞争会让参与竞争者感到压力、产生紧张，形成危机感。当竞争者能够承受这种压力时，压力和危机感反而能激发人的创造力。经济管理类大学生将来必然面对竞争，这就要求必须具备一定承受压力的能力，只有这样才能把竞争中的压力转为创造力的推动力，保证创新能力的发挥。

5. 个性发展的能力

经济贸易类专业属于实践性学科，注重理论应用过程中的灵活性，理论的运用要与环境及个人个性特征相适应。这就要求对经济管理类大学生进行能力培养时要注意与其个性特征的结合。

6. 团结协作能力

随着经济的发展，社会分工越来越细，每个人掌握信息和技能的领域有限，要实现突破性的创新需要团队的合作。因此，团结协作能力也是经济贸易类大学生创新能力培养的一部分。

（二）经济贸易类大学生创新能力培养平台体系的构建

创新能力的培养在高等教育中可以通过课堂教学、科技创新活动、专业实习、毕业论文等途径来实施。培养过程中除了灌输创新思想、培养创新精神外，更重要的是要构建完整的创新技能培养体系，即从理论、方法、平台、机制等方面为创新能力的培养制定完整的措施，提供相应条件，营造良好氛围，强调培养过程的可操作性，使创新能力的培养能做到教之能教、学之能学，确保培养效果。

经过几年的实践与研究，围绕培养创新型人才的需要，我校提出了以“激发创新兴趣，培养创新精神，引导自主实践”为理念，形成了以互动式教学、网络教学平台、本科导师制科研平台、大学生创新计划项目、创新实践基地六大平台为依托的“经济贸易类大学生创新能力培养体系”。

1. 互动式教学平台

互动式教学平台是以案例分析、启发式问题、角色扮演、多媒体等手段营造师生互动的课堂教学环境，通过教与学双方平等交流探讨，实现不同观点碰撞交融，激发学生学习的主动性和探索性的一种教学方式。在互动过程中，由于双方都是意识的、能动的交换或传递者，都以积极主动的状态参与活动过程，从而决定了互动不是单向反馈的过程，而是呈现一种双向对话和沟通。信息的流动不再是单向的，而是多向的、互动的，实现了从接受式学习到发现学习、探究学习的转变，激发学生的创新意识，提升学生的创新兴趣，培养学生产生新认识、新思想和创新事物的创新能力。

2. 网络教学平台

依托互联网建立的网络教学平台创建了一种新型师生关系，在网络教学平台，教师与学生直接通过平台获取信息、满足自身需要，而网络平台通过隐性的方式为师生信息的获得提供技术支持。网络教学平台改变了传统的师生交流方式，从交流的环境、气氛、方式、效果上都实现了突破，学生在轻松的环境学习，学习过程的主导地位向学生转移，给学生提供了个性空间，提高了创新意识和创新能力培养的有效性。

3. 本科导师制科研平台

本科生导师制在操作中实行双向选择，每学年开学时，向学生公布导师名单和导师的基本情况，学生则根据自己的意愿、兴趣和发展选择导师，导师也可以根据自己的要求选择学生。本科导师制将教师的形态由传授型转换为指导型，学生的角色也由接受验证型转为主动参与探索型。提升了学生在学习过程中的主动性，实现教与学的相互促进，有利于创新型人才的培养。

4. 大学生创新计划项目

大学生创新计划项目现在已是在高等教育中普遍认同的一种人才培养方式，是培养高校大学生创新能力、科研能力和实际动手能力的有效形式和重要途径。大学生创新计划项目在实施中有学生作为项目负责人，组织团队，在指导教师的指导下，自主选题，自主进行研究性学习，自主进行实验方法设计和自主开展研究工作，以“研究过程”为主，强化实践能力和个性培养，兼顾“研究成果”。通过让大学生参与和体验科学创造、研究与实验的过程，激发学生的创新思维和创新意识，提高大学生的创新能力和实践能力，实现培养高素质创新人才的目的。

5. 创新实践基地

横向课题是经济管理类专业大学生利用创新实践基地培养创新能力的主要方式。横向课题往往对理论深度要求不高，最适合三、四年级的学生去承担。企业委托的横向项目由承担教师分解后，往往变成了难度不大的某一方面的小问题。而这些小问题最适合由几名本科生共同研究解决，为学生能力培养提供了良好的平台。本科毕业生就业困难的主要原因是实际工作经验欠缺，而许多雇主又不愿意承担二次培养成本。而以横向课题为载体与创新实践基地合作，培养了学生的独立性、团队协作精神、创新精神、创新能力、应用知识和自我学习的能力。

（三）经济贸易类大学生创新能力培养的长效机制

1. 管理组织机制

一是建立大学生科技创新领导小组，为不同层面创新能力培养活动确定方向、制定规划、营造氛围、协调实施、提供服务。聘请一批高级职称或博士学位的教师，包括国家模范教师、教学名师等建立创新活动的校内外评审专家和指导教师队伍。科技创新领导小组经常开展研讨活动，研究相关问题，制定相关具体规定和激励措施，对创新能力培养体系的运转情况进行监控和指导。二是制定系统的经济贸易类大学生创新能力培养方案。为致力于大学生创新精神和创新能力培养，提高学生发现问题、分析问题、解决问题的能力，学院对课堂教学、实验教学进行改革，制定系统的创新能力培养方案，包括培养目标、培养措施、实施计划、质量监控、项目评估等一系列工作，实现目标管理。

2. 引导激励机制

一是制定导向性政策，引导学生重视创新活动，培养创新能力。主要措施有引入创新学分，学生可以通过参加各种科研项目、企业模拟经营大赛、发表论文等途径获取创新学分；所有申请校级或以上优秀毕业生称号者都应参加过院级及以上科技创新活动；学生课外科技创新的成果，可作为指定的课程部分考核分数；给科技创新活动指导教师计算工作量，学生所获成果也作为教师业绩。二是设立创新基金，用于表彰在科技创新方面取得优秀成果的团队及个人。

3. 以学生为中心的培养机制

我国的教学普遍存在以课堂、教材和教师为“中心”，以传授课本知识为唯一目的，忽视学生创造能力的发展和个性的培养，忽视学生认知能力的培养的现象。经济贸易类大学生创新能力培养体系强调了学生的“中心”地位，在整个教学过程中教师作为学习的组织者、指导者、帮助者和促进者，使学生在相互协作中充分发挥自己的主动性、积极性、创造性和团队合作精神。这种模式强调的是以学生为主体，学习强调的不再是对知识的记忆，而是重视培养学生的创造性思维和创造能力。

4. 经费保障机制

经费的来源除了学校对于创新活动相关专项拨款外，经济与管理学院通过多种渠道筹措创新活动资金，如通过横向课题与企事业单位建立紧密型的合作伙伴关系，吸引社会资金的投入，教师科研经费的合理运用等。在资金的使用中，做好专项资金的规划，合理分配，确保资金的应用效率。

五、创新创业训练项目对经贸类大学生能力培养研究

2012年，教育部发布《关于做好“本科教学工程”国家级大学生创新创业训练计划实施工作的通知》，计划通过实施国家级大学生创新创业训练计划，促进高等学校转变教育思想观念，改革人才培养模式，强化创新创业能力训练，增强高校学生的创新能力和在创新基础上的创业能力，培养适应创新型国家建设需要的高水平创新人才。至此，创新创业教育正式作为国策纳入我国高等教育的基本日程。

(一) 高等教育中创新创业教育的发展

“创新创业理论”最早由著名经济学家熊彼特1912年在其《经济发展理论》一书中提出，熊彼特认为，创新就是要把一种从来没有的关于生产要素和生产条件的“新组合”引进生产体系中去，以实现对生产要素或生产条件的“新组合”，创新是经济发展的本质规定，而企业家是创新的主体；而创业就是这种“新组合”的实现，企业家作为“新组合”的主要组织者和推动者，是创业的载体。

在熊彼特创新创业理论的影响下，随着全球技术进步的风起云涌以及全球经济的迅猛发展，创新创业教育也在发达国家的高等教育中日益流行起来。1947年，哈佛大学商学院率先开设《新创企业管理》课程，被认为是美国大学的第一门创新创业学课程，也是创新创业教育在大学的首次出现。1967年，斯坦福大学和纽约大学开创了现代的MBA创业教育课程体系，标志着创新创业教育在美国迅速发展起来。在美国的带动下，创新创业成为各国竞相采纳的国家战略，创新创业教育也在全世界范围展开，成为高等教育发展中的一个潮流。

在之前，为了适应社会对人才的多层次需求，我国高校的创新创业教育也越来越受到社会各界的广泛重视。1997年，清华大学将美国的商业计划大赛引入中国，并于1998年在清华大学举办大学生创业计划大赛；1999年，全国性的“挑战杯”创业计划大赛正式开展。

直到2002年，教育部将中国人民大学、清华大学等9所高校确定为我国创业教育试点院校；2012年，教育部又正式发布《关于做好“本科教学工程”国家级大学生创新创业训练计划实施工作的通知》，明确由中央财政、地方财政共同承担大学生创新创业训练计划的经费支持。目前，在全国形势的推动下，各高校也以此为契机，通过组织包括“挑战杯”、职业规划大赛、创新创业计划大赛，同时通过建立创业园区和高校创业孵化基地等形式，探讨如何将创新创业教育融入本专业人才培养计划中，切实提高大学生的创新实践能力，从而提高其就业竞争力。

(二) 经贸类大学生参与创新创业项目的意义

根据《教育部关于做好“本科教学工程”国家级大学生创新创业训练计划实施工作的通知》，创新创业训练计划内容包括创新训练项目、创业训练项目和创业实践项目三类，目前，经济贸易类专业大学生（后文简称经贸类大学生）主要参与其中的创新训练项目。结合2012年以来创新创业计划项目的实践，笔者发现，经贸类大学生参与创新创业计划项目，既有助于其更加巩固本学科理论知识的学习，也有利于提高其实践能力。

1. 巩固理论知识

大学生参与创新创业计划项目，是在专业基础知识之上的一种探索性学习活动，是对课堂理论知识学习的一种良好巩固。

经贸类大学生参与创新创业计划项目时，首先在选题方面，往往会选择跟本专业密切相关的社会现实问题和本专业领域研究的前沿问题，如国家宏观经济、产业发展、地方经济和社会发展等，这就要求学生首先在选题时就能将本学科所学基础理论知识，如微观经济学、宏观经济学、国际经济学中的基本规律和基本原理较好地应用于分析现实问题，而传统经济学的基本规律和基本原理恰恰也是来自经济学家对现实经济问题的观察和解释。

其次，选题确定之后，在创新创业计划项目设计过程中，需要借鉴国内外已有的相关研究，这就需要大学生们广泛地搜集和阅读国内外文献，并形成文献评述。就经济学科而言，其理论本身的发展就是随着社会经济现实的发展而不断推进的，因此，这一过程不仅有助于训练大学生们的文献检索能力，也有助于他们在文献评述过程中思索本研究主题的最新发展和已有传统理论的适用性，探讨在新的经济环境下更适合本国（地区）及本产业的经济理论框架。

最后，在创新创业计划项目实施过程中，由于经贸类大学生选题的现实性，他们一般需要结合问卷调查获得的一手数据，或者来自官方统计的二手数据，然后选择合适变量建立数学模型，并采用统计分析软件如EviewS、StatA、SPSS等，利用所得数据对模型结果进行分析，从而探讨他们所选主题的相关影响因素，验证其所建模型的适用性和解释力。这一过程有助于经贸类大学生们系统地巩固其关于数据挖掘、计量经济学、统计学等理论课程所学的知识和方法，可以说是在课堂理论知识学习之外的一次绝佳实验课。

2. 提高实践能力

大学生参与创新创业计划项目，项目周期至少为一年，这也是大学生第一次真正系统地去组织和参与整个项目的设计、实施全过程，其中涉及很多人、很多环节，因此极大地提高了其实践能力。

第一，表现在团队协作能力上。由于整个项目一般会有三到四名同学参加，可能这三到四名同学还来自不同的专业、不同的学科，从组建团队、选题、收集资料、撰写申报书，到实施过程中的问卷设计与调查、模型建立、数据处理及论文发表，整个过程从无到有，需要每一位团队成员的努力。整个团队成员之间多次的沟通与协调，形成团队荣誉感与责任感，从而使整个团队能有效地运转，圆满完成整个项目计划。因此，参与创新创业计划项目有利于提高大学生的团队协作能力。

第二，时间管理能力。时间是一种重要的资源，具有公平性、不可再生性和不可替代性。对于经贸类大学生而言，由于整个创新创业项目周期至少为一年，且申报项目时一般为在校大二学生，这意味着大二、大三都是整个项目实施过程中的关键阶段，而此阶段同时也是经贸类学生理论学习和各种考证任务最繁重的两年，这就要求经贸类大学生合理分配各方面的时间和精力，有效管理时间，实现创新创业项目和自身专业学习的双赢。因此，参与创新创业项目，有助于经贸类大学生提高时间管理能力。

第三，创新实践能力。创新创业项目没有一个现成的模式可循，经贸类大学生参与创新创业计划项目，从选题阶段就要思考选题的理论意义和现实意义，把自己所感兴趣的主题与国家（地区）宏观经济发展的新形势和新特点结合起来，对所学的知识进行融会贯通，提高对基础理论知识认识的广度和深度。在项目设计环节，项目团队需要思考“如何做”，充分考虑各种方案的可行性，有助于训练其严密的科学思维。在项目实施过程中，团队成员可能会面临各种具体问题，这都要求他们针对具体问题提出解决方案，评估方案并果断进行决策，并在执行中不断优化、调整。

通过参加创新创业训练项目，经贸类大学生可以改变思维方式，逐渐养成思辨、发散等创新性思维；进一步地，创新创业训练项目带给参与者设计、执行和完成项目、战胜困难的成就感，这将有助于激发其创新创业的激情。

综上所述，创新创业训练计划项目不仅有助于经贸类大学生巩固理论，培养创新创业技能，而且更能激发其创新创业激情。对于风华正茂的经贸类大学生而言，创新创业激情的激发意味着更高更远的职业发展梦想，意味着其人生蓝图增添了无限可能。

(三) 加强创新创业训练计划项目管理，提高经贸类学生竞争力

21世纪是创新的时代，建设“创新型国家”也是我国面向未来的重大战略。我国经济的新的增长动力需要创新创业，而缓解“大学生就业难”问题更需要创新创业。从2012年教育部正式实施国家级大学生创新创业训练计划项目以来，创新创业训练计划对经贸类学生巩固理论知识和提高实践能力都发挥了良好的作用。但是，在项目实施过程中，也存在学生、指导教师和管理部门精力投入不够，导致学生刚开始参与热情较高，但是实施过程中搭便车现象严重，而指导教师和管理部门又缺乏对学生的实际监管，从而最后项目草草收场，没有达到预期效果。因此，有必要加强创新创业训练计划项目管理，从而真正提高经贸类学生的竞争力。

第一，对于学生，建立大学生创新创业训练计划项目的激励机制。激励，就是利用某种外部诱因调动人的积极性和创造性，使人有一股内在的动力，朝向所期望的目标前进的心理过程。激励有物质激励和精神激励两方面。目前，对于创新创业项目的物质激励主要来自项目经费，通过中央财政和地方财政共同支持，对于校级、省级和国家级的创新创业项目分别给予0.15万元到1万元不等的经费支持。同时，经贸类大学生参与创新创业训练计划项目也需要建立精神激励机制，让学生参与创新创业训练的兴趣持久和广泛，从项目中提升自己，达到自我实现。具体而言，可以将创新创业项目立项纳入综合测评加分、硕士推免、推优入党等方案，形成机制并认真执行。

第二，对于指导教师，将创新创业训练计划项目与教育教学改革和学科发展结合起来。对于校内指导教师，可以考虑将教师指导的学生创新创业训练计划项目立项作为教师教学改革成果，给予一定的物质和精神奖励；将指导学生创新创业训练计划项目折合成一定的教学工作量，从而激励教师真正投入精力指导学生。另外，将创新创业项目与学科发展联系起来，从而学院在建立校外实习基地、聘请校外实践导师时，同时考虑聘请社会上经验丰富的从业人员作为经贸类大学生创新创业训练项目的指导老师，从而形成一支既有扎实理论知识，又有丰富社会实践经验的指导教师队伍。

第六章

应用型本科院校经贸类专业教学改革应用实践

随着中国经济发展进入新常态和高等教育大众化的发展，高等学校人才供给与社会发展人才需求关系的结构性矛盾愈加突出。从就业来看，一方面社会急需人才，但另一方面，高等教育培养出的人才却应用能力不高，不能满足用人单位的要求。为适应经济结构调整、产业升级和创新驱动发展要求，国家倡导地方普通本科高校向应用型转变，服务地方经济社会发展。2014年6月，国务院印发了《关于加快发展现代职业教育的决定》，重新划分了中国的高等教育体系，全面部署加快发展现代职业教育，要求“采取试点推动、示范引领等方式，引导一批普通本科高等学校向应用技术类型高等学校转型，重点举办本科职业教育”。应用型本科院校发展职业教育，不仅是中国高等教育发展的历史必然，也是建设创新型国家的现实需要。创新教育理念，培养创新创业应用型人才，提高学生创新素质、开发创新创业潜能，已经成为普通本科高校的重要任务之一。

在现今信息技术时代，方兴未艾的“互联网+”代表了一种先进的生产力，相信其必将推动高等教育专业人才培养质量的不断提升，为教学改革、发展与创新提供广阔的网络平台，使传统教育焕发出新的活力。福建师范大学福清分校（后文简称福清分校）作为普通地方本科高校积极响应号召，紧密围绕区域经济社会发展需求，努力探索应用型发展模式，增强学校专业设置和人才培养与区域经济社会的契合度，形成了一系列卓有成效的改革成果，为适应和引领经济发展新常态、服务创新驱动发展大局作出了一份贡献。本章将以该校国际经济与贸易专业及《国际贸易实务》课程的教学改革实践为例，对应用型本科院校培养应用型、复合型、创新型人才的路径和方式进行探索。

第一节　以创新创业为导向的经贸类专业教学改革

1989年11月，联合国教科文组织在北京举行的“面向21世纪教育国际研讨会”上首次提出并讨论了“创业教育”的概念，并将创业能力提高到与学术性和职业教育同等的地位，认为创业教育应被视为应掌握的“第三本教育护照”。该理念一经提出，即得到许多国家和国际组织的大力支持与倡导。近几年，中国也开始逐渐重视高校的创新创业教育。2010年，教育部发布《关于大力推进高等学校创新创业教育和大学生自主创业工作的意见》(教办［2010］3号)，对高校开展创新创业提出了明确的要求，《意见》指出：“在高等学校开展创新创业教育，积极鼓励高校学生自主创业，是教育系统深入学习实践科学发展观，服务于创新型国家建设的重大战略举措；是深化高等教育教学改革，培养学生创新精神和实践能力的重要途径；是落实以创业带动就业，促进高校毕业生充分就业的重要措施”。在2014年9月的夏季达沃斯论坛上，李克强总理提出，要在960万平方公里土地上掀起“大众创业”、“草根创业”的新浪潮，形成“万众创新”“人人创新”的新势态。2015年全国两会期间，他在政府工作报告中进一步指出要把“大众创业、万众创新”打造成推动中国经济稳定增长、实现转型升级的新路径。由此全国上下兴起创新创业的热潮，作为培养高层次人才的高等学校更是在这一波浪潮中凸显其重要作用。

一、高等学校实施创新创业教育改革的背景、意义及其必要性

深化高校创新创业教育改革，是国家实施创新驱动发展战略、促进经济提质增效升级的背景下提出的，对促进高等教育与科技、经济、社会紧密结合，为实现中华民族伟大复兴的中国梦提供强大的人才智力支撑，具有重要的现实意义。

2013年，习近平致信全球创业周中国站活动组委会指出：“青年是国家和民族的希望，创新是社会进步的灵魂，创业是推动经济社会发展、改善民生的重要途径。”在《国务院办公厅关于深化高等学校创新创业教育改革的实施意见》(国办发[2015]36号文件)中也提出，深化高等学校创新创业教育改革，是国家实施创新驱动发展战略、促进经济提质增效升级的迫切需要，是推进高等教育综合改革、促进高校毕业生更高质量创业就业的重要举措。由此可见，大学生是创新创业的生力军，而高等学校是培养创新创业人才的战略高地，是知识创新、科技创新的摇篮，高校实施创新创业教育改革有其必要性。

（一）创新创业教育改革是促进中国经济转型的根本要求

目前，在经济全球化的推动下，中国已成为仅次于美国的世界第二大经济体，但随着2008年国际金融危机的爆发，世界需求和经济增长疲软，同时全球范围的产业结构升级加快，对中国的经济发展和产业结构调整产生了巨大影响。中国经济进入“新常态”，面临着经济增速换挡、结构调整、新旧动能转换等多重挑战。长期以来，中国经济增长的动力依赖于要素驱动和投资驱动，这种增长模式依赖于引进和吸收国外先进技术，它促进了中国经济的快速腾飞，但同时也导致了自主创新能力弱，仅是成为世界的“加工厂”，长期处于全球价值链的低端。因此，中国经济要进一步发展，产业要向中高端转型，就需要推进创新驱动发展战略，由此才能从经济大国迈向经济强国，从“中国制造”走向“中国智造”“中国创造”。

创新是引领经济和产业转型的第一动力，是民族、社会进步的基础，而人才是创新的核心要素。创新驱动实质上是人才驱动。同时，创业是促进经济增长的重要因素之一。基于此种认识，国家做出了加快实施创新驱动战略、建设创新型国家的重大决策，提出增长动能向创新驱动转换，并在全国范围内开展创新创业教育改革。

创新能力，实为知识的综合运用能力，是人创造性的外化。它要求能够利用现有的知识和物质，在特定的环境中，本着理想化需要或为满足社会需求，而改进或创造新的事物，并获得一定有益效果。激烈的社会竞争中，与其说是人才的竞争，不如说是人的创造力的竞争。在新常态下，国家不仅需要高级的技术型应用人才，更需要大批能解决实际问题的应用型创新人才。正如李克强总理所言：“大学生是实施创新驱动发展战略和推进大众创业、万众创新的生力军。”因此，高校在创新创业教育培育体系中发挥着关键作用。

（二）创新创业教育改革是缓解社会就业严峻形势的迫切要求

20世纪初以来，随着中国高校办学规模和招生规模的连续扩大，高等教育实现了跨越式发展，但在高等教育实现由“精英教育”向“大众化教育”战略转移的同时，高校毕业生的就业难问题也日益凸显。

据教育部有关统计显示，2001~2007年，全国高校毕业生平均就业率只有70%，其中本科生的待业人数2001年为34万，2005年达到79万，2007

年增至144万。2008年、2009年由于全球经济危机，中国大学毕业生的就业形势更加严峻。根据最新统计，2016年高校毕业生人数达到765万，超越2015年的749万，创下了历史新高，被称为史上最难就业季。根据人社部的毕业生数据，如果加上中职毕业生和2015年尚未就业的学生数量，青年就业群体达到约1500万。国务院发展研究中心的一项研究表明，2013年，国内生产总值（GDP）每增长1个百分点吸纳就业140万至160万人。按照这样的比例进行测算，若要解决1500万人的新增年轻人就业，经济增长率需要高于7.2%（这还未包括社会其他待业群体）。而现实是，2016年GDP增长为6.7%，创下1990年以来的26年新低。经济增长的趋缓无法为如此庞大的大学生就业群体提供更多的就业机会。高校招生总体规模的不断扩大，大学毕业生逐年增多，给社会带来巨大的就业压力。

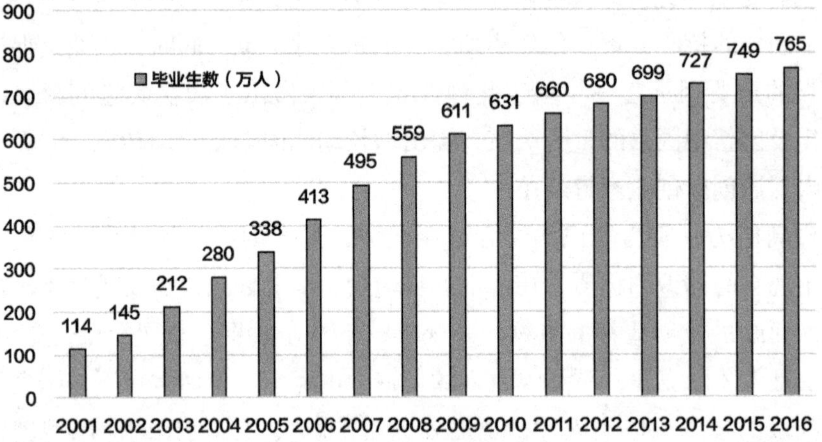

图6–1 2001～2016年全国普通高校毕业生人数

近几年，在国内化解过剩产能造成一部分职工下岗、经济下行压力下企业用工不足等大背景下，企业能够提供的新就业岗位已十分有限，政府机关、事业单位减员增效，也难以接收更多毕业生；国有大中型企业及其他单位也因结构调整和产业优化重组而难以为大学毕业生提供充足的就业机会。据人社部公布的《2016年第一季度部分城市公共就业服务机构市场供求状况分析》，2016年一季度用人单位通过公共就业服务机构招聘各类人员约520万人，较去年同期减少了22.9万人，下降4.5%。同比去年，我国东部地区市场用人需求减少了 1.2 万人，而求职人数却增加了 14.1 万人。

同时，社会对于毕业生能力层次的要求越来越高。目前中国社会对高层次的复合型、外向型和开拓型人才的需求日益迫切，呈现对人才结构的需求层次重心上移的趋势，但高校培养的人才却无法适应他们的要求，市场上中高层次人才的供给严重短缺。

在这样严峻的就业形势下，大学生一毕业就有可能面临着失业，这将给社会带来很多的不安定因素。因此，开展创新创业教育，教育和引导更多的大学生加入到创新创业队伍中来，是大学生走向社会、接受社会挑战的重要途径，同时也能大大缓解社会的就业压力。据麦可思研究院数据显示，越来越多高校毕业生选择了创业，2007 年这一数值为 1.2%，至 2014 年，该数值已翻倍增长至 2.9%。

(三) 创新创业教育改革是提高大学生创业成功率的现实要求

在“大众创业、万众创新”浪潮的推动下，全社会的创业热情不断高涨。全球创业报告显示，中国的创业指数为 79%，远远高于全球 51% 和亚洲 64% 的平均水平。在 2015 年的一项调查中显示，当年大学毕业生想创业的占比为 23%，已接近四分之一。毕业选择创业的学校类别中，地方高校的人数占比最高。虽然大学生创业意愿强烈，但真正进行创业的比例却很低，麦可思研究院发布的《2014 年中国大学生就业报告》显示，中国 2013 届大学毕业生创业比例仅为 2.3%。同时，有调查数据表明，当前，全国大学生创业成功率也非常低，其中，最高的浙江也仅为 4%，全国平均成功率仅为 2%，这与欧洲和美国的大学生 20% 的创业成功率有整整十倍的差距。

中国大学生创业率和创业成功率低由多方面的因素造成，其中，除了缺少成熟、系统的创业支撑机制外 (如当前创业教育较为孤立，虽然不少高校开设了创业课程，但多数只进行零星的创业指导，许多大学生虽然掌握了基本的创业理论与技巧，但较少投入实践)，更重要的是许多学生缺乏创业者应具备的基本综合素质，其社会适应能力差，创业竞争力较弱。很多学生的思维和知识都局限在课堂上和书本上，对于社会职业的状况不甚了解。比如在求职中，用人单位与社会所看重的道德修养、组织能力、独立能力、协作能力、进取心、刻苦精神与工作热情等，往往被大学生所忽略。一项调查表明，在关注度排序上，企业对学生的关注程度第一位是学习能力，第二是责任感和责任意识。但学生把责任意识、责任感却降到了第八位。这种认识上的错位导致在高校学生的创业基本能力和道德素质较为薄弱，形成了一系列问题，包括风险意识薄、抗压能力弱、实践经验少、经营管理差、交际范围窄、团队凝聚散等，从而造成大学生创业率和创业成功率较低的现实。

通过创新创业教育可以让学生从课堂上、从书本里解放出来，有更多的机会和时间接触社会、接触职业，培养学生适应社会、企业的能力，增强他们的就业创业和职业转换能力，提高创业成功率。

二、高等学校开展创新创业教育的原则

中科院院士郑晓静指出，高校加强创新创业教育，关键要做到“四个面向”，包括面向全体、面向全程、面向育人和面向未来。国务院《关于深化高等学校创新创业教育改革的实施意见》也提出要“坚持育人为本，提高培养质量”“坚持问题导向，补齐培养短板”“坚持协同推进，汇聚培养合力”等三个基本原则。因此综合而言，大学生创新创业教育要坚持方向性、全体性、协同性、全程化、特色化等原则。

(一) 方向性原则

创新创业教育必须适应建设创新型国家的重大战略和推进“大众创业、万众创新”的时代特点，坚持社会主义大学的办学方向，以立德树人为根本任务，“将服务国家创新驱动发展战略的当前需求和‘促进以创业带动就业’的社会发展需要与培育国家创新体系的未来生力军相结合，将促进学生的大学学习与终身学习相结合，把创新创业融入专业教育”，以培养一大批富于创新精神和实践能力的创新创业型人才。

(二) 全体性原则

创新创业教育要着眼于教育的广泛性和普及性，使之惠及每一个学生，着力提高全体学生的创新精神、创业意识和创业能力，使所有大学生成为高素质创新创业型人才。

国务院和教育部关于创新创业教育的纲领性文件，均明确强调了创业教育要面向全体学生的基本要求，其中2010年教育部《关于大力推进高等学校创新创业教育和大学生自主创业工作的意见》指出“创新创业教育要面向全体学生，融入人才培养全过程”；2012年教育部《普通本科学校创业教

育教学基本要求（试行）》提出了“面向全体、注重引导、分类施教、结合专业、强化实践”的五条教学原则；2015年国务院办公厅印发《关于深化高等学校创新创业教育改革的实施意见》，再次明确强调了“面向全体”“融入人才培养体系”“普及创新创业教育”的基本原则和总体目标，进一步确立了创业教育面向全体学生的政策导向。

（三）协同性原则

由于创新创业教育是一项复杂的系统工程，它不仅涉及学校内部的课程、活动、管理等诸多内容，而且需要国家政策、社会环境、企事业单位等多个主体的配合，因此，必须建立科学协调机制，充分考虑多主体、多因素的协同运作。2013年习近平即强调：“全社会都要重视和支持青年创新创业，提供更有利的条件，搭建更广阔的舞台，让广大青年在创新创业中焕发出更加夺目的青春光彩。”

2015年国务院办公厅印发的《关于深化高等学校创新创业教育改革的实施意见》，也再次明确强调要“坚持协同推进”，“把完善高校创新创业教育体制机制作为深化高校创新创业教育改革的支撑点，集聚创新创业教育要素与资源，统一领导、齐抓共管、开放合作、全员参与，形成全社会关心支持创新创业教育和学生创新创业的良好生态环境。”

（四）全程化原则

创新创业教育已成为高等教育的重要组成部分，国家印发的一系列关于创新创业教育的纲领性文件，都不仅一致强调“创新创业教育要面向全体学生”，还强调要“融入人才培养全过程”，这就要求高校要将创新创业教育纳入专业教育之中，贯穿人才培养的全程。高校创业教育须以专业教育为根基，将创业教育有效地融入专业教育中，不仅传授给学生必要的专业知识和专业技能，更重要的是使学生更深刻地理解这个世界，以及如何利用自身所掌握的知识和技能来改变这个世界。

（五）特色化原则

创新创业教育强调培养学生的创新精神、创业意识和创新创业能力，创业的核心和本质是创新，创新支撑着创业。创新创业精神、意识和能力的培养没有统一的路径和方法，每个学校都既需要从学校“整体上进行顶层设计”，更需要从学生出发“分层次、分阶段、分群体具体推进”，形成包含创业内涵及专业特征的具有学校特色、学生特色和层次特色的“专业 + 创业”式特色化教育。

三、高等学校实施创新创业教育现状

伴随知识经济时代的到来，创新创业已成为时代的主旋律。广义的创业是指创业者的各项创业实践活动。瑞典管理学家、“创新工厂”和“72 小时创新竞赛”创始人凯伊 · 米克斯（Kaj Mickos，2004）认为，创新与创业两者并不是等同关系，“创业可能涉及创新，或者也并不涉及；创新可能涉及创业，或者也并不涉及”，但二者可以进行有机融合，让创业实践更多地体现出创新精神，形成更具有可持续发展性的创新型创业，为社会创造出更多新的价值。在北京大学举办的第八期企业家论坛上，著名经济学家厉以宁指出，创新从严格意义上讲是经济学术语，分为制度创新和技术创新，但“不管制度创新，还是技术创新，第一要创意”，“创新创业都离不开最早的创意，有创意才有创新，有创新才有创业”，“创业是最后落脚的地方”。大学生作为年轻的一代拥有无限缤纷的创意，他们是创新的源泉，高等学校的创新创业教育正是让这创意之流源源不断迸发的摇篮。那么，现今中国高等学校创新创业教育状况又是如何的呢?

（一）起步较晚但发展迅速

国内高校创新创业教育从整体上看起步较晚，但发展迅速，从 1997 年开始至今有十多年的发展历史，其可以分为三个发展阶段。

第一阶段，是高校自发探索阶段（1997 ~ 2002 年）。

20 世纪 90 年代末，创新创业教育在一些高校悄然兴起。1997 年，清华大学将美国的商业计划大赛引入中国，于 1998 年举办了首届清华大学创业计划大赛，成为第一所将大学生创业计划竞赛引入亚洲的高校，也因此获得了加入全球商业计划竞赛联盟的资格，成为该联盟中第一个来自亚洲的成员。同年，清华大学管理学院率先在 MBA 班开设“创新与创业管理”课程，并为全校本科生开设了“高新技术创业管理”课程。为了鼓励学生创业，清华大学还制定了相关政策，允许学生在创业的关键时期“休学创业”。1999 年，团中央、中国科协与全国学联联手举办了全国首届“挑战杯”大学生创业大赛。教育部制定的《面向 21 世纪教育振兴行动计划》中提出要“加强对教师和学生的创业教育，采取措施鼓励他们自主创办高新技术企业”，决定允许大学生、研究生保留学籍创办高新技术企业。在清华大学的带动下，中国高校创业教育进入了探索阶段。复旦大学开始尝试将对学生的创业基础知识和基本技能的教育融入教学之中，并设立专项基金支持学生创新创业；华东师范大学开设了“创业教育课”；武汉大学实施“三创”(创造、创新、创业)教育培养创业人才；北京航空航天大学为本科生开设了“科技创业”课程，并对学生创业给予资金支持；西北工业大学开始将创业学纳入到本科生教育课程体系之中。

第二阶段，是政府引导下的高校多元探索阶段(2002~2010年)。

随着各高校创业教育的深入，创业教育开始得到教育部的重视。2002年，全国性的高校创业教育在中国正式启动，教育部在清华大学、中国人民大学、北京航空航天大学、上海交通大学、南京经济学院、武汉大学、西安交通大学、西北工业大学、黑龙江大学等9所院校首先开展创业教育试点，各高校通过各自不同的方式对创业教育的开展进行实践性探索。这标志着中国的创业教育进入了政府引导的多元化发展阶段。

为培养青年的创业意识和创业能力，解决青年就业问题，自2005年8月起，共青团中央、全国青联与国际劳工组织合作，在中国大学中开始开展KAB创业教育(中国)项目。2006年8月，清华大学、北京航空航天大学、天津工业大学、中国青年政治学院、北京青年政治学院和黑龙江大学等6所高校成为首批大学生KAB创业教育基地。2007年11月，又有中央财经大学、东北大学、浙江理工大学等28所高校成为第二批大学生KAB创业教育基地。此后又有多所高校加入KAB项目，形成了全国性的大规模创业培训。

2008年教育部通过“质量工程”项目，立项建设了30个创业教育类人才培养模式创新实验区，开始创新创业教育实践探索，形成了以下三种模式：

(1) 以课堂教学为主导的模式，如中国人民大学将第一课堂与第二课堂相结合来开展创业教育；

(2) 以提高学生创业意识、创业技能为重点的模式，如北京航空航天大学有专门的教师、机构与创业基金对学生开展创新创业教育；

(3) 以创新教育为基础，为学生创业提供实习基地、政策支持和指导服务等综合模式，如上海交通大学以“三个基点”（素质教育、终身教育和创新教育）和“三个转变”（专才向通才转变、教学向教育转变、传授向学习转变）来开展创新创业教育。

虽然该阶段创新创业教育取得了一定进展，但其形式主要以课堂讲授为主，辅之以社会实践、企业实习、企业家讲座、创业计划大赛等第二课堂活动。整体上来看，尚处于未被社会广泛认知的阶段。

第三阶段，是政府指导下的高校全面推进阶段（2010 年至今）。

2010 年发布的《国家中长期教育改革和发展规划纲要（2010—2020 年）》提出，要“加强就业创业教育和就业指导服务”，明确高校要大力推广创新创业教育，把创新创业教育融入人才培养的全过程，同年 5 月，《教育部关于大力推进高等学校创新创业教育和大学生自主创业工作的意见》（教办〔2010〕3 号）把创业教育确定为大学生教育必修课。该文件的下方标志着中国的创新创业教育进入了在政府指导下全面推进的阶段。教育部建立了高教司、科技司、学生司和就业指导中心四个司局联动机制，形成了创新创业教育、创业基地建设、创业政策支持和创业服务“四位一体、整体推进”的格局。

《国务院关于进一步做好普通高等学校毕业生就业工作的通知》（国发〔2011〕16 号）提出：“各高校要广泛开展创业教育，积极开发创新创业类课程，完善创业教育课程体系，将创业教育课程纳入学分管理。”《教育部关于全面提高高等教育教学质量的若干意见》（教高〔2012〕4 号）进一步要求：“把创新创业教育贯穿人才培养全过程。制订高校创新创业教育教学基本要求，开发创新创业类课程，纳入学分管理”。2012 年 8 月，教育部再次下发文件，本科生必须要开设 2~4 个学分创新创业基础公共课。2015 年，教育部要求 211、985 高校成立创业二级学院，以浙江省为例，省教育厅发文所有院校都必须成立创业二级学院。

（二）全国创新创业教育的特点

十多年来，在国家有关部门和地方政府的积极引导下，各高校对创新创业教育进行了许多有益的探索与实践，形成了各具特色的多种教育模式、多种运行机制并存的局面。

1. 目前各高校的创新创业教育从运行机制来看，主要有以下三种类型：

(1)“联动式”运行机制。由学校领导牵头，各部门协同负责。

(2)“独立式”运行机制。有专门的教育管理机构，由专职人员负责学校创新创业教育的开展。

(3)“嵌入式”运行机制。依托某一个二级教学单位开展教学管理。

2. 创新创业教育类型

由前述可知，国内高校的创新创业教育类型众多，形式多样。有依托各类竞赛的，也有融入单一课程或课程体系的，甚至整套培养方案的；有创建创新实验区的，也有设立创业孵化基地的。

3. 各高校创新创业教育特色各异

清华大学通过课程设计与平台建设共同推动创新创业的人才培养。清华大学对学生创新创业给予了极大支持。打造教育联盟，从课程改革推动创新创业，形成“创新—创意—创业”的三创平台。2015 年 6 月，首批由 137 所国内高校和 50 家企事业单位、社会团体共同组成的“中国高校创新创业教育联盟”在清华大学正式启动。在教学方面，学校推进创意、创新、创业“三位一体、三创融合”的高层次创新创业教学体系建设。打破院系间壁垒，进行跨学科的专业选修，形成全新的课程培养方案和引人瞩目的成果——学生科技兴趣团队、创 +、i.Center 以及 X-lab。

中国政法大学为给学生的创新创业提供更有力的支撑，学校将实施三学期制改革，缩短春、秋季学期，增设夏季学期，并且作为全校人才培养的基础制度，在夏季学期中着力推行创新、创业、国际化教育培养模式。

浙江大学着眼于“时代高才”人才培养目标，通过教育模式创新、文化熏陶、平台搭建和制度保障等多视角形成合力，全方位推动创新创业融入人才培养全过程。包括构建全链条、立体式的创新创业教育模式，营造鲜明的、引导性的创新创业文化，搭建多元化、支撑性的创新创业实战平台，强化基础性、带动性的创新创业制度保障。

在学科及学制管理方面，武汉大学在为学生创新创业而制定的政策中表示，将会完善学科专业预警、退出管理办法，对部分不适应经济社会发展或者没有学生愿意就读的专业进行改造、调整直至停办。优先支持参与创新创业的学生转入相关专业学习。

实行弹性学制、调整学业进程，已经是各高校的实施常态。比如南京大学、北理工、北科大等，都提出在校生可保留学籍休学创新创业。

中南大学将四年制本科在校生的修业年限进行了细化规定，为3~6年。不仅如此，还鼓励校科技教职人员在职和离岗创业，经学校同意后可在5年内保留人事关系。

湖南大学始终坚持以改革带动创新，多举措推进大学生创新创业教育。通过顶层设计，出台《本科生创新创业教育实施方案》，构建起涵盖课程、虚拟创业学院、导师队伍、学分学制、实践训练、文化氛围的创新创业教育体系，搭建各类平台，将创新创业融入教学体系，纳入学分管理，形成线上线下创业双学习模式。

江南大学出台《江南大学关于深化创新创业教育改革的实施方案》，通过实施弹性学制、完善课程体系、深化教学改革和加强师资建设等系列举措，不断提高创新创业教育水平。学生开展学科竞赛、创新实验、获得专利和自主创业等情况可折算为创新创业学分。

中国地质大学（武汉）把创新创业教育贯穿学生培养全过程，努力提升学生创新精神和实践能力。包括构建以创业基础课程、创业培训课程、创业实践课程为主体的创新创业课程体系；依托共青团湖北省委创业导师团、武汉市创业天使导师团，聘请企业家、创业成功人士、优秀校友、专家学者担任专兼职创业指导教师，努力打造一支专兼结合、校内外结合的创业导师团队；构建以大学生"基础科研训练计划""特殊专长支持计划""自主创新资助计划"为主要内容的创新创业实践体系；搭建"一街、一园、两器"校级大学生创新创业教育基地平台；成立大学生创新创业教育中心，创建创业模拟实验室，健全创新创业教育服务体系。

（三）应用型本科院校经贸类专业的创新创业改革

《国务院办公厅关于深化高等学校创新创业教育改革的实施意见》（国办发〔2015〕36号）提出，高校应"坚持创新引领创业、创业带动就业，主动适应经济发展新常态，以推进素质教育为主题，以提高人才培养质量为核心，以创新人才培养机制为重点，以完善条件和政策保障为支撑，促进高等教育与科技、经济、社会紧密结合，加快培养规模宏大、富有创新精神、勇于投身实践的创新创业人才队伍"。

高等学校主要分为以学术与研究为主的知识创新型高校和以技术和技能为主的应用创新型高校两大类。国家积极推动一批具备条件的普通本科高校向应用型转变，要求“高校从治理结构、专业体系、课程内容、教学方式、师资结构等方面进行全方位、系统性的改革，把办学思路真正转到服务地方经济社会发展上来，把办学定位转到培养应用型和技术技能型人才上来，转到增强学生就业创业能力上来，把办学模式转到产教融合、校企合作上来”。按照国家精神来看，作为以培养应用型本科人才、增强学生的就业创业能力，提高服务区域经济发展能力为基本目标的应用型本科院校，更加亟须从创新创业角度对教育教学进行根本性改革。

表 6–1　应用型本科高校建设重点

加强实验实训实习环境、平台和基地建设，鼓励吸引行业企业参与，建设产教融合、校企合作、产学研一体的实验实训实习设施，推动技术技能人才培养和应用技术创新。

来源:《国家教育事业发展“十三五”规划》专栏 8。

1. 经贸类专业类型

根据教育部公布的《普通高等学校本科专业目录》分类，经济学大类共有经济学类、财政学类、金融学类和经济与贸易类（简称经贸类）四种二级学科类别，其中经贸类有贸易经济和国际经济与贸易两个基本专业。贸易经济专业是教育部保留的特色专业，目前全国仅有十几所高校设置有该专业。主要培养面向商贸流通业的专门人才，培养内容以内贸为主。国际经济与贸易专业的开设学校较多，基本有设置经济类专业的学校都会开设该专业。主要培养从事国际贸易和涉外经济业务的专门人才。面对经济结构深刻调整、产业升级加快步伐、社会文化建设不断推进，特别是创新驱动发展战略的实施，经贸类专业作为培养系统掌握经济与贸易原理、知识和技能，面向经济全球化及中国外向型经济发展的高级人才的应用型专业，在应用型本科高校的创新创业教育改革上更应走在前列。

应用型本科高校经贸类专业的创新创业改革，应围绕专业学生的就业创业能力的培养来设计教学内容和教学活动，通过正确理解“创新创业教育”概念、明确创新创业教育培养目标、完善系统性的创业支撑体系，以及加强学生风险意识来增强学生的创新创业能力。

2. 正确理解“创新创业教育”概念

东北师范大学王占仁认为，“创新”后面加上了“创业”，实质是内在规定了创新的应用属性，是指向创业的创新，重在应用的创新，促进创新成果的市场化、商业化；“创业”前面加上了“创新”，实质是全面统领了创业的方向性，是创新型创业、机会型创业，是高增长的创业，提高了创业的层次和水平。“创新创业教育”是综合性、系统性的教育。其实质是以创新为基础的创业，支持创新者去创业，使创新创业成为驱动经济社会发展的引擎。

3. 明确创新创业教育培养目标

要根据专业毕业生就业方向和产业、社会人才需求状况，动态调整专业培养内容，促进专业人才培养与经济社会发展、创业就业需求紧密对接。

创新创业教育的培养目标主要有三个方面，即意识养成、知识内化和经验生成。其中，意识养成是创新创业的观念前提，是创新创业教育的基本目标；知识内化是对传统意义上知识目标的深化，是创新创业教育的核心目标；经验生成是对创新创业能力层面目标的操作性表达，是创新创业教育的根本目标。优化大学生创新创业教育要弘扬“挑战文化”，努力激发大学生的创新创业意识；坚持课程与教学改革同步、知识掌握与内化结合，夯实大学生的创新创业知识基础；打造个性化实践平台，丰富大学生的创新创业经验。

在意识培养上，主要在于启蒙学生的创新意识和创业精神，使学生了解创新型人才的素质要求，了解创业的概念、要素与特征等，使学生掌握开展创业活动所需要的基本知识。

让知识内化为学生的能力，需解析并培养学生的批判性思维、洞察力、决策力、组织协调能力与领导力等各项创新创业素质，引导学生认知当今企业及行业环境，了解创业机会，把握创业风险，掌握商业模式开发的过程、设计策略及技巧等，使学生具备必要的创新创业能力。

要让学生的能力得到验证和提高需要借助于模拟或实践注重创新创业实践。一方面，可通过创业计划书撰写、模拟实践活动、职业规划大赛、“挑战杯”、创新创业计划大赛、“工作坊”等，鼓励学生体验创业准备的各个环节，包括创业市场评估、创业融资、创办企业流程与风险管理等；另一方面，可通过建立创业园区和创业孵化基地等开展形式多样的创新创业培训项目，进而进行商业实战，汲取创新创业经验，切实提高大学生的创新实践能力。

4. 完善系统性的创新创业支撑体系

高校要开展创新创业相关的系统教学，不能只是“课程外”的零星创新创业指导。因此，需完善全方位的系统性创新创业支撑体系，提供包括师资、经费和服务（包含管理、指导、场所、设备等）等的支持，并构建与外界的常态交流平台，其中课程体系是实现创新创业教育的关键。大学生创新创业教育理念要转化为教育实践，需要依托有效的课程载体。

2015年12月，教育部印发《关于做好2016届全国普通高等学校毕业生就业创业工作的通知》要求，从2016年起，所有高校都要设置创新创业教育课程，对全体学生开发开设创新创业教育必修课和选修课，纳入学分管理。在此之前，各个高校已经通过多种途径开展创新创业教育，开设了创新创业必修课或选修课，但并没形成系统化。作为地方性普通高校，应根据经贸类专业培养应用性、职业型创新创业者的人才培养目标，探索专业教育与创新创业教育的有机融合，调整专业课程设置，挖掘和充实各类专业课程的创新创业教育资源，将创新创业教育融入专业知识教育的全过程，形成依次递进、有机衔接、科学合理的创新创业教育专门课程体系。创新创业教育课程体系主要由以下三个层次构成：

第一层次，面向全体学生，旨在培养学生创新创业意识、激发学生创新创业动力的普及课程；

第二层次，面向有较强创新、创业意愿和潜质的学生，旨在提高其基本知识、技巧、技能的专门的系列专业课程；

第三层次，旨在培养学生创新创业实际运用能力的各类实践活动课程，要以项目、活动为引导，教学与实践相结合，有针对性地加强对学生创业过程的指导。创业技能的提升要通过多种途径不断地锻炼和培养，包括举办讲座、主题研讨会、创业竞赛、创业孵化等。

5. 加强风险意识

厉以宁认为，传统定义上，创新是生产要素的重组，但在如今信息化的时代，创新是信息的重组，“信息的重新组合才能够使生产要素有效地重组”。互联网技术的发展大大降低了创新创业的成本，一些互联网平台凭借技术难度小、进入门槛低、初始资金需求量少等优势，帮助许多普通民众实现创业梦想，让创业不再困难，但这也让许多人忽略了创业中存在的风险。有数据统计，全国每年新开张的公司有至少45%在不到一年的时间就倒闭关门，国内企业的平均生命周期仅为7.5年，其中，中小微企业还不到3年。大学生创业更只有2%的平均成功率。在创业初期，许多人特别是尚未步入社会的大学生通常都只想到乐观的一面，但对风险缺乏心理准备，难以应对创业中的挑战，导致遭遇到较大的挫折和损失。

网络上流传的一个段子真实地反映了互联网大潮下的创业心态和场景：放高利贷的叫作P2P，乞讨的叫作众筹，统计改叫大数据分析，忽悠的叫作互联网思维，做耳机的叫做可穿戴设备，办公室出租叫作孵化器，搅局的叫颠覆式创新，借钱给靠谱的叫作天使投资，借钱给不靠谱的叫作风险投资。这种心态导致了大量公司的倒闭。

因此，高校开展创新创业教育不仅要进行创业知识教育和创业能力培养，更应重视风险意识的培养。常见的创业风险主要有行业风险、市场风险、技术风险、资金风险、管理风险、竞争风险、供货商风险等，在创新创业教育中要全面剖析创业可能面临的各种类型风险和防范举措，让学生对创业的复杂性和艰巨性有充分的认识，培养其风险防范意识和风险承受能力。

四、福建省外经贸发展形势与应用型创新创业人才需求

(一) 福建对外贸易发展面临多重政策利好

2014年12月，国务院正式批复设立中国（福建）自由贸易试验区，福建省成为自上海之后的第二批三大中国自由贸易试验区之一。福建自贸试验区的战略定位是——立足两岸、服务全国、面向世界，要建设成为制度创新的试验田，深化两岸经济合作的示范区和建设21世纪海上丝绸之路沿线国家和地区开放合作的新高地。继此之后，2015年3月，国家发展改革委、外交部、商务部联合发布了《推动共建丝绸之路经济带和21世纪海上丝绸之路的愿景与行动》，福建省被定位为“21世纪海上丝绸之路核心区”，以深化闽台及中国与东盟等海上丝绸之路沿线国家和地区的区域经贸合作。自此，福建省的自贸试验区和建设21世纪海上丝绸之路核心区的“双区模式”双核驱动时代全面启动，为福建省的对外开放与经贸合作带来了新机遇。2015

年7月，福州、平潭又获批跨境电商保税进口业务试点，同年10月，国家发改委、商务部、工信部、财政部等12个部门又联合发文，设立平潭、福州海峡两岸电子商务经济合作实验区，进一步支持海峡两岸电子商务合作发展。近年来，种种政策优势吸引了包括台企在内的大批外贸企业特别是电商企业“抢滩”福建，福建省的跨境电商业务得到了长足的发展，也促进了传统外贸的发展。

（二）传统外贸增速趋缓，跨境电子商务异军突起

近年来，伴随着互联网技术的迅速发展，跨境电商对国际贸易运作方式、贸易链环节产生了革命性、实质性的影响。相较于中国传统外贸增速趋缓的态势，借由“互联网＋外贸”的跨境电子商务呈现出爆发式增长，由2008年的0.8万亿元人民币快速攀升至2016年的6.5万亿元，占中国对外贸易总额的比重也由同期的4.44%提高至18.9%(详见图6–2)。预计到2020年，中国跨境电商交易规模将达12万亿元，占中国进出口总额的比重将达到约37.6%。

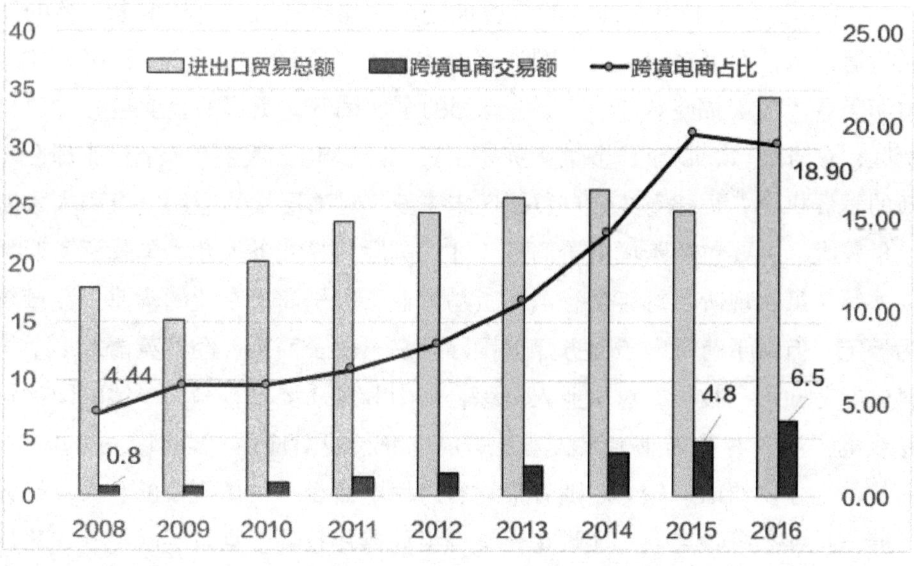

图6–2 中国外贸总额及跨境电商交易额 （单位：万亿元；%）

注：2016年数据为预测值。

数据来源：商务部、海关总署、艾瑞、易观、阿里研究院等。

福建省是中国最早开展电子商务的地区之一，也是电子商务和跨境购物最活跃的地区之一，其在本轮的全国跨境电商大肆兴起中也占据了一席之地，跨境电商正成为促进福建省对外贸易发展的新优势和新引擎。福州、平潭获批跨境电子商务保税进口试点城市和海峡两岸电子商务经济合作实验区，更给福建省的跨境电商带来了千载难逢的发展机遇。亚马逊中国发布的《2015跨境电子商务趋势报告》显示，福建省电商卖家数量仅次于广东省，名列全国第二，全省跨境电商（主体）企业超过10000家。2015年跨境电商交易额约1950亿元，同比增长42%，约占全省外贸进出口总额的18.5%。敦煌网发布的《2016中国跨境电子商务（出口B2B）发展报告》也显示，在跨境电商规模指数中，福建仅次于广东、浙江两省位列全国第三。另据估计，2016年全省电子商务交易额首次突破万亿大关，达10196亿元，同比增长43.3%，连续3年保持40%以上增长速度，比全国增速高出20%。其中，跨境电商也首度破亿，呈现出蓬勃发展之势。

（三）应用复合型外贸人才特别是跨境电子商务高级专业人才紧缺

“双区”政策和电子商务的快速推进，为福建省对外贸易带来了新的发展机遇，也扩大了对应用复合型外贸人才，尤其是跨境电子商务高级人才的迫切需要。随着福建省“十三五”规划的全面铺开，更多的企业进驻福建自贸区，全省港口、物流、金融、贸易、房地产、电子商务等多个行业都迎来新的发展机会。福建省3个自贸园区未来5年对高层次的应用复合型人才需求量较大，主要包括跨境电子商务人才、国际贸易实务人才、国际商务谈判人才等。虽然现阶段每年全省国际贸易专业、电子商务专业的毕业生数量较为稳定，但由于跨境电子商务涵盖国际贸易、电子商务、经贸英语等多个学科的专业知识和技能，对从业人员综合能力和素质要求较高，单纯的国际贸易或电子商务专业毕业生无法满足跨境电商行业对应用复合型人才的需求，而使得人才供给缺口较大。随着福建省跨境电商企业群体规模的壮大，聚力培养一批熟悉跨境电商专业理论，掌握电商操作技巧，具备实战经验，兼具“国际贸易＋电子商务”知识和技能的跨境电子商务高级人才，已成为现阶段福建省众院校经贸专业应用转型和服务社会经济发展的当务之急。

（四）外贸人才需求的地区特色

从实际调研数据来看，福建省的外贸企业主要集中在福州和厦漳泉四地，除了冠捷、建发、福耀集团等几家大型企业之外，基本上都以中小型企业为主，传统外贸工作岗位主要集中在外贸业务员、跟单员及单证员、报检员上。用人单位对外贸相关的基层工作岗位更倾向于选择动手能力强的高职毕业生。自线上电子商务平台引入外贸领域，对线上的外贸从业人员的需求也呈井喷式增长，典型案例体现在地方性特色产品外贸领域，如泉州晋江的纺织服装、莆田木制家具和石材等。从调查数据来看，独立进行对外贸易成本、价格核算、用英语进行交易磋商、撰写英文函电、跟单履行外贸合同、网络贸易操作、外贸单据制作及审核信用证等实践能力是外贸企业普遍看重的外贸专业技能。社会能力主要集中在沟通能力与团队协作能力上。此外，受访企业对网络应用能力、创新能力、后续学习能力等也很重视，普遍认为刚从学校毕业走上工作岗位的国际贸易专业学生在与人沟通的能力、社会适应能力和自主创新能力方面比较欠缺。

综上所述，推动国际经济与贸易本科专业向应用型转变，既是满足福建省外向型经济发展的需要，也是进一步完善福建省国际经济与贸易专业人才培养结构、培养多元化创新创业外经贸人才的需要。

五、福清分校国际贸易专业的创新创业教育改革

福清分校是福建省内较早开设国际经济与贸易专业（后文简称国贸专业或国际贸易专业）的本科院校之一。虽然新时期国内外形势更加复杂多变，整个外经贸行业的发展进入了重要战略转型时期，但国家的外贸发展情况和福建省的外贸发展形势特点决定了对外贸易行业将在相当长时期内始终作为福建省的经济支柱之一，特别是福建省自由贸易试验区建设为福建及福清带来了重大的发展机遇。福建自贸区包括了福州、厦门、平潭三个片区。福清与福州、平潭两地的距离相近，约60公里。福州片区中的福州保税港区就位于福清市江阴半岛。建设自贸区需要大量精通贸易、金融、税收、网络等专业知识和技术的高级人才，给福清分校特别是国贸专业的发展创造了难得的机遇。

（一）福清分校积极推动创新创业教育与专业教育相结合

在当前国家提出“大众创业、万众创新”发展战略，以及“互联网＋”行动计划等新形势下，创新创业教育和专业教育密切结合，已成为培养应用型专业人才的重要途径。为认真贯彻落实《国务院办公厅关于深化高等学校创新创业教育改革的实施意见》、教育部深化高等学校创新创业教育改革视频会议及《福建省教育厅关于深化高等学校创新创业教育改革十六条措施的通知》精神，福清分校加大宣传力度，一方面，促使全体教师充分认识到深化创新创业教育改革的必要性，积极地把创新创业教育融入人才培养的全过程。另一方面，通过政策解读、媒体宣传、会议动员、培训指导等方式宣传创新创业教育工作，引导学生掌握国家对大学生创新创业的扶持政策，协调创业与学习的关系，增强学生的创新精神、创业意识，营造浓郁的创新创业氛围，充分鼓励大学生开展创新创业。

(二) 国际贸易专业探索创新创业专业改革路径

经过深入的行业企业调研，福清分校国贸专业按照“创新创业特色专业”的专业改革思路，探索出一条以实战为主、理论为辅的创新创业型人才培养路径，形成了以能力为本位、以职业实践为主线、以项目为主体的模块化课程体系。通过创新创业教育改革，拓宽学生专业知识面，为学生自身发展和终身学习奠定坚实基础；进一步提高学生对社会需求的适应性和自主创业的主动性；强化学生创新精神和创业能力，达成“创中学、学中创”的国际贸易专业人才培养目标。

国际贸易专业积极对接社会教育资源、创新创业资源与产业人才需求，构建创业孵化平台等支持环境，提升创新创业教育成效。

一方面整合校内创新创业教育资源。首先，通过实验室模拟仿真、创业模拟大赛，依托虚拟仿真技术，打造全产业生态环境和产业链，深度模拟企业创业、经营的全过程，为专业教育和创业教育的融合提供硬件基础和软件环境。其次，在电子商务创业孵化中心、“挑战杯”大赛、外贸电商策划大赛等创新创业项目的基础上，实施各类丰富多彩的教育形式，例如创业专题系列讲座、与贸易相关企业联合开展竞赛、产学研转换、项目孵化、短期校外创业、案例参编、故事访谈、微电影等。

另一方面整合校外创新创业教育资源。首先，依靠专业校外实训基地丰富的行业资源，与企业合作构建创业孵化平台，尝试校企共同培养模式。利用校内已经设立的电子商务创业孵化中心和校外的祥兴电子商务创业孵化基地，为国际贸易专业等专业大学生创造创新创业的良好支持平台。其次，推动学校借助校友、社会关系等手段吸引资金，利用国家相关的扶持政策，尝试建立“专业教育与创业教育融合”的示范基地，为学生专业教育和创新创业教育融合奠定资金基础和推广平台。

(三) 国际贸易专业创新创业专业改革成绩斐然

近几年，国贸专业积极倡导学生参加各类专业技能比赛、参与各类课题研究，以不断提高理论与实践的能力。初步统计显示，该专业学生参与的国家级、省级大学生创新创业训练计划项目共计17项，其中国家级4项、省级13项。在每年参与的由中国国际贸易学会、全国外经贸职业教育教学指导委员会主办的“POCIB全国大学生外贸从业能力大赛”和“世格杯”全国大学生外贸跟单技能大赛中，国际贸易专业学生屡获佳绩。其中，获得“世格杯”全国大学生外贸跟单技能大赛本科组团体特等奖2项、二等奖1项，个人一等奖3项、二等奖1项、三等奖2项。获得POCIB全国大学生外贸从业能力大赛团体二等奖3项，个人一等奖8项、二等奖12项、三等奖38项。2015年专业学生参加阿里巴巴全国高校跨境电商挑战赛，历时5个月，最终获得了阿里巴巴全国高校跨境电商挑战赛“高校十二强”的荣誉，同时有128位学生通过了阿里巴巴集团具有较高含金量的跨境电商个人初级认证。2010—2015年，学生参加全国大学生英语竞赛暨省大学生英语竞赛，获全国二等奖3人次、全国三等奖2人次，福建省一等奖3人次、二等奖2人次、三等奖6人次。同时专业以学生全面发展为目标，积极开展校园文化活动，提升大学生全面素质。努力把学生培养成为理想信念坚定、思想道德高尚、学习勤奋刻苦、适应社会需要的高素质的创新创业人才。

专业还借助校外多家实习实训基地及开展多样化的校企合作，供学生进行微商平台运营、跨境电商平台运营、现代物流园区运营、外贸业务认识及营销策划等多样化内容的实训：

2015年4月，与福建省永鑫龙达贸易有限公司就跨境电商应用和培训进行合作，开展“WISH”跨境电商运营实训。

2015年5月，与福建康力士便利超市有限公司合作，承担其网站平台开发、微商城平台开发、电商运营培训、推广应用辅导等工作。

2015年6月，签约阿里巴巴(中国)“百城千校百万英才”跨境电商人才培训合作项目，在专业的跨境电商课程学习、真实的模拟系统训练和有效的资格能力考证等方面开展合作。

2015年7月，专业外聘兼职教授占建辉（厦门艾吉斯手套有限公司总经理）联同校内专业教师指导12级、13级国际经济与贸易专业部分学生参加首届中国大学生跨境电子商务创新创业大赛，6支队伍获三等奖。

2015年9月至今，与厦门艾吉斯手套有限公司、厦门欧诚盛服饰有限公司合作，将创新创业实操融入《电子商务》《国际贸易实务》等课程，开展“速卖通”跨境电商运营实操。

另外，为加快大学生电商创业创新人才培养，打造一支“懂技术、重实战、能创业”的学生电商队伍，推进大学生创新创业，带动大学生就业，解决电商企业用人难题，促进地方经济转型升级，2014年12月，在校学生处的支持下，国际贸易专业在校内设立电子商务创业孵化中心，目前中心与阿里巴巴闽汕区域及福清市和厦门市多家企业开展密切的以学生创新创业为目标的校企合作。

同时，为推进福清市电子商务的发展及解决企业对电子商务发展困惑，促进地方经济转型升级，2015年10月，专业与福建省祥兴箱包集团合作建立电子商务创新创业孵化基地，基地设在祥兴箱包集团公司总部。专业主要承担祥兴集团网站平台开发、微商城平台开发、学生电商运营和创业培训、推广应用辅导等工作，拟通过校企有效合作，力争将祥兴创业孵化基地打造成为福清市最大最有影响力的电子商务创业平台。2015年12月，组织13级、14级国际经济与贸易专业学生参加祥兴集团第一期、第二期创业孵化培训班。实训内容主要针对微商平台销售祥兴箱包的经验介绍和实操培训。

福清分校国际贸易专业在创新创业教育改革中取得的成绩有目共睹，而其在专业人才培养和教学改革方面也探索出了一条具有地方特色的应用技术型道路。

专题：

中央与地方创新创业教育改革相关文件及政策

1. 中央层面促进创新创业教育的文件

早在2007年党的十七大报告中，中央就提出了“提高自主创新能力，建设创新型国家”的发展战略，认为“这是国家发展战略的核心，是提高综合国力的关键”，并强调要“促进以创业带动就业”。自此，中央层面陆续出台了多份相关文件促进创新创业。（见表6–2）

总的来看，“十一五”期间，国家对高校毕业生的主要工作重点在于促进高校毕业生基层就业和自主创业，此时对高校大学生工作侧重于就业方面，但从“十二五”期间开始，中央已逐渐重视创新创业，并在高校中着重推行，鼓励以创业带动就业。教育部办公厅于2012年8月下达关于印发《普通本科学校创业教育教学基本要求（试行）》的通知，指出：在普通高等学校开展创业教育，是服务国家加快转变经济发展方式、建设创新型国家和人力资源强国的战略举措，是深化高等教育教学改革、提高人才培养质量、促进大学生全面发展的重要途径，是落实以创业带动就业、促进高校毕业生充分就业的重要措施。2017，《年国务院关于印发国家教育事业发展“十三五”规划的通知》（国发〔2017〕4号）要求普通本科高校“把办学思路真正转到服务地方经济社会发展上来，把办学定位转到培养应用型和技术技能型人才上来，转到增强学生就业创业能力上来，把办学模式转到产教融合、校企合作上来”，“建设学生创新创业服务平台，完善创新创业教育课程体系和管理制度，引导鼓励学生积极参与创新活动和创业实践”，培养学生创新创业精神与能力，使普通地方本科高校真正成为为区域发展和产业振兴服务的中国特色高水平应用型高校。

表 6-2 中央与创新创业有关的文件及内容

序号	文号	发布日期	标题	主要内容
1	国发〔2004〕5 号	2008 年 03 月 28 日	国务院批转教育部 2003—2007 年教育振兴行动计划的通知	完善有利于毕业生就业和创业的政策框架体系，进一步拓宽就业渠道，推进毕业生就业市场与各类人才市场、劳动力市场的联网贯通，进一步发挥市场在毕业生人才配置中的基础性作用。 各类高等学校和中等职业技术学校都要加强实践教学环节，密切与行业、企业和有关部门的联系，建立一批长期稳定的就业、创业和创新基地。加强对学生的职业指导和就业创业教育，推动就业观念的转变。采取相关政策，积极鼓励毕业生到西部、基层和祖国最需要的地方去建功立业，引导毕业生到中小企业和民营企业就业以及自主创业。
2	国办发〔2004〕35 号	2008 年 03 月 28 日	国务院办公厅关于进一步做好 2004 年普通高等学校毕业生就业工作的通知	在现有渠道中为高校毕业生提供创业小额贷款和担保。深化教育改革，全面提高学生综合素质和就业、创业能力。增强大学生的基层意识、创业意识、诚信意识、安全意识。
3	国发〔2005〕35 号	2008 年 03 月 28 日	国务院关于大力发展职业教育的决定	针对职业院校的职业教育改革。
4	国发〔2008〕5 号	2008 年 03 月 28 日	国务院关于做好促进就业工作的通知	改善创业环境，促进创业带动就业。

续表 6-2

序号	文号	发布日期	标题	主要内容
5	国发〔2007〕14号	2008年03月28日	国务院批转教育部国家教育事业发展"十一五"规划纲要的通知	把高等教育发展的重点放到提高质量上，着力培养学生的创新精神和创新思维，增强学生的实践能力、创造能力和就业能力、创业能力。
6	国办发〔2008〕111号	2008年10月30日	国务院办公厅转发人力资源和社会保障部等部门关于促进以创业带动就业工作指导意见的通知	重点指导和促进高校毕业生、失业人员和返乡农民工创业。力争用3到5年的时间，实现劳动者创业人数和通过创业带动就业人数的大幅增加，基本形成促进以创业带动就业的政策体系，使更多有创业意愿和创业能力的劳动者成功创业。
7	国办发〔2009〕3号	2009年01月23日	国务院办公厅关于加强普通高等学校毕业生就业工作的通知	鼓励和支持高校毕业生自主创业。鼓励高校积极开展创业教育和实践活动。
8	教办〔2010〕3号	2010年05月13日	教育部关于大力推进高等学校创新创业教育和大学生自主创业工作的意见	为统筹做好高校创新创业教育、创业基地建设和促进大学生自主创业工作，提出意见。
9	国发〔2011〕16号	2011年06月01日	国务院关于进一步做好普通高等学校毕业生就业工作的通知	鼓励支持高校毕业生自主创业，稳定灵活就业。各高校要广泛开展创业教育，积极开发创新创业类课程，完善创业教育课程体系，将创业教育课程纳入学分管理。

续表 6-2

序号	文号	发布日期	标题	主要内容
10	国发〔2012〕6号	2012年02月08日	国务院关于批转促进就业规划（2011—2015年）的通知	促进以创业带动就业。 对高校毕业生实施创业引领计划。加强对高校毕业生的创业教育和培训，强化创业服务，完善创业扶持政策，促进帮扶高校毕业生自主创业。
11	教高函〔2012〕5号	2012年02月22日	关于做好“本科教学工程”国家级大学生创新创业训练计划实施工作的通知	计划通过实施国家级大学生创新创业训练计划，促进高等学校转变教育思想观念，改革人才培养模式，强化创新创业能力训练，增强高校学生的创新能力和在创新基础上的创业能力，培养适应创新型国家建设需要的高水平创新人才。
12	教高〔2012〕4号	2012年03月16日	教育部关于全面提高高等教育教学质量的若干意见	把创新创业教育贯穿人才培养全过程。制定高校创新创业教育教学基本要求，开发创新创业类课程，纳入学分管理。

续表 6-2

序号	文号	发布日期	标题	主要内容
13	国发〔2013〕4 号	2013 年 05 月 30 日	国务院关于印发“十二五”国家自主创新能力建设规划的通知	为贯彻落实《中华人民共和国国民经济和社会发展第十二个五年规划纲要》、《国家中长期科学和技术发展规划纲要（2006—2020年）》和《中共中央国务院关于深化科技体制改革加快国家创新体系建设的意见》(中发［2012]6 号)，引导创新主体行为，指导全社会加强自主创新能力建设，加快推进创新型国家建设，制定本规划。本规划主要涉及创新基础设施、创新主体、创新人才队伍和制度文化环境等方面。
14	国办发〔2013〕35 号	2013 年 05 月 17 日	国务院办公厅关于做好 2013 年全国普通高等学校毕业生就业工作的通知	鼓励高校毕业生自主创业。尤其要鼓励高校毕业生创办国家和地方优先发展的科技型、资源综合利用型、智力密集型企业，支持通过网络创业带动就业。 各高校要将创新创业教育融入专业教学和人才培养全过程，并将创业教育课程纳入学分管理，鼓励在校生积极参加创业教育和创业实践活动。

续表 6-2

序号	文号	发布日期	标题	主要内容
15	国办发〔2014〕22 号	2014 年 05 月 13 日	国务院办公厅关于做好 2014 年全国普通高等学校毕业生就业创业工作的通知	实施大学生创业引领计划。通过提供创业服务，落实创业扶持政策，提升创业能力，帮助和扶持更多高校毕业生自主创业，逐步提高高校毕业生创业比例。 各高校要广泛开展创新创业教育，将创业教育课程纳入学分管理，有关部门要研发适合高校毕业生特点的创业培训课程，根据需求开展创业培训，提升高校毕业生创业意识和创业能力。
16	人社部发〔2014〕38 号		人力资源和社会保障部等九部门关于实施大学生创业引领计划的通知	为了贯彻落实党中央、国务院关于全面深化改革战略部署和促进高校毕业生就业创业工作要求，引导和支持更多的大学生创业，人力资源和社会保障部、国家发展改革委、教育部、科技部、工业和信息化部、财政部、人民银行、工商总局、共青团中央决定，2014~2017 年实施新一轮“大学生创业引领计划”。
17	教学〔2014〕15 号	2014 年 12 月 10 日	教育部关于做好 2015 年全国普通高等学校毕业生就业创业工作的通知	提出“全面推进创新创业教育和自主创业工作”，要求高校要建立弹性学制，各地各高校要将创新创业教育贯穿人才培养全过程，面向全体大学生开发开设创新创业教育专门课程，纳入学分管理。允许在校学生休学创业，鼓励扶持开设网店等多种创业形态。
18	国办发〔2015〕9 号	2015 年 03 月 11 日	国务院办公厅关于发展众创空间推进大众创新创业的指导意见	加快构建众创空间、降低创新创业门槛、鼓励科技人员和大学生创业、支持创新创业公共服务、加强财政资金引导、完善创业投融资机制、丰富创新创业活动、营造创新创业文化氛围。

续表 6-2

序号	文号	发布日期	标题	主要内容
19	国发〔2015〕23 号	2015 年 05 月 01 日	国务院关于进一步做好新形势下就业创业工作的意见	实施更加积极的就业政策，把创业和就业结合起来，以创业创新带动就业。积极推进创业带动就业。培育创业创新公共平台。支持创业担保贷款发展。实施更加积极的促进就业创业税收优惠政策。
20	国办发〔2015〕36 号	2015 年 05 月 13 日	国务院办公厅关于深化高等学校创新创业教育改革的实施意见	完善人才培养质量标准，创新人才培养机制，健全创新创业教育课程体系，改革教学方法和考核方式，强化创新创业实践，改革教学和学籍管理制度，加强教师创新创业教育教学能力建设，改进学生创业指导服务，完善创新创业资金支持和政策保障体系。
21	国发〔2015〕32 号	2015 年 06 月 16 日	国务院关于大力推进大众创业万众创新若干政策措施的意见	创新体制机制，实现创业便利化；优化财税政策，强化创业扶持；搞活金融市场，实现便捷融资；扩大创业投资，支持创业起步成长；发展创业服务，构建创业生态；建设创业创新平台，增强支撑作用；激发创造活力，发展创新型创业；拓展城乡创业渠道，实现创业带动就业；加强统筹协调，完善协同机制。
22	国办函〔2015〕47 号	2015 年 06 月 26 日	国务院办公厅关于印发进一步做好新形势下就业创业工作重点任务分工方案的通知	有关部门要认真贯彻实施《国务院关于进一步做好新形势下就业创业工作的意见》(国发［2015］23 号)，按照《分工方案》的要求，进一步分解细化涉及本部门的工作，抓紧制定具体措施，逐项推进落实。

续表 6-2

序号	文号	发布日期	标题	主要内容
23	国办函〔2015〕90 号	2015 年 08 月 20 日	国务院办公厅关于同意建立推进大众创业万众创新部际联席会议制度的函	同意建立由发展改革委牵头的推进大众创业万众创新部际联席会议制度。
24	国发〔2015〕53 号	2015 年 09 月 26 日	国务院关于加快构建大众创业万众创新支撑平台的指导意见	为落实党中央、国务院关于大力推进大众创业万众创新和推动实施“互联网 +”行动的有关部署，就加快构建大众创业万众创新支撑平台、推进四众持续健康发展提出意见。
25	国办发〔2016〕7 号	2016 年 02 月 18 日	国务院办公厅关于加快众创空间发展服务实体经济转型升级的指导意见	为充分发挥各类创新主体的积极性和创造性，发挥科技创新的引领和驱动作用，紧密对接实体经济，有效支撑我国经济结构调整和产业转型升级，需要继续推动众创空间向纵深发展，在制造业、现代服务业等重点产业领域强化企业、科研机构和高校的协同创新，加快建设一批众创空间。就加快众创空间发展提出意见。重点任务在于：在重点产业领域发展众创空间，鼓励龙头骨干企业围绕主营业务方向建设众创空间，鼓励科研院所、高校围绕优势专业领域建设众创空间，建设一批国家级创新平台和双创基地，加强众创空间的国际合作。
26	国办发〔2016〕35 号	2016 年 05 月 12 日	国务院办公厅关于建设大众创业万众创新示范基地的实施意见	根据 2016 年《政府工作报告》部署和《国务院关于大力推进大众创业万众创新若干政策措施的意见》(国发 [2015]32 号) 等文件精神，为在更大范围、更高层次、更深程度上推进大众创业万众创新，加快发展新经济、培育发展新动能、打造发展新引擎，建设一批双创示范基地、扶持一批双创支撑平台、突破一批阻碍双创发展的政策障碍、形成一批可复制可推广的双创模式和典型经验，重点围绕创业创新重点改革领域开展试点示范，提出实施意见。

续表 6-2

序号	文号	发布日期	标题	主要内容
27	国发〔2016〕53 号	2016 年 09 月 20 日	国务院关于促进创业投资持续健康发展的若干意见	为进一步促进创业投资持续健康发展提出意见。
28	国办发〔2016〕84 号	2016 年 11 月 29 日	国务院办公厅关于支持返乡下乡人员创业创新促进农村一二三产业融合发展的意见	为进一步细化和完善扶持政策措施，鼓励和支持返乡下乡人员创业创新，经国务院同意，提出意见。
29	教学〔2016〕11 号	2016 年 12 月 08 日	教育部关于做好 2017 届全国普通高等学校毕业生就业创业工作的通知	积极拓宽基层和重点领域就业渠道、深入推进创新创业教育和自主创业工作、进一步提升就业指导水平和服务能力、推动高校人才培养主动适应经济社会发展需要。
30	国发〔2017〕4 号	2017 年 01 月 19 日	国务院关于印发国家教育事业发展“十三五”规划的通知	培养学生创新创业精神与能力。 推动具备条件的普通本科高校向应用型转变。 (强化高校创新体系建设方面) 全面提升高校科技创新能力、深化高校科研体制改革、深化全方位协同创新、完善高校哲学社会科学体系、促进高校科技成果转化。

续表 6-2

序号	文号	发布日期	标题	主要内容
31	教育部令第41号	2017年02月04日	普通高等学校学生管理规定	要求健全休学创业弹性学制，休学创业学生可单独规定最长学习年限。包括新生可以申请保留入学资格开展创新创业实践，入学后也可以申请休学开展创业；对于休学创业的学生，可以单独规定最长学习年限，并简化休学批准程序。此外，参加创新创业等活动以及发表论文、获得专利授权等与专业学习、学业要求相关的经历、成果，可以折算为学分，计入学业成绩。
32	国发〔2017〕10号	2017年02月06日	国务院关于印发“十三五”促进就业规划的通知	(在高校毕业生就业工作方面) 增强高校毕业生就业服务能力。深入实施高校毕业生就业创业促进计划，健全高校毕业生就业创业服务体系，创新就业信息服务方式方法，注重运用“互联网+就业”模式，加强就业市场供需衔接和精准帮扶。加大就业见习力度，做好困难毕业生就业帮扶工作。

来源：根据国务院及教育部公开发布的相关文件整理，按发布时间顺序排列，截至2017年2月。

2. 地方促进创新创业政策

不仅在国家层面，各地方支持高校学生创新创业的政策也相继出台，弹性学制、学分制改革等关键词在这些政策中频频出现。各省份政策亮点主要有：

（1）创新创业加课时增学分。为支持在校生创业，北京提出，要重点在互联网 +、大数据、新能源、食品安全等领域培育一批新的专业增长点。

广西则对创业基础课程进行了改革，提出不少于32学时、不低于2个学分。增加实习实训教学比重，文科专业不少于总学分（学时）的15%、理科不少于总学分（学时）的25%，高职高专实践性教学课时占总课时数不少于50%；师范类专业实践不少于1个学期，专业学位硕士研究生不少于半年。

广东设置财税、金融、法规、企业管理、风险控制、知识产权保护等创新创业实务课程，还允许创新创业学分转换为专业课程学分，学分修满后才允许正常毕业。

（2）弹性学制最多保留学籍8年。在福建，在校生休学创业的修业年限可在原有学制基础上延长2至5年，学生可根据创业需要与高校协商确定休学年限，办理相关休学手续。

黑龙江也提出，除研究生外，学生经高校评估后最多可保留学籍8年休学创业。

广东提出实行弹性学制、延长修业年限的要求，将高职高专放宽至6年，本科放宽至8年，更允许学生边工边读，休学创业，简化复学手续，为学生离校创业提供便利。

四川的创业学生可根据创业需要与高校协商确定休学年限，办理相关休学手续。

湖北省出台了《关于进一步深化高等学校创新创业教育改革的意见》，提出建立需求导向的学科专业调整机制，面向全体学生开设创新创业课程，建设省级示范创新创业学院和创新创业教育实验班，推进省级创新创业“一中心、两基地”建设，实施湖北省“产业教授计划”等一系列深化高校创新创业教育改革的政策“干货”，促进了创新创业要素与资源向高校、向大学生倾斜。

(3) 创业资金扶持力度大。江苏省的小额担保贷款以及财政贴息政策扩大到大学生开办的“网店”，贷款额度提高到不超过10万元，合伙经营和组织起来就业的，还可适当提高贷款额度。

安徽省2015年在合肥高新区试点青年创业引导资金计划，初期规模3000万元，合作期内，项目以“债权投资+股权投资”方式扶持初始创业和发展创业，解决青年创业融资瓶颈。首批有10家企业通过评审，发放贷款金额850万元。

杭州市出台《大学生创业资助资金实施办法(试行)》，自2015年5月起，大学生在杭州创办企业或干个体，最高可获20万元无偿项目资助。

湖北省启动实施新一轮“大学生创业引领计划”，开“网店”的高校毕业生，可享受小额贷款及贴息等扶持政策；大学生参加创业培训，每人可享受800~1200元的培训补贴；在校大学生和毕业3年内高校毕业生从事个体经营和创办小微企业的，除限制行业外，免收3年属于登记类、证照类、管理类的各类行政事业性收费；在校大学生和毕业3年内高校毕业生在省内自主创业，吸纳3人以上就业的，根据创业项目吸纳就业能力、科技含量、经济社会效益等因素，可申请2万元至20万元无偿资金扶持。

广东省《关于进一步促进创业带动就业的意见》(粤府[2015]28号)，推出一系列降低创业门槛、激励创业的优惠措施。2015年至2018年，广东省财政将安排25亿元用于创业补贴。初创企业经营者最高可获1万元培训资助；创业成功可一次性申领5000元资助，优秀创业项目更可获20万元奖励。

(4) 创业教育业绩影响教师评聘。广西发布的政策中，“高校教师每2年至少有2个月到行业企业挂职锻炼”被广泛关注，其中还提到，教师带领或指导学生开展创业项目、参与课题研究可折算工作量，在科研项目申报与立项上可给予优先照顾。

吉林政策更加细化，不仅要鼓励和支持专业课教师通过培训转型为大学生创新创业教育专职教师，还要按照学生人数以及实际教学任务，合理配备一定数量和较高质量的创业就业指导专职教师。

广东则提出，要将创新创业教育业绩列入教师专业技术职务评聘、岗位聘用和绩效考核的重要考察指标，实施教师业绩考核预警，逐步建立教师淘汰退出机制。

资料来源：根据《新京报》赵实的文章《“休学去创业”不再是大学生们“不能说的秘密”》(新华网转载2016年05月18日 http://education.news.cn/2016-05/18/c_128992223.htm）及各地公布的相关政策整理。

第二节　国际经济与贸易专业教学改革实例

近年来，凭借着区位优势，国际经济与贸易专业秉承学校培养应用技术型人才的新办学理念，以“夯实基础，拓宽口径，注重素质，强化能力”为宗旨，在如何培养符合海峡西岸经济区发展规划纲要精神和福建经济社会发展需要的国际贸易高素质应用型本科人才方面，坚守“两个定位”“一个面向”，对国际经济与贸易应用型人才培养体系进行整体优化，以不断增强学生就业创业能力，全面提高服务区域经济和支撑地方产业转型升级、解决实际技术问题的能力。

一、人才培养目标新定位

(一) 专业改革背景

国际贸易整体业务是个复杂的过程，要求从业人员除了需要具有复合型的知识结构，还需要很强的操作能力，这就使知识和能力的获得除了理论教学获得外，更需要进行专业的实践来获取。以985、211等高校为代表的学术型本科院校与研究生教育主要培养专门高级人才和复合型人才，且这些本科院校培养的外贸人才大多流向了大城市的国企、外资企业及合资企业的高薪岗位，而对于数量众多的中小型外贸企业来说，目前具备从事报关、跟单等工作所需素质的应用型专门人才严重不足，制约了外贸行业整体的迅速发展，使得国际贸易专业的人才培养遇到了新的挑战。统计调查的结果显示，82%的企业表示当前亟须专业知识扎实、操作能力强的外贸专业人才。而中等职业学校虽然也培养应用型人才，但主要培养的是针对某一特定操作的初级人才，如单证员、报关员和报检员等，由于没有较为全面的理论基础，从总体上看，人才从事对外贸易的专业能力没有本科学生基础扎实，显得后劲不足。

相较于上述两类院校，福清分校作为地方性应用技术型本科高校，在人才培养目标的定位上，秉持与区域经济协调发展的指导思想，及时了解地方经济的发展趋势，充分考虑地方经济对人才培养的需要，适时地根据地方经济的发展来调整课程体系和教学内容，探索出一条科学、可持续发展的专业应用型人才培养模式。

（二）人才培养方向定位

福清分校国际经济与贸易本科专业自2005年设立至今，已有12年的办学经验。为结合地方经济发展需要，专业密切围绕福建省实施创新驱动发展、“互联网+”“大众创业、万众创新”及建设自由贸易试验区、21世纪海上丝绸之路核心区等重大战略需求，针对外向型企业发展对本省外经贸人才需求旺盛的特点，充分发挥国贸专业学科优势，扎根于本土经济，提出了“以培养地方性、应用创新型人才为主”的人才培养目标新定位，培养具有实践能力和创新创业意识的国际贸易高素质应用型人才，满足地方外向型企业“拿来就用”的要求。

（三）专业改革方向定位

（1）以“互联网+”为手段，创新创业与专业教育相结合，探索整合现有国际贸易专业实践资源的新方案，为理论、实验与实训教学提供优质的平台保障。

（2）充分利用“互联网+”，创新创业与专业教育相结合，探索全新的基于螺旋式人才培养新模式的实现途径，通过课程体系的重构、教学方法与手段的改革，实现教学与实践平面的螺旋式上升。

（3）加深“互联网+”的理念，创新创业与专业教育相结合，改变传统考评方式的缺陷，探索基于过程管理的多元化人才评价体系，以促进国际贸易学生专业素质和创新创业综合能力的提高。

二、全面修订人才培养方案，重构人才培养新模式

教育的目的不仅在于传播知识，更在于培育人才。人才培养模式创新是建设应用技术型大学的关键。随着学校向应用型本科院校转型，专业人才培养模式的改革迫在眉睫。“应用型人才”主要是针对“学术型人才”而言的。一般来说，“学术型人才”主要致力于研究客观规律、发现科学原理，“应用型人才”则主要在于利用科学原理为社会谋取直接利益。“应用创新型人才”

除一般专业训练外，更为重要的是培养学生的创新精神与创新能力。为此，国贸专业对人才培养方案进行全面修订，重构人才培养模式，搭建H型人才培养平台。

(一) 构建“以行领知，商学结合”的人才培养模式

国际贸易专业积极响应省里和学校“深化产教融合、协同育人的应用型人才培养模式改革”要求，以服务岗位需求和提高职业能力为导向，以学生学习能力持续改善为主线，全面修订人才培养方案，重构人才培养模式。综合考虑国际贸易专业特点，以贸易流程为基点构建外贸实习专业平台，在专业平台基础上以职业岗位为切入点，构建集理论、实践、实训为一体的“以行领知，商学结合”的交互式合作教学的人才培养模式。

“以行领知”，是指依靠校内的外贸实训平台，将外贸知识与职业技能训练相融合。通过与相关外贸企业合作，充分利用企业丰富实践资源，以培养实战技能为主线，开发真实环境下的实践项目。完成专业核心课程后进行校内基地实训；完成全部校内课程后，到校外进行为期一年的顶岗实习。

“商学结合”的实现依赖校外实训基地的有效开发和校企合作的实质性开展。即要实现人才培养与实际工作岗位的深度融合，使教学内容与职业岗位的具体要求、职业资格证书考试的内容紧密结合，做到将专业人才培养规格与相关外贸职业岗位标准相统一，专注职业能力的培养。根据职业岗位标准，重构基于实际工作流程的专业课程体系，真正做到课证相融、校企深度融合。通过理实一体化教学、任务驱动、案例教学、项目化教学等多种教学方式改革，加强教、学、做、创的有机融合。

1. 制定产教融合新方案

为适应社会经济发展需要，国贸专业以应用型为导向，全面修订了2015、2016级的应用型本科人才培养方案，拓宽培养方向、优化课程结构、创新考核方式，提高应用技术人才培养水平，形成“宽、新、活”的专业人才培养特点。

为充分了解福清地方行业企业用人需求，学院领导及国贸专业教师多次深入企事业、机关单位进行广泛的调研，并邀请各行业企业的专家共同参与培养方案的制定工作，共同开发课程资源，推动专业发展向应用型转变。经过多年的探索与实践，已逐步形成“3+1”的人才培养新方案，并从2015

年开始全面实施。

新方案在专业基础课程学习的基础上，将人才培养分为企业外贸和跨境电商两个方向，并将专业教育与创新创业教育紧密结合。通过优化课程结构，形成更加突出实践能力与创新能力培养的课程模块，推动课程内容与职业标准对接，做到以职业活动为导向，教、学、做、创合一，在教学全过程中锤炼学生的技能。国贸专业学生大学四年的培养侧重点如下：

入学前两年夯实理论基础，在专业基础课教学中，融入创新理念，培养专业素养；第三学年注重专业实训与实践，提高学生的动手能力。专业实训实践为校内外并举模式，校内实训侧重专业基本技能，校外实践融入创新创业技能，并将职业资格标准纳入到人才培养方案中，利用结果（社会需求）制导出相应的课程体系。并让学生结合实践和未来就业自主选择考取获得相应的职业技能或培训证书。第四学年，采用“校企共育、寓教全程”的职业素质教育模式，学生统一赴校外相关企业或单位进行专业顶岗实习与实训，使学生直接接触最真实的企业场景，努力实现校园与社会、毕业生与职业岗位的“无缝”对接。

新方案还推行弹性学分制和创新创业学分制度，同时辅之以弹性学制、主辅修制、企业导师制、教与学双向反馈制、淘汰制等人才培养方式，为学生主动发展和形成多样化的知识能力结构提供广阔的空间。首先，放宽学生修业年限，允许调整学业进程、保留学籍休学创新创业，修满规定的学分即能毕业。其次，新增创业基础和创新管理等创新创业课程。同时，学生参加社会实践、志愿服务、勤工助学等活动以及自主创业、发表论文、课题研究等活动均可折算为创新创业学分。此外，放宽培养方案中创新创业学分占比上限，允许学生超额完成的创新创业学分可抵理论教学学分。

2. 创设协同育人新模式

除校内外专家共同制定人才培养方案外，国贸专业还通过“双百”计划引进校外能手，聘请企业导师共同实施专业人才的培养，参与特定课程全部或部分课时的授课，促进人才培养模式向应用型、实用性转变，形成“学校主导、学院主体、行业联合、企业参与”的校企合作应用型的高层次复合型创新创业人才培养新模式。

以培养学生首岗适应、多岗迁移、可持续发展为目标，学校与平潭综合试验区及福州自贸片区江阴区块所属企业和福建校友企业联盟成立“校企合作理事会”，理事会成员单位直接参与人才培养全过程。实现学院与企业共同培养，将学生培养过程划分为知识学习、仿真实训、企业实训、顶岗实习紧密衔接的四个阶段，使专业设置紧贴产业需求，课程内容紧贴岗位能力，课堂情境紧贴工作环境，实习实训紧贴学生就业，职业考证紧贴岗位要求，职业培训紧贴市场需求。

(二) 搭建应用创新双兼的H型人才培养新平台

专业在“以行领知，商学结合”的校企合作、产教融合协同育人的应用型人才培养模式下，提出了一套由三大理论教学和四层次实践教学的课程体系、校内校外两大资源支撑平台为架构的国际经济与贸易专业H型人才培养体系（如图6–3所示）。

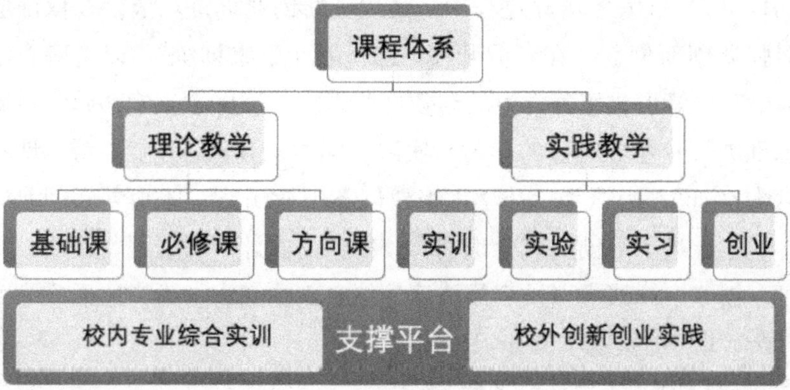

图6–3　福清分校国际贸易专业人才培养体系

1. 培养H型复合人才

依据福建产业转型升级的人才需求特点确立的国际贸易专业人才培养目标，着力培养“面向‘互联网+’商务的应用型创新创业人才”(“H型”人才)。以“立足应用、彰显创新”为出发点，将专业应用能力培养与创新创业素质培育相融合，通过校内专业实训支撑平台和校外创新创业实践支撑平台来促成“专业应用能力”与“创新创业素质”兼备的“H型”复合人才（如图6–4所示）培养目标的达成。

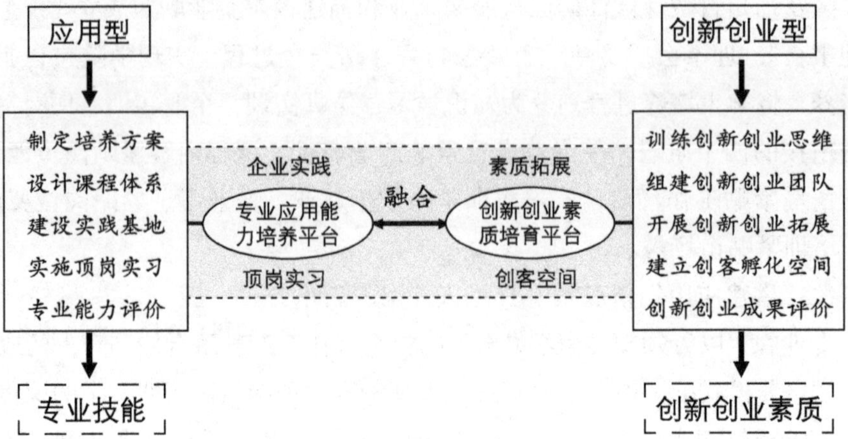

图 6-4 H 型人才的培养

"H 型"复合人才培养过程中，强化创新创业训练环节，在保证应用型的同时强调创新创业。在专业开展"创新创业思维训练"，以讲座、案例实战、师生互动等形式培养学生的创新创业思维，确保学生能够始终带着创新创业思维进行专业方向课的学习与实践。同时，开设"创业指导"课程，以"创客孵化空间"为抓手，让学生组建创新创业团队，体验创新创业的实践过程。学生通过了解创业机会识别与评估、商业计划书编写与运用、创业团队建设、创业法律法规以及产品路演等核心创业知识，为毕业后成为商贸服务业"弄潮儿"提供基本的知识与技能储备。

2. 搭建校内外两大支撑平台

传统的国际贸易人才培养以课堂讲授为主，教师是学习过程的主导者，每位学生都严格地在教师的安排下集中在课堂这个统一的场地开展学习活动，这种单一化的教学模式必将导致学生不能学以致用，无法体会真实的业务场景，更无法将课堂所学的知识进行串联与应用，不利于专业技能的掌握与提高。在"互联网 +"的时代，利用网络引入全新的教学辅助系统，将各个分散的子系统组成集群，形成一个全方位、多层次的人才培养新平台，满足不同维度培养学生各方面专业技能和创新创业能力的目标。

（1）校内专业综合实训支撑平台。经过几年的建设，当前国际贸易专业建有包括国际贸易实务实验室、物理沙盘综合实验室和礼仪实验室等 3 个专业实验室在内的省级实验教学示范中心，以及 1 个电子商务实验室、1 个经贸英语基础实验室、1个跨专业综合实训仿真实验室，形成了校内专业综合实验实训支撑平台（详见表6-3）。

表6-3 国际经济与贸易专业实验室一览表（截至2016年5月）

序号	实验室名称	实训内容	面积 m^2
1	国际贸易实务实验室	单证展示、仿真业务流程展示、单证手工缮制与流转操作、国际结算流程和操作、综合业务操作	100
2	物理沙盘综合实验室	企业管理全真模拟操作演练和对抗竞赛	100
3	礼仪实验室	合同洽谈、商务签约模拟，国际商务礼仪训练	100
4	电子商务实验室	创新创业训练、跨境电商实战	100
5	经贸英语基础实验室	口语、听力训练及经贸英语谈判	100
6	跨专业综合实训仿真实验室	认知和了解企业内部经营管理、外围环境及其关系，体验企业经营的整体框架，熟悉企业工作环境、工作过程和工作方式	320

（2）校外创新创业实践支撑平台。在现有与行业企业合作的基础上，充分利用福建省自贸区建设契机，学院主动与行业企业联系洽谈。以人才培养与技术服务为纽带，校企双方在实训基地共建、校企“双挂”、双师结构队伍建设、产学研结合、就业平台搭建等方面，进一步拓展校企深度合作的空间。通过整合福清、平潭与厦门等闽东南外贸商圈资源，建设一批服务性、区域性、综合性校外实训基地、顶岗实习基地和就业基地，形成满足应用创新型人才培养需要的校外创新创业实践支撑平台。

目前与国际贸易专业正式签约共建校外实践及创新创业平台，可作为学生实习实训基地及开展多样化的校企合作的企业共有14家（详见表6-4）。这些企业在地方各行业中都有代表性，可以供学生进行微商平台运营、跨境电商平台运营、现代物流园区运营、外贸业务认识及营销策划等多样化内容的创新创业实践操作。

表 6-4 国际经济与贸易专业实训基地一览表

序号	实训基地名称	实训内容	所在地
1	厦门艾吉斯手套有限公司	外贸业务	厦门
2	厦门金铂利包装有限公司	企业生产及管理认识	厦门
3	福清市双荣丰塑胶制品有限公司	企业生产及管理认识	福清
4	中国人民财产保险股份有限公司福清支公司	涉外保险业务	福清
5	祥兴（福建）箱包集团有限公司	商务认识	福清
6	福建恒一家饰有限公司	外贸业务	福清
7	福建拓普旺网络技术有限公司	阿里巴巴国际站运营	厦门
8	厦门多采包装有限公司	外贸商品包装	厦门
9	福建盛荣物流发展有限公司	现代物流园区运营	福清
10	福建省永鑫龙达贸易有限公司	跨境电商	福清
11	福建讯网网络科技发展有限公司	电商平台运营	泉州
12	福建康力士便利超市有限公司	电商平台运营	福清
13	清华大学水木创成网络科技有限公司	慕课教学、创新创业训练	北京
14	福建跨境通有限公司	创新创业训练	福州

（三）打造“螺旋式”人才培养新方法

人才教育和产业发展是不可分割的两条主线。从国际贸易的内在要求来看，人才教育必须服务于贸易产业的发展，才能将人才优势转化为人才实力，推动人才就业与产业发展。

在中国高等教育的教育模式中，传统的国际贸易人才培养类似于“瀑布模型”，大学本科四年的培养周期（过程）一般是“公共基础课—专业基础课—专业课—毕业论文与实践”，这种线性的类似于瀑布形态的培养模式，缺乏反馈和迭代，缺乏有效的弹性配合，与经济发展与人才需求难以形成有机融合。

为了解决这一问题，国际贸易专业基于“互联网+”的时代背景，创新性地提出“螺旋式模型”方法，打破“先基础后专业”“先理论后实践”的培养过程，建立起理论、实践、实训三位一体的交互式合作教学的新型培养模式，高度注重学生应用型实践能力的培养与提高，将课堂教学环节、实验教学环节与实训环节综合地进行增量迭代，形成国际贸易专业能力培养的螺旋学习环节，以实现理论指导实践、实践提升理论的良性循环。

三、优化课程体系

围绕“3+1”人才培养模式，一体化设计专业课程体系，改革课程设计、毕业论文、实验、实践、实训教学等主要环节，并根据校企合作的实际情况嵌入相关专业课程和项目训练，构建面向外贸行业主要职业岗位工作任务的“课岗证”相结合的模块化课程体系。

(一) 调整课程类别及项目设置

遵循“宽口径、厚基础、重实践”的原则，以知识、能力与素质协调发展为出发点，结合本专业的实际情况、社会需求、课程内容的衔接，以社会需求为导向构建包含“专业基础课”“专业必修课”和“专业方向选修课”在内的三大应用型专业课程。

在课程设置上，适当减少必修课程，加大选修课在整个教学计划中所占的比重。增设一些拓宽基础和专业口径、有明显实践特征、又能实现多学科交叉的课程，同时专业理论教学的总学时适当压缩。强化专业基础课程，打造学生的专业功底和内涵，营造专业学习氛围。按不同培养方向，浓缩、提炼、整合出 10 ~ 12 门能体现本专业特征的最基础的、最本质的“专业核心课程”。其所涉及的知识不会随学科专业的发展而淘汰，帮助学生架构专业思维、逻辑思维，提升专业能力，实现终身学习。

有针对性地设计符合方向特点和要求的方向特色课程，突出实践能力和创新创业意识。新增跨境电商 B2C 和跨境电商 B2B 两大方向选修课程群，开设《网络金融服务》《电子商务服务》《互联网产品用户体验》《移动商务》等内容新颖又符合新业态的方向选修课程，培养学生的逻辑思维、专业能力，全面提高学生的综合素养。

(二) 突出专业实践课程

增加专业实践课程的比重，运用真实任务和真实案例开展教学，推动课程评价考核方式改革。培养方案中，课程精简，理论课时压缩，实践课时扩展，其中理论教学学分占比57.82%，实践教学学分占比42.18%，实践教学学分中创新创业学分占比25%，每学年创新创业学分占总学分的比例不低于5%（详见表6–5）。

表6–5 国际贸易专业课程学分结构表

<table>
<tr><th rowspan="3">课程
比例</th><th colspan="2">通识教育课程</th><th colspan="2">专业基础课程</th><th colspan="3">专业方向课程</th><th rowspan="3">实践环节课程</th><th colspan="2">合计</th><th rowspan="3">总计</th></tr>
<tr><th rowspan="2">理论</th><th rowspan="2">实践</th><th rowspan="2">理论</th><th rowspan="2">实践</th><th colspan="2">必修</th><th rowspan="2">选修</th><th rowspan="2">理论</th><th rowspan="2">实践</th></tr>
<tr><th>理论</th><th>实践</th></tr>
<tr><td>学分数</td><td>29</td><td>15</td><td>31</td><td>6</td><td>13</td><td>14</td><td>12</td><td>27</td><td>85</td><td>62</td><td>147</td></tr>
<tr><td>学分比例</td><td>19.73</td><td>10.2</td><td>21.08</td><td>4.08</td><td>8.84</td><td>9.52</td><td>8.16</td><td>18.37</td><td>57.82</td><td>42.18</td><td>100</td></tr>
<tr><td>学时数</td><td>520</td><td>352</td><td>586</td><td>118</td><td>208</td><td>240</td><td>192</td><td>816</td><td>1506</td><td>1526</td><td>3032</td></tr>
<tr><td>学时比例</td><td>17.15</td><td>11.61</td><td>19.33</td><td>3.89</td><td>6.86</td><td>7.92</td><td>6.33</td><td>26.91</td><td>49.67</td><td>50.33</td><td>100</td></tr>
</table>

（三）课程内容与职业标准对接，推动“课证融通”

加强课程内容与职业岗位技能和职业资格标准对接，将获取职业技能证书列入了人才培养方案，实现“课证融通”。

围绕企业内部就业岗位（群）的分布，推行“毕业证书+职业技能（资格）证书”的“双证”制度，将职业技能（资格）证书的训练内容和考试要求列入教学计划和课程内容之中。从2015级开始，将职业技能证书（主要包括：外贸业务员岗位技能证书、外贸单证员岗位技能证书、外贸跟单员岗位技能证书、电子商务员证书等）的获得纳入专业人才培养方案的学分管理，把在校期间获得相应职业技能资格证书与获得毕业证书和学位证书相挂钩，获得证书可以免修对应理论和实践课程，确保专业每个学生在毕业时至少拥有双证以上，60%以上的学生持有2本社会认可度高的网络商贸类职业证书，能胜任相关行业工作。

四、创新教学模式

创新教学模式，改变学校教育中传统的“三中心”教学模式（即以教师为中心、以课堂为中心、以教科书为中心）及其被动型、依赖型、重复型的教育模式，而以素质教育的思想来统领专业教学，以创新创业教育的要求来改革专业教育。延续已有的专业理论、研究方法、学科前沿等课程，并根据形势对课程内容、教学方式进行改革，形成依次递进、有机衔接、科学合理的创新创业教育课程群，为学生创新创业实践提供理论指导。

实施以解决实际问题为导向和以学生为中心的启发式、合作式、项目式教学模式。使学生具有适应现代社会发展的知识结构，并不断地去追求新的发现，探索新的规律，创立新的学说，创造新的方法，积累新的知识。

（一）专业教育与创新创业教育有机结合

推动专业教育与创新创业教育有机结合，积极组织学生参加“大学生创新创业训练计划”和大学生创新创业竞赛等创新实践活动。在实践教学中运用“竞赛 + 项目”的教学模式，以学科竞赛为载体，改变单一闭卷考试方式，部分专业课程采取以赛代考、职业资格证书替代对应课程成绩制度，打破了传统实践教学中师传生受的旧框框，以实用为主，改变知识的单向传播，变被动实践为主动参与，极大地激发了学生的学习热情和实践兴趣，形成积极、主动的学习态度，既鼓励竞争，又强调合作。

专业教师注重引导学生学以致用，鼓励学生积极参加各类专业技能比赛和课题研究，以不断提高理论与实践的能力。同时，引导学生申报创新创业项目，既有“教”的设计，又有“学”的设计，既有自主学习、实践，又有合作探究，充分发挥学生的主体作用和教师的主导作用，变被动学习为主动学习，整体牵引学生自主学习水平迅速提升。

通过一系列训练，学生应用能力逐渐增强，综合素质不断提高。近几年，国贸专业学生参与的国家级、省级大学生创新创业训练计划项目共计19项。自2011年至今，专业学生在中国国际贸易学会主办的“POCIB全国大学生外贸从业能力大赛”“世格杯”全国大学生外贸跟单技能大赛、全国大学生英语竞赛暨省大学生英语竞赛中，屡获佳绩（详见表6-6）。专业以学生全面发展为目标，积极开展校园文化活动，提升大学生全面素质。引导学生学会读书、学会做人、学会合作、学会生活，努力把学生培养成理想信念坚定、思想道德高尚、学习勤奋刻苦、适应社会需要的高素质的应用型创新创业人才。

表 6-6 国际贸易专业学生参加竞赛与项目情况及成绩

竞赛与项目	成绩
POCIB 全国大学生外贸从业能力大赛	团体二等奖 3 项，个人一等奖 8 项、二等奖 12 项、三等奖 38 项。
“世格杯”全国大学生外贸跟单技能大赛	本科组团体特等奖 2 项、二等奖 1 项，个人一等奖 3 项、二等奖 1 项、三等奖 2 项。
大学生英语竞赛	全国二等奖 3 人次、全国三等奖 2 人次，福建省一等奖 3 人次、二等奖 2 人次、三等奖 6 人次。
阿里巴巴全国高校跨境电商挑战赛	“高校十二强”
大学生创新创业训练计划项目	国家级 5 项、省级 14 项、校级 14 项

（二）内外联动提升教学成效

2015 年，国际贸易专业学生团队获得阿里巴巴全国高校跨境电商挑战赛“高校十二强”，同时有 128 位学生通过了阿里巴巴集团具有较高含金量的跨境电商个人初级认证。在此基础上，国际贸易专业与厦门艾吉斯手套有限公司、厦门欧诚盛服饰有限公司、福建省永鑫龙达贸易有限公司等企业进行积极合作，将创新创业实操融入专业课程中，对学生开展跨境电商运营实训。经过一个阶段的训练取得了一定的业绩，学生实战能力得到极大的提升。2016 年下半年，由 2014 级国际贸易专业的 5 位学生所组成的跨境电商实验小组，在速卖通平台上开展跨境电子商务业务的实际操作，其中，在 2016 年 11 月时进行了“双十一”大促，使得当月的成交额达到了 6677 美元，12 月也有 1971 美元的业绩。

（三）拓展“MOOC+SPOC”教育思路

《关于深化高等学校创新创业教育改革的实施意见》《关于引导部分地方普通本科高校向应用型转变的指导意见》等均提出，要“将现代信息技术全面融入教学改革，推动信息化教学、虚拟现实技术、数字仿真实验、在线知识支持、在线教学监测等广泛应用，通过校校合作、校企合作联合开发在线开放课程”。

国际贸易专业充分利用现代信息技术，在部分课程逐步推行“MOOC+SPOC”的全新教学模式，扩大学生的学习自主权。并利用在线考试系统、论文管理系统、在线学习等，助力教学内容与教学方法的改革，全面提高人才培养质量。

2015年，与清华大学水木创成网络科技（北京）有限公司签订合作协议，利用该公司的创 e+ 大学生创业服务平台、学堂在线等慕课平台资源，由慕课平台上的企业行业专家担任创新创业课程的主要授课老师，专业教师以进行辅助教学的模式，提升大学生创新创业能力。

五、打造“专业 + 创业”的双师双能型师资队伍

师资队伍建设是专业建设的重要内容，也是确保专业教学质量的基本条件，高水平的师资队伍是培养高素质创新创业应用型人才的重要保证。国贸专业高度重视“专业 + 创业”的双师双能应用型师资队伍建设，实施了一系列措施促素质优良、结构合理的教师队伍的形成。

专业教育侧重基础知识和专业知识的传授，而创业教育则侧重于创业能力、创业思维等的培养。通过内培外引，培养、引进与聘用相结合，校内与校外培训相结合，研修与企业锻炼相结合，科研课题与社会技术服务相结合，技能证书获取与技能大赛相结合，打造一支“一化两型”专兼结合的“专业 + 创业”的双师双能型师资队伍，促进两类知识体系的有机融合，引领专业向应用转型。

一是加强“双师型”专任教师的培养。鼓励45岁以下教师“走出去”，掌握发展动向，了解社会最新需求，提高业务技能，成为真正的“双师”、“双能”型骨干。专业青年教师走出校园、走出课堂，深入外经贸一线岗位，到机关单位或是企业一线挂职锻炼，或赴国内外进修，多渠道提升教师的专业素养和创新创业知识。

二是提升教师创新创业教育教学能力。实施教师创新创业教育能力提升计划，每年选派专业教师参加省里组织的创新创业教师专项培训，形成创新创业教学团队，将具有专业优势和创业知识的教师组织在一起，通过设计专业课程环境和创新创业实践环境来共同完成课程的教授。

三是鼓励教师创办微型企业。由创业教师担任创新创业教育导师，指导学生设计开发新产品、举办创新创业交流会、指导扶持大学生创业实践等活动，做到教学相长。

四是内联外引提升教师队伍的综合素质。通过校企合作的方式，充分利用校友、学校教师等社会网络关系，落实学校“双百计划”，聘用企业行业专家，提升师资队伍的专业素养和创业素质。

五是加强电子商务创新创业服务。为加快电子商务人才的培养和对接政府和企业对于电子商务理论与实践的咨询和研究需求，2015年初，国际贸易专业成立了电子商务研究中心，整合资源，打通学校、政府、企业与社会多方的交流通道，解决政府和企业对电子商务发展困惑，促进地方经济转型升级。电子商务研究中心主要从校地项目对接、校企项目对接、电商人才培养、实习平台建设、电商人才输出和电商分享与交流等六个方面来展开工作，成立后不久就承接了福清市电子商务“十三五”发展规划的制定等项目。

经过发展，专业现有双师型教师15人，占专任教师的57.69%，专业专任创新创业型导师占比40%以上。其中，国贸专业4位老师被福清市电子商务协会聘为协会理事，3位教师获得跨境电商师资研修班结业证书，一位教师获得高级跨境电子商务师证书。同时外聘福建自贸区平潭片区自贸办主任陈道金、福建省对外经济贸易学会副会长陈志贤、祥兴集团总裁薛行远、厦门艾吉斯手套有限公司总经理詹建辉、华林国际电商城（莆田）有限公司总经理林金星等5位行业资深专家和企业高管为客座教授，形成一支专兼结合、理论素养和实践水平不断提升的师资队伍，为培养高层次的应用型创新创业复合人才提供了坚实的师资保障。

六、创新实践教学

实践教学是培养学生动手能力的一个重要途径。以前，运用现代教育信息技术大都停留在课程与现代信息技术简单的结合上，只是教师用现代化的多媒体教学手段向学生灌输书本知识，形成新的“满堂灌”，没有体现学生成为教学活动的“主体”，无法培养学生发散性思维、批判性思维和创造性思维。

为更好地提高国际贸易学生的动手能力，根据应用型人才培养的要求，结合学科和专业发展及人才培养的特点，国际贸易专业建立了一套以学生实践能力培养为中心的“课内+课外、校内+校外”的实训—实验—实习—创业四层次的实践教学体系。

（一）提高实践课时与学分，贯穿大学四年

为突出实践教学，精简课程，理论课时压缩，实践课时扩展，并将实践教学环节贯穿大学四年。实践教学学分占总学分的42.18%，学时占比高达50.33%（详见表6–5）。在前三学年以“校内培养+校内外实训”为主体，第四学年开展为期一年的专业校外顶岗实习。在前三学年的校内培养中，除了理论性很强的课程外，其余课程均设计了创新创业实践教学环节，充分利用本专业的校内实验室条件和校外实践基地，保证学生在前三年的学习中同样能够加强创新创业应用能力的培养。

（二）校内校外两个平台共同助力实践教学

校内，通过整合国际贸易专业实验室集群资源，形成校内专业综合实验实训平台。该平台基本能够满足校内应用型创新创业实践教学的需要，可以为学生提供各类实验项目，学生参与这些项目的实验与实训，可以大大提高他们的理论应用、科学研究和开拓创新的能力，全面提升其综合素质。

校外，为使学生得到不间断的系统实践训练，加大校企合作、产教融合协同育人的创新创业实践教学力度，搭建了“系企相融、教学做评一体”的开放性、综合性创新创业实践教学平台。使学生的创新创业实践能力在课内、校内得到提高的同时，在课外、校外得到进一步强化。

（三）电子商务实践

伴随着福建省跨境电商的井喷式发展，商贸流通企业对操作型跨境电商人才的需求缺口不断扩大。为全面落实福建省政府提出的有关促进电子商务经济发展的规划，推进学校“双百计划”的实施和毕业生就业创业，推动“互联网+外贸”，国贸专业着力培养适应跨境电商发展的应用技能型外贸人才，目前已取得一系列成绩。2015年成立电子商务研究中心，快速实现电商人才的培养和流通；与福建省永鑫龙达贸易有限公司就跨境电商应用和培训合作；2015年，专业学生参加阿里巴巴全国高校跨境电商挑战赛，获得了“高校十二强”的好成绩，同期有128位学生通过了阿里巴巴集团个人初级认证。同时，还启动阿里巴巴大学生创业孵化基地项目，从而填补专业没有校内实训基地的空白。

七、重构人才评价体系

人才培养重在应用，如何了解人才能力并进行合理的评价需进行有效的考核。传统的人才培养模式多以期末闭卷（或开卷）笔试这种单一的考核方式来评价学生，导致学生往往存在考前突击、考完就忘的现象，缺乏分析和解决实际问题的能力。

因此，国贸专业教师结合“互联网+”的新形势，构建多元化的新型评价体系，以基本知识、基本技能、基本操作为基础，以综合运用能力为重点、以学习态度为参照的过程控制型综合考评体系，注重考评方式的多样化和考评指标的规范化。评价过程实现定性与定量评价相结合，始终重视对学习过程的管理，注重引导学生形成分析、解决问题的实际能力和优良的专业技能，以多元化的评价方法全面、真实地综合评价学生的潜能、学业成就、应用能力等，并通过积极的评价机制激发学生的专业兴趣，促进其专业能力和创新创业素质的提升，以适应社会、市场对人才的需要。

首先，深化考试考核内容方式和成绩评价机制改革，建立多层次的多元化成绩评定体系，满足不同类型的课程的考核需要，同时注重考查学生分析、解决问题的能力，通过考试形式改变，促进创新能力提升，支持应用型人才培养。其次，将实践性考核和理论性考核相结合，探索基于过程和结果的双重考察。在专业课程学习时，将专业理论与创新创业实操融合在一起，重点考核学生应用专业知识进行创新创业的实操能力。例如在创业实战类教学中，要求学生在速卖通、ebay 等网站开设外贸网店，然后根据学习期间的营业额、流量、利润等方面进行综合考察。与此同时，还可以采用成绩加分或学分置换等方式，如参加创业大赛、进行创新创业实践等形式。这种考核方式既考察了学生专业知识的掌握程度，又能有效地把握学生的创新创业实践应用能力。

第三节 《国际贸易实务》课程改革实践

建设应用技术大学的目标是培养适应社会需求的应用型人才。目前高校培养的人才与社会需求的人才存在不匹配现象，要破解人才供需矛盾就需要适应时代的需求，探索出一条科学、可持续发展的应用型人才培养模式，而人才培养的基础在于课程。福清分校国际贸易专业在进行专业改革中也不断地进行各门核心专业课程的改革探索。其中，《国际贸易实务》课程是国际贸易专业的核心主干课，该课程的改革对专业改革起着至关重要的作用。因此，本节将以《国际贸易实务》课程为例，对应用型本科高校的专业课程改革进行探讨。

一、《国际贸易实务》课程特征

《国际贸易实务》课程是国际经济与贸易本科专业最重要的核心基础课程之一。它研究的是国际间商品交换的具体操作过程，包括了国际货物买卖合同的磋商、订立与履行的各个环节，是一门实践性很强的应用性课程，主要培养学生分析与解决实际贸易业务问题的能力。

由于国际贸易业务是一个复杂的过程，涉及语言、法律、政治、运输、保险、金融等一系列问题，要求从业人员具有复合型的知识结构和很强的操作能力，这些知识和能力的取得除了理论教学获得外，还需要进行专业的实践来获取。因此案例、实训、实践等需要贯穿整个课程体系。

二、课程前期改革历程

自国际经济与贸易专业设置以来，《国际贸易实务》课程主要经历了三次较大的变革。通过不断地改革实践，已形成比较成熟的课程体系。

(一) 变“教师集中教授为主，学生零散实践为辅”为“教师课堂理论讲授 + 学生上机模拟实践”并重的“1+1”模式

《国际贸易实务》课程的第一次改革是在 2007 年。在此之前，由于条件的限制，只能采用传统的教学模式。虽然在教师教授的过程中，为了提高学生的动手能力，会辅之以案例分析、模拟谈判、手工制单等环节，但收效甚微。许多学生反映，实践环节太少，课程学完后仍然不知道如何进行国际贸易的实际操作。这主要在于贸易的整个流程难以在课堂上进行完整呈现，无法进行整套操作。为了改变这种只能理论加零散操作的旧模式，专业引入了南京世格软件公司的 simtrade 外贸实习平台、国际结算实验系统、外贸单证教学系统等软件，建立国际贸易实务实验室，开始实施“教师课堂理论讲授 + 学生上机模拟实践”并重的“1+1”新教学模式。

该模式最初实施的时候，由教师教授完课程全部理论知识后，学生集中最后的几周进行上机模拟交易操作。但实施一个学期后发现，由于理论讲授与上机操作相隔时间较久，学生前面的理论知识有些已经忘得差不多，每次上机课上都要先花一些时间把理论知识复习一遍，然后再加上上机操作的一些讲解，上机课的时间就已经过去大半，能够留给学生自我操作的时间已不多。有学生提议能否布置了任务让他们回宿舍自己继续完成。但这种建议并不可行，因为这些软件都是部署在实验室的局域网上，是不能在整个校园网内运行的，所以任何的操作都只能在实验室内完成。因此学生需在实验室内完成整个贸易流程的时间就变得非常紧张。

为了改变第一次的状况，在第二次实施时做了两个改变：首先，理论课时与操作课时交替进行。每讲授完一部分的知识，就安排进行上机操作，避免时间太久导致知识的遗忘。其次，在每次布置当次操作任务时，增加课后的复习与预习的环节，加强学生对知识的熟悉与掌握程度。为适应理论与操作的交替模式，教师在安排课程的操作环节时，按照国际贸易流程划分出不同的环节，针对每一个环节设计一个操作任务，前一个环节完成后开始下一个环节。在整套流程过一遍之后，最后的几次上机再进行一次整体演练。开始时是全部学生一起分别扮演供货商、出口商和进口商三个角色，相互之间进行交易。但由于刚开始还不熟悉，有个别学生进度慢了，与他搭档的另一个学生的进度也被拖累。后来改变为在分环节操作时，在学生个人扮演的这三个角色之间进行交易操作，让学生初步熟悉贸易流程；接着在整体演练时，全班学生所扮演的这三个角色相互间进行谈判交易。这样，学生在前期的个人模拟基础上再与他人交易，熟练度就有了明显的提升。通过这种方式，既让学生熟悉了贸易环节，又锻炼了学生与人竞争又合作的能力。

这种角色扮演和任务驱动的方式获得了学生的普遍好评，极大地提高了学生的自学和自我解决问题的能力。绝大多数学生的学习兴趣被激发起来，上课的积极性非常高。有的学生在课程安排的学时里没能及时完成任务，不需要授课教师督促，就会在课后自动延长时间，继续待在实验室里补做。因为他们知道，国际贸易的各个环节是环环相扣的，如果前一个环节没有完成，后面的进度全部会被拖慢，积累起来甚至最后没法完成一笔交易。特别是在合作交易时，一个人的效率将会影响整个交易小组的效率，所以即使在个人交易时有人会拖拉，在合作交易时基本上也不敢怠慢了。

（二）变单一的“1+1”为“主课 + 辅课”的“‘1+1’plus”模式

第二次改革是在2010年。在“教师理论讲授 + 学生模拟实践”模式的实施过程中，较多学生反映课时太少，上课进度特别是上机操作的进度太紧张。虽然不断压缩理论课时增加操作课时，布置的交易任务也越减越少，但个别学生还是负担过重，常常要花很多的课后时间进行补做。于是2010年开始，在《国际贸易实务》主课程之外，另外安排了一门纯操作的辅助课程《国际贸易实务综合模拟实训》，形成“主课 + 辅课”的“‘1+1’plus”模式。

该模式在主课程学习时仍采用“教师课堂理论讲授 + 学生上机模拟实践”方式，但在学生模拟操作环节上，不再进行全体学生间的谈判交易，仅训练学生扮演的三个角色间分解环节的自我交易（具体课时及任务安排详见表6-7，附录A和附录B）。每个环节结束要完成一份实习报告，并加强学生的课后复习与预习，巩固碎片化的知识。而辅助课程则集中训练全体学生间的相互交易，并由最初的单个学生两两交易方式，逐步尝试几个学生间自由组合进行组建公司，形成由公司与公司之间进行交易的模式（具体安排详见附录C）。在实施过程中，还对主课程实践操作时由于课时紧张而无法接触到的贸易术语和结算方式进行训练，并分派学生对进出口银行业务进行人工模拟，而不是由系统的自动银行来处理业务，让学生体验到银行在国际贸易业务中的角色特征和所起的重要作用。

为了让学生有身临其境的感觉，还要求他们每个公司内部要分职业角色开展工作，包括总经理（负责人）、业务员、单证员、跟单员等，由于银行业务较为单一，则直接由负责人与职员两类人员构成。不同职业角色的工作任务不同，由总经理实施任务的统筹分配和开展日常的管理工作。此外，公司设置有Logo、章程、考勤制度等，上机的时间就是模拟公司的上班时间，需要进行打卡签到，迟到早退都需向经理报备。为了监督学生们的进度，要求各组一个月上交一次考勤情况和工作进展，并进行组员间的工作评价。课程全部结束后提交一份总结报告，分析对模拟实践的掌握情况、自身的优势与不足及课程的改进建议等。这些报告的分析与建议给该课程的改革提供了宝贵的参考。

“‘1+1’plus”模式的采用大大增加了学生自主操作的时间，减轻了进度的紧张程度。在后期的实施过程中还配合公司间的Logo设计、商务谈判和制单业务等多种形式的竞赛项目，不仅激发了学生兴趣，还开发了学生除专业的业务知识外的某些潜能，发现了一批设计、谈判能手。

表6–7 《国际贸易实务》课程教学内容与学时安排

周次	教学内容	教学方式	计划时数
1	第1章绪论 实习：交易前的准备	讲授、上机	4
2	第2章价格核算	讲授	5
3	实习：交易商品的价格核算	上机	4
4	第3章进出口贸易合同的商订	讲授	3
5	实习：进出口交易磋商	上机、竞赛	5
6	第4章进出口贸易标的	讲授、展示	3
7	实习：国内交易磋商	上机	2
8	第5章国际货物运输	讲授、案例	6
9	实习：进出口合同的商订	上机	3
10	第6章国际货运保险	讲授、竞赛	5
11	实习：租船订舱与保险	上机	4
12	第7章国际贸易货款的结算	讲授、讨论	6
13	第8章商品检验与报关 实习：出口报检与报关，装船出运	讲授、上机	3
14	实习：国际贸易货款结算	上机	3
15	索赔、不可抗力、仲裁 实习：进出口合同的履行	讲授、上机	4
16	总复习	竞赛	4
		合计	64

《国际贸易实务》学生上机模拟操作任务具体安排

第1次

1. 教师总体讲解。

2. 实习内容：学生上机熟悉界面。

3. 后续知识准备：了解并熟悉贸易流程。

第2次

1. 本次实习所需知识与技能要求：

熟悉界面内容，能够进行熟练操作；了解在线帮助中可获得的信息。

2. 实习内容：

(1) 补充完善欲注册公司的资料（公司名称、企业法人名称、电话、传真、邮政编码、公司地址、公司简介）。

要求：相关信息尽量与自身所在地相符合，进口商注意其国别。工厂用中文、出口商中英文皆要、进口商用英文。

(2) 为所注册的公司发布广告，并发布产品供、求信息。

3. 课外练习：

通过网络搜索，归纳总结出一份产品市场调查报告（现实中的，非模拟）。

国家为所模拟的进口商所在国；产品为所欲经营的产品（须模拟平台中有的，除男式开襟羊毛衫外）。

报告内容包括但不限于下述所提：

(1) 该国的地理位置、人口总数、气候特征；

(2) 该产品的需求特征；

(3) 该国该产品的主要进口来源地及其特征；

(4) 中国该产品的主要优势与劣势；

(5) 中国每年（最近5年）向该国出口该产品的贸易额及其所占的市场份额；

(6) 中国该产品的主要货源产地及其特征。

4. 后续知识准备：课后熟悉并掌握贸易流程。

第3次

1. 本次实习所需具备的知识与技能要求：

熟悉产品的相关资料，能够对模拟平台上的信息进行收集、整理与分析。

2. 实习内容：

(1) 完成之前未完成的任务。

(2) 了解所欲经营的产品特性及国际国内市场行情 (模拟平台上的，非现实中)。

3. 课后作业：

拟写一份所经营产品的出口销售计划书 (以此次在模拟平台中调查到的情况为基础)。

内容包括但不限于：国内及国际市场行情 (供货商、竞争者)、我方优劣势、出口计划。

第 4 次

1. 本次实习所需具备的知识与技能要求：

进一步熟悉产品相关特性，区分不同产品的贸易要求。

2. 实习内容：

在实习平台上查找产品的相关信息，将“产品信息表”填写完整。

产品类别要求：

(1) 所选择的主营产品；

(2) 男式开襟羊毛衫。

3. 后续知识准备：

了解并掌握商品的价格构成和各项目的计算方法，以及主要贸易术语之间的换算方法。

第 5、6 次

1. 本次实习所需具备的知识与技能要求：

熟悉商品的价格构成和各项目的计算方法，以及主要贸易术语之间的换算，能够进行出口产品的价格核算。

2. 实习内容：

按要求将“预算表”(工厂、出口商，教师自制的 word 表格，非系统中的) 填写完整 (需附上计算过程。计算过程中的数字至少保留六位小数，最终结果保留两位小数)。

相关要求如下：

产品品名：男式开襟羊毛衫

交易国家：Nigeria（港口：LAGOS）

装箱要求：一个40′ 集装箱

贸易术语：CFR

结算方式：T/T

保险：ALLRISKS. WARRISKS. STRIKE

3. 后续知识准备：了解T/T及L/C结算方式的具体流程。

4. 可获得的帮助：实习平台的在线帮助，教材知识与课堂笔记。

第7次

1. 本次实习所需具备的知识与技能要求：掌握商品的价格计算方法，能够进行进口产品的价格核算。

2. 实习内容：

(1) 按要求将“预算表”(进口商) 填写完整。

(2) 在前次出口商的报价基础上进行，其他要求同前。

3. 后续知识准备：

(1) 复习并掌握进出口贸易流程。

(2) 了解交易磋商的环节、合同各条款的构成内容。

第8次

1. 本次实习所需具备的知识与技能要求：完全掌握商品的价格计算方法，能够熟练进行贸易产品的价格核算。

2. 实习内容：模拟自我扮演的三个角色间的产品预算，并对到此阶段的实习情况进行小结（不少于500字）。

3. 后续知识准备：了解并掌握交易磋商的技巧及磋商信函的规范写法（英文）。

第9次

1. 本次实习所需具备的知识与技能要求：熟悉和掌握交易磋商的四个环节、谈判技巧及磋商信函的内容与规范写法，能够熟练地进行进出口交易磋商。

2. 实习内容：所模拟的进、出口商间相互进行交易磋商。（请使用英文。

通过实习平台收发邮件，主题明确；要求四个环节都有所涉及，且有多次还盘并不要仅局限于价格的磋商。发盘与接受要有效）。

3. 后续知识准备：

(1) 再次熟悉并掌握进出口贸易流程，特别是履约阶段的详细过程。

(2) 了解合同的各项条款（格式与内容）。

第10次

1. 本次实习所需具备的知识与技能要求：熟悉并掌握合同的各项条款特征及其构成内容，能够独立完成进出口合同的签订。

2. 实习内容：进出口商按之前交易磋商所达成的意向订立合同，注意先添加预算表并填写（课后提交所写的磋商信函，并附上合同和预算表，各部分内容进行截图）。

文档正文内容要求（注意排版美观）：

(1) 询盘函（邮件头需一起截）

(2) 发盘函（按第一次发盘截图）

(3) 还盘函（有多次还盘请按顺序编号）

(4) 接收函

(5) 合同

(6) 预算表

3. 后续知识准备：

(1) 了解并熟悉运输手续的办理流程，掌握相关知识；

(2) 掌握国内履约阶段的详细过程。

第11次

1. 本次实习所需具备的知识与技能要求：熟悉并掌握国内合同的条款内容及履约过程，能够独立完成国内合同的签订与履行。

2. 实习内容：各角色间进行履约，出口商与工厂之间完成国内采购流程（双方需经历交易磋商并订立合同，具体流程查看在线帮助）。

3. 后续知识准备：

(1) 继续了解并熟悉运输手续的办理流程，掌握相关知识；

(2) 了解我国的进出口核销制度、L/C结算方式的具体流程及单证内容；

(3) 了解并熟悉保险手续的办理流程，掌握相关知识。

第 12 次

1. 本次实习所需具备的知识与技能要求：

(1) 了解并熟悉 L/C 结算的具体流程及单证内容。

(2) 掌握运输的办理流程及所需提交的单据与具体内容，能够独立完成国际货物运输的办理。

2. 实习内容：

(1) 学习填制相关单据 (如进口付汇核销单、信用证申请书、出运委托书、商业发票等，注意角色任务的区分)。

(2) 完成开证、审证及租船订舱手续。

3. 后续知识准备：

(1) 继续了解并熟悉保险手续的办理流程，掌握相关知识。

(2) 了解并熟悉报关报检的办理流程。

第 13 次

1. 本次实习所需具备的知识与技能要求：熟悉并掌握保险的办理流程及所需提交的单据与具体内容，能够独立完成国际货运保险的办理。

2. 实习内容：学习填制各相关单据，完成保险手续。

3. 后续知识准备：(1) 继续了解并熟悉报关报检的办理流程及所需的单据。(2) 了解并熟悉我国的进出口核销制度。

第 14 次

1. 本次实习所需具备的知识与技能要求：熟悉并掌握报关报检的办理流程及所需的单据与具体内容，能够独立完成报关报检业务的办理。

2. 实习内容：学习填制各相关单据，完成出口报关报检手续及货物出运手续。

3. 后续知识准备：了解国际贸易货款结算的方式及其相应的流程。

第 15 次

1. 本次实习所需具备的知识与技能要求：熟练掌握 L/C 货款结算的具体流程与要求，能够独立完成国际结算业务。

2. 实习内容：学习填制各相关单据，完成本交易的货款结算。

3. 后续知识准备：了解并掌握收、付汇流程及相关单据内容。

第16次

1. 本次实习所需具备的知识与技能要求：熟悉并掌握收、付汇流程及相关单据内容，能够独立完成进出口收付汇业务。

2. 实习内容：进出口双方分别完成各自的进出口结汇事宜，完成整个交易。

3. 课后作业：对本学期的实习情况进行总结（不少于1200字）。内容包括但不限于下述所提：

(1) 整个实习过程你所碰到的问题

(2) 实习的经验与教训

(3) 你的心得体会

(4) 实习安排建议

《国际贸易实务》课程竞赛安排

按照学生所参与团队的竞赛成绩，计算个人平时成绩。

1. 商务谈判赛：学生5人一组形成团队，竞赛内容包括组合公司的Logo设计、谈判场景设置、谈判方案制定、现场谈判等。

2. 制单能手赛：学生10人一组形成团队，先进行团队内电子制单选拔，每个团队派出3人进行现场手工制单。

3. 知识竞答赛：学生3人一组形成团队，5个团队形成一个小组。初赛时各小组中两两团队间进行PK，按综合成绩高低排名，排名第一的团队小组出线，参加决赛，最终决出前三名，分别给予一定的加分奖励。

《国际贸易实务综合模拟实训》课程安排

《国际贸易实务综合模拟实训》转变“教师教、学生学”的传统被动式教学模式为以任务驱动的“学生做、教师指导”的主动式学习模式，在仿真环境中体验学习，激发学生学习积极性，形成探究式、讨论式、沉浸式学习环境，培养创新思维；对接产业人才需求培养学生的就业能力与职业素养，打通产业需求与人才培养的衔接路径。具体课程安排为：

1～4周

地点：跨专业综合实训仿真实验室

事项：商业运营模拟

内容：将学生分成若干组，代表真实商业社会环境中的各类典型单位、部门或岗位，集中4周的时间在跨专业综合实训仿真实验室中对真实商业社会环境进行市场竞争性、对抗性系统模拟。让学生身临其境地进行实战，使他们认知和了解到企业内部经营管理、外围环境及其关系，体验企业经营的整体框架，熟悉不同职业岗位的工作环境、内容、过程和方式，训练学生从事经营管理所需的综合执行能力、决策能力和创新创业能力，增强其自身知识的综合运用和业务实操能力，提高综合职业素养。

5～16周

地点：国际贸易实务实验室

事项：外贸业务模拟

内容：在前几周对企业经营的整体认知和训练基础上，利用外贸实习平台、国际结算实验系统、外贸单证教学系统等构建几近真实的国际商务虚拟环境，让学生组建公司扮演进出口业务中的不同当事人，进行电子商务、外贸实务模拟演练。通过相互竞争和协作的角色扮演，学生将模拟出口商、进口商、供应商甚至银行的商业工作，从而了解和熟悉B2B电子商务流程，及物流、资金流和业务流的运作方式；熟练掌握各种与客户、供应商、银行及政府机构等的业务操作和互动技巧，真正将国际贸易知识运用到实处。

（三）变校内"'1+1' plus"为"校内专业教学＋校外创新创业实践"内外并举的"'1+1'^{2}"模式

实施"'1+1' plus"模式时，虽然校内有修习《国际贸易实务》的学生都可以参与相互间的模拟交易和竞赛项目，学生与人沟通交流、谈判的能力得到了一定程度的锻炼，但这些训练都基本局限于校内，与外界的接触太少。为解决这个问题，第三次课程改革自2011年开始由校内扩展到校外，引入校外创新创业实践，形成"校内专业教学＋校外创新创业实践"内外并举的"'1+1'^{2}"模式。

首先，对各类实验室资源进行整合，利用国际贸易实务实验室、礼仪实验室和跨专业综合实训仿真实验室等，将经管类各专业的实训融合在一起，以制造企业核心业务为主线，将制造企业内部各部门与企业外围机构有机联系起来。不仅拓展学生实践知识的宽度，还满足了专业综合实践教学的需要。

其次，为进一步响应国家创新创业号召，一方面鼓励学生参加各级各类竞赛和科研创新项目，达到一定成绩可进行课程加分；另一方面与地方企业合作，实施顶岗实习等联合培养方式增强学生实际动手能力。

在学生竞赛方面，主要有“POCIB 全国大学生外贸从业能力大赛”和“世格杯”全国大学生外贸跟单技能大赛。其中，POCIB 大赛以在线的方式对国际贸易业务进行仿真训练，能够极大地提高学生的外贸综合业务技能，至今已组织学生参加了四届。从竞赛的历程来看，这既是一次比赛，也是一次商务演练。有学生形容：“这是一场惊心动魄的竞赛，在比赛的日子里，每天的生活就好像在上演着真实的商业大战。”这场比赛对学生的意义不仅仅在于体验比赛的过程，更是考验自身的诚信和责任的过程。在竞赛中，学生们经历了跌宕起伏的情感过程，有时为交易对手的失信或交易的损失而低落感伤，有时则为一笔业务有了进展或获得了利润而欢欣鼓舞。通过这种全国性的竞赛，不仅加深了校内学生之间的感情，大家更加团结友爱，形成了牢固的团队凝聚力，还结交到了许多志同道合的外校朋友，扩大了交际圈。这种全国性的比赛将外贸企业的岗位培训和学校的实践教学环节融为一体，带给学生们的不仅是专业知识的巩固，更是生活、工作技能的提升，为创新创业能力的培养奠定了基础。

在校企合作方面，由于信息技术的快速发展推动了国际贸易不断走向信息化，电子商务蓬勃兴起。因此，除了集中几周的时间派遣学生进驻企业，进行传统外贸业务方面的训练外，为提高学生开展跨境电子商务业务操作的能力，课程通过学院的电子商务研究中心，引入企业导师共同参与课程部分课时的授课。同时，与祥兴电子商务创业孵化基地、福建省永鑫龙达贸易有限公司等就跨境电商应用和培训进行合作。组建学生团队在速卖通、WISH 等平台开展跨境电商运营实操。按团队业绩折算成课程成绩，甚至进行学分置换。

由此校内外并举的“‘1+1’^{2}”模式在不断地改进中一直延续到了现在。这种方式虽然扩大了学生的交流面，也在一定程度上锻炼了他们的创新创业能力，但校外创新创业实践仍较为单一化和碎片化，没有形成体系。学生理论知识的教学课时仍占用了较多的学习时间，同时创业前没能进行系统的创新创业训练，依赖性过强、独立思考能力相对欠缺，这些都将成为新阶段课程改革的切入点。

三、新阶段课程改革目标与内容设计

地方普通本科转型趋势、全国创新创业热潮，以及 MOOC、SPOC 等新型教学方式的兴起，福清分校已向应用技术型高校改革全面迈进，伴随着专业改革，课程改革也进入了新阶段。

（一）建设目标

在新阶段，课程将以“优化基础知识、注重综合素质、强化技能训练、突出专业能力”作为指导思想，紧密结合外贸行业、企业和地域需要，根据市场的变化灵活进行动态调整，通过“学做双效”的方式，引入 MOOC、SPOC 等新型教学方式，将“互联网 +”创新创业融入《国际贸易实务》课程的专业教育过程中，推动专业教育与创新创业教育的有效融合。培养适应经济社会发展需要的能在涉外企业单位从事外贸跟单、单证制作、报关报检、国际货代等岗位工作，具有较强创新精神、创业能力和良好职业道德的技能型、创新创业型高端国贸人才。

（二）改革内容

（1）建立教学网站，实现教学资源与课程资料的共享。以基于线上学习和线下实战相结合的方式，打造翻转课堂式的教育和国际商务运营的实战体系。以动漫、教师讲解、案例、仿真模拟、情景逼近式等教学方式，启发学生独立思考，鼓励学生主动实践，激发学生的专业热情和创新意识，培养学生的自主学习和实践创新能力。

（2）在整体课程体系指导下，充分采用案例和实景式教学模式，案例和实景直接来自国际经贸实践活动。基础知识点通过 MOOC 等形成由学生课下独自完成，课堂上通过案例分析、分组竞赛等，加深学生对理论知识的理解，帮助学生提高对有关知识的融会贯通和灵活运用的能力。

（3）进一步整合校内各种教学资源，强化对学生实操技能的训练，在加强实习基地和实验室建设的基础上，利用计算机技术搭建“国际贸易实务实习平台”，采用校内实习与校外实践相结合、校内导师讲授与校外导师创业指导相结合的方式，建立新型的专业实践教学与创新创业教育课程体系。

（4）建立与实践教学模式相对应的考核体系。考核内容除考察理论应用能力外，突出基本技能的测试，实施过程控制。考核形式根据课程特点，采用知识点分解笔试、模拟操作、校内外竞赛、创业实战等多维考评方式，加强学习过程评价。

(三) 创新点

将国际贸易知识技能的培养放置于“互联网 +”的新场景中，并紧密结合福清分校“建设特色鲜明的应用技术大学”的办学理念，通过新平台的搭建、新方法的打造、新体系的构建，利用软件平台集群，采用增量迭代的“螺旋式人才培养模型”创新性地对《国际贸易实务》的课程建设进行尝试性的探索和研究，并构建多元化的能力评价机制，扩展和提升学生的专业知识与创新创业能力。

四、实施方案

《国际贸易实务》课程教学突出职业能力培养，以相关职业资格证书的所要求的能力为基础，构建应用性和实践性为基本特点，实施课程体系改革。通过“学做双效”的方式，构建在线学习视频、专家资源库，并对接网络创新创业教育和培训平台、企业实训平台，将创新创业教学的内容有机结合到专业教学实践中，强化知识训练、突出专业能力、增强实操技能。

(一) 构建主动式学习支撑平台

整合校内校外资源，搭建“校企相融、教学做评一体”的开放性、综合性教学平台。

1. 校内平台支撑

利用国际贸易实务实验室和跨专业综合模拟仿真实验室，以及校内精品资源共享课等公开资源，构建校内数字化、多元化、开放式的网络教学资源平台。

(1) 利用校内实验室资源，加大模拟业务操作训练，使学生综合业务水平不断提高。

(2) 利用精品资源共享课，推行“MOOC+SPOC”教学模式，推动学生自主式学习。

2. 校外平台支撑

以合作模式对接实训基地、在线教育平台与运作管理系统，构建创新创业实习实训平台。

(1) 以实训基地为基础，建设外贸实习基地，广泛开展实践教学。

(2) 与行业协会合作，鼓励学生积极参与行业竞赛，搭建学生社会创新创业实践平台。

(3) 利用互联网资源，开展网上贸易实战训练和竞赛，增强学生专业应用能力与创新创业能力的结合。

(二) 建设创新创业导师库资源

为深化创新创业教育改革，推动专业与企、事业单位的全面对接与有机互动，邀请一批具有创业经验和社会责任感的成功企业家，及高校、其他事业和机关单位的知名专家，组建课程创新创业导师库。导师库包括指导专家委员会、课程建设和师资培训委员会、企业导师委员会三个专家团队。截至目前，共聘请14位行业资深专家和企业高管作为校外导师。其中，福建自贸区平潭片区自贸办主任陈道金、福建省对外经贸学会副会长陈志贤、祥兴集团总裁薛行远、厦门艾吉斯手套有限公司总经理詹建辉和华林国际电商城（莆田）有限公司总经理林金星等5位被聘为客座教授。主要帮助学生树立创新创业理念，指导课程建设和学生创新创业类竞赛、创新创业训练计划项目以及创业实践等，提升学生的创新创业能力，提高创业率。

(三) 推行“MOOC+SPOC”教学模式

现代信息技术特别是国际互联网的发展，为教学提供了一个新的平台。课程充分利用网络资源，采用MOOC和SPOC等新形式的多元化教学手段，实施“课堂 + 在线、校内 + 校外”混合式的翻转课堂教学（详见图6-5）。教师在教学过程中作为课程的参与者而非整体的控制者出现，将传统的“以教师为中心”的教学模式转变为教师引导、学生积极参与，除课堂讨论与答疑外，还可通过网上互动时刻保持联系，形成师生之间良性互动的“以学生为中心”的主动式学习模式，使学生在学习上获得极大的自由度，培养了学生独立学习的意识和能力。

在1～9周采用“传统课堂 + 线上课堂”模式进行教学。首先，让学生通过合作方的在线课程平台或在线精品视频公开课、精品资源共享课等学习资源，进行自主课外学习。其次，教师定期组织学生进行课堂答疑或讨论。通过这种方式，教师可以从冗繁的知识讲解中脱身，花更多的精力对学生的学习状态进行把控。同时，课程的理论课时就可进行极大压缩，而相应扩展实践课时，提高动手能力。

在理论知识学习结束后组织专题性的课程竞赛（9 ~ 11 周），既可检验学生知识的掌握程度，又可培养他们的表达能力与团队合作精神。并引入企业导师参与创新创业授课，同时融合水木创成网络科技有限公司的创 e+ 大学生创业服务平台、学堂在线等慕课平台资源，激发学生学习兴趣，提升创新创业能力。

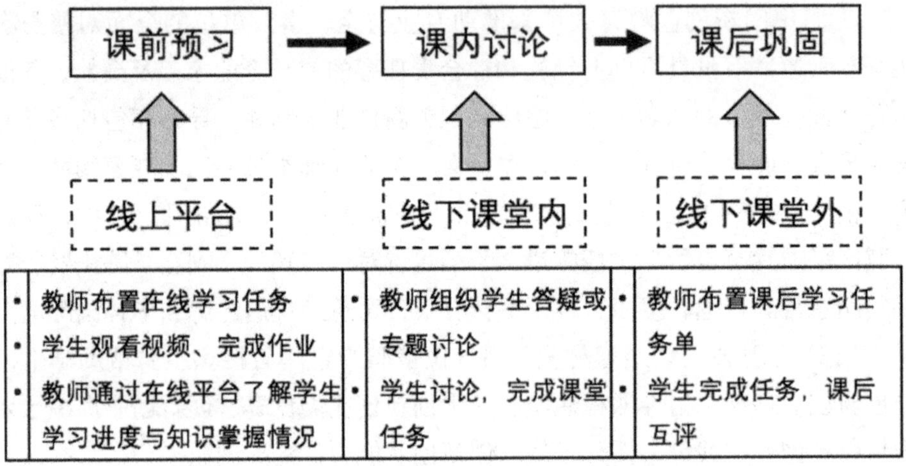

图 6–5 《国际贸易实务》"MOOC+SPOC" 翻转课堂教学

（四）架构模块化课程体系

除校内教师引导外，与创业培训企业合作，引入服务外包教学模块，并打破将教学固定在课堂上的模式，采取"MOOC 自主学习 +SPOC 教师引导"方式。在个人学习基础上，组建"模拟公司"，对学生所要从事的专业外贸岗位环境进行实景仿真模拟，把专业理论训练和职业技能培养紧密结合起来，形成和完善模块化课程体系（详见表 6–8）。

在课程建设中不断完善教学资源，包括在线资源和自建资源。其中，自建资源包括学习视频、案例库等。在校内课程教师讲授的基础上，组织省内知名教授和外贸企业专家对课程内容进行拓展，并以多样化的形式进行呈现，如动漫、情景剧、活动实录剪辑、项目发布会等。

表 6-8《国际贸易实务》课程体系架构

周次	课程内容	教学方式	计划时数
1～9	1. MOOC 学习	自学	小计 16
1～9	2. 专业基础学习	校内教学	小计 18
1	2.1 国际市场开拓要点	讨论、案例	2
3	2.2 贸易术语与价格核算	答疑、上机	4
5	2.3 交易磋商与订约要点	讨论、上机	4
8	2.4 合同履行要点	答疑、讨论	6
9	2.5 跨境电商要点	讨论	2
9～11	3. 课程竞赛训练	校内竞赛	小计 10
9	3.1 商务谈判赛	竞赛	3
10	3.2 制单能手赛	上机、竞赛	3
11	3.3 知识竞答赛	竞赛	4
12～13	4. 创业教育学习	企业导师	小计 6
12	4.1 创业基础		1
12	4.2 创业素养与职业素养培养		2
13	4.3 企业成长管理与商业策略		2
13	4.4 创业法律法规		1
13、16	5. 创业实践训练	企业导师	小计 14
13	5.1 创业指导		1
14	5.2 国际贸易创业模拟		4
15、16	5.3 创业实战		7
16	5.4 常见问题	专家指导	2
		合计	64

注：①1～9周为奠定专业知识的基础阶段，为后续的课程创新创业起到至关重要的引领作用，因此课时安排较多。以学生自我“MOOC 学习”环节与校内教师指导的“专业基础学习”环节交替进行的方式推进课程。

② 12～13周的企业导师“创业教育学习”环节也将配合网络资源进行课外的学生自我“MOOC学习”，因此课时安排较少。

(五) 实施多元化考评方式

为全面提高国贸专业应用型创新创业人才的培养质量，实施了学习效果考核评价方式的改革，加大课程成绩或学分置换的范围。

1. 多元的考评方式

学习效果考评方式的改革具体体现在：

(1) 考评多元化：改变以笔试成绩作为考核学习效果的唯一方式。制定学生自主个性化学习，考核标准，结合学科竞赛、论文发表、创新创业活动等项目计算每个学生的学分，以更加全面综合地对学生的学习效果进行考评。

(2) 考评实时化：采用学生座谈会、问卷调查等形式，实时了解学生学习效果进行过程控制，并辅以学校现有的教师评测系统，结合每学期组织的教学团队研讨例会制度，不断调整和完善课程内容和教学方法，提高学生的学习效果。此外，以智慧校园建设为契机，通过在线考试系统、论文管理系统、在线学习系统等实时化的信息平台，探索新的学习效果考评方式和教学质量管理手段。

(3) 考评社会化：利用与外贸企业关系密切的优势，积极为学生联系企业实习实践的机会，并建立学校、用人单位和行业部门共同参与的学生实习考核评价机制。开展教学效果跟踪调查，提高学生知识、技能掌握程度。

2. 多情形的学分置换形式

为鼓励学生的创新创业，建立创新创业激励机制，实施弹性创新创业学分抵扣制度。放宽创新创业成绩占比上限，并允许学生以创新创业学分抵扣理论教学学分。通过认定可进行课程成绩或学分置换的主要有以下情形(包括但不限于)：

(1) 获得相应技能的证书，包括外贸业务员、外贸单证员、外贸跟单员、POCIB国际贸易从业技能、电子商务员、阿里巴巴跨境电商人才认证及其他经学院认可的同类证书。

(2) 主持省级以上创新创业课题项目，或参加教师科研项目，其个人撰写内容达5000字以上。课题方向需与《国际贸易实务》课程相关。

（3）在省级以上刊物正刊发表论文（主题与《国际贸易实务》课程相关），排名第二以上，其个人撰写内容达 40% 以上。

（4）参加校教务处认定的 B2 类以上竞赛及“挑战杯”大赛，获得省级以上三等奖，排名第二以上。

（5）自主创业，累计纯利润额达 1000 元以上；团队业绩按人头平均，或协商决定份额。

后 记

伴随着高等教育大众化与中国经济进入新常态，高等学校人才供给与社会发展人才需求关系的结构性矛盾愈加突出。要适应经济结构调整、产业升级和创新驱动发展的要求，普通本科高等学校亟需向应用技术类型高校转型。高校转型人才培养是关键，如何利用新兴的信息科学技术，提高学生创新素质、开发创新创业潜能，培养一批创新创业应用型人才，是普通本科高校的重要任务之一。

经济与贸易类专业在前期中国经济大繁荣时期有了蓬勃发展，但现今经济增速放缓、对外贸易下滑，社会人才需求对学生的创新意识和创业能力要求日益提高，要增强人才培养与区域经济社会的契合度，就需要对应用型本科高校的教育教学改革进行研究，进而对经贸类人才培养的路径和方式进行探索。

值得欣慰的是，随着国家教育改革的深入实施，高校教师的角色在悄悄变化，学生的主体地位慢慢凸显，MOOC、SPOC 等新教学模式得到了广泛的应用。特别是经济与贸易类专业近些年的教学改革也取得了巨大的进展，有了很大的收获。笔者即是在此种新形势下，通过多年教学实践与科研的积累写就了本书。在书中，不仅概括了中国教育改革的进程，也较为详细地说明了高校教育改革的手段和途径，并加入了大量当前高校教育改革特别是经济与贸易类专业教学改革的实例。百年育人是一个不断前进的过程，教师作为教学的引导者，在这个过程中必须做到其教学观念和教学方式与时俱进，时刻为之加入先进的技术、优秀的思想和新鲜的血液。

笔者希望，看到本书的人都能够对中国教育领域的教学改革有一些了解，也与我一同关注经济与贸易类专业的改革进展。

让我们共同期待着中国的教育事业蒸蒸日上，让中国的高等学府为社会输送更多更加优秀的创新创业型经贸人才。

参考文献

[1] 徐岩 . 理工科大学学生综合素质评价体系研究 [J]. 电子科技大学学报 ,2016,(12).
[2] 王燕 . 基于国际贸易专业的双语教学探讨 [J]. 科教文汇 ,2015,(01).
[3] 刘丽 . 关于国际经济与贸易专业实践教学环节设置的思考 [J]. 长春金融高等专科学校学报 , 2010,(01).
[4] 王芳 . 国际经济与贸易专业应用型人才培养模式探索 [J]. 吉林工程技术师范学院学报 , 2010,(03).
[5] 许海清 . 改进国际经济与贸易专业实践性教学的思考 [J]. 内蒙古财经学院学报 (综合版),2010, (02).
[6] 张应强 . 高等教育全面深化改革需要对高等教育改革进行改革 [J]. 中国高教研究 ,2014,(10).
[7] 褚宏启 . 论教育发展方式的转变 [J]. 教育研究 ,2011,(10).
[8] 宋莹 . 教育改革视域下的教师专业发展 [J]. 黑龙江教育学院学报 , 2016,(08).
[9] 查有梁 . 论教育改革的限制性原理 [J]. 教育科学研究 , 2013,(04).
[10] 詹萍 . 网络环境下的高校学生管理工作存在的问题及对策研究 [D]. 东南大学 ,2015.
[11] 王燕芳 . 多元视阈下的高校学生事务管理 [M]. 广州中山大学出版社 ,2013.
[12] 杨元元 .MOOC 时代的教学模式革新 [J]. 大学教育 ,2014,(07).
[13] 张昱照 . “理论——实践一体化” 教学模式研究 [J]. 中国现代教育装备 ,2015,(20).
[14] 罗九同 . 混合学习视角下 MOOC 的创新研究 :SPOC 案例分析 [J]. 现代教育技术 ,2014,(07).

[15] 王朋娇 . 基于 SPOC 的翻转课堂教学设计模式在开放大学中的应用研究 [J]. 中国电化教育 ,2015,(12).

[16] 邱磊 . 从“翻转课堂”看耗散时代的教育环境与崇拜 [J]. 教师教育论坛 ,2015,(12).

[17] 王现丽 . 应用型本科高校教学改革初探 [J]. 山东化工 , 2016,(10).

[18] 庞辉 . 国际经济与贸易专业实践教学改革研究 [J]. 商报 ,2015,(04).

[19] 仝晗笑 . 方法论视角下大学教学改革探究 [J]. 当代教育实践与教学研究 ,2015,(09).

[20] 雷朝滋 .2016 年度全国创新创业 50 所典型经验高校经验汇编 [M]. 北京 : 北京航空航天大学出版社 ,2017,(02).

[21] 王涛 , 顾新 . 创新与创业管理 [M]. 北京 : 清华大学出版社 ,2017,(01).

[22] 刘海春 , 谢秀兰 . 中外创新创业教育理论与实践 [M]. 广东 : 广东高等教育出版社 ,2016,(09).

[23] 孙洪义 . 创新创业基础 [M]. 北京 : 机械工业出版社 ,2016,(08).

[24] “本科院校整体转型发展改革试点”西昌学院项目组 . 高校应用型转型发展的探索与实践 [M]. 北京 : 北京理工大学出版社 ,2016,(08).

[25] 王勇 . 翻转课堂的理论与实践 – 基于应用型本科人才培养的探索 [M]. 浙江 : 浙江大学出版社 ,2016,(06).

[26] [美] 克里斯 · 安德森 . 创客 : 新工业革命 (第二版)[M]. 北京 : 中信出版社 ,2015,(07).

[27] 国家级大学生创新创业训练计划专家工作组 . 国家级大学生创新创业训练计划工作手册 [M]. 南京 : 东南大学出版社 ,2013,(06).

[28] 章剑林 , 张佐 , 吴泠 . 创新创业型电子商务人才培养的探索与实践 [C]. 北京 : 清华大学出版社 ,2013,(05).

[29] 蔡洪滨 . 创新创业与经济转型 [M]. 北京 : 北京大学出版社 ,2013,(02).

[30] 潘琰 . 应用型本科人才培养的探索与实践 [M]. 厦门 : 厦门大学出版社 ,2013.

[31] 王占仁 .“广谱式”创新创业教育导论 [M]. 北京 : 人民出版社 ,2012,(12).

[32] 高志宏，刘艳．创新创业教育的理论与实践 [M]. 南京：东南大学出版社，2012,(12).

[33] 刘焕阳．地方高校应用型人才培养改革的探索与实践 [M]. 山东：山东大学出版社，2012,(08).

[34] 于干千．应用型本科教学改革探索 [M]. 昆明：云南科技出版社，2012.

[35] 侯文华．大学生创新创业教育教程 [M]. 北京：科学出版社，2012,(01).

[36] 郑英，陈慧琴，朱罕非．应用型本科院校多元化实践教学体系构建与实践 [J]. 中国校外教育，2017,(03):1–5.

[37] 刘子煊．全球经济新形势下国际贸易理论教学改革初探 [J]. 当代教育实践与教学研究，2017,(02):1–3.

[38] 陈奇．《国际贸易实务》课程教学改革研究——基于专业能力和核心素养辩证关系的视角 [J]. 市场论坛，2016,(11):91–93.

[39] 詹浩勇，冯金丽．我国地方本科院校国际经贸类应用型人才创新创业能力实训体系构建 [J]. 对外经贸，2016,(05):131–134.

[40] 梁丽萍．基于“互联网 +”思维的国际经济与贸易专业创新性改革研究 [J]. 山东农业工程学院学报，2016,(05):51–53.

[41] 赵静敏，郑凌霄．《国际贸易实务》“翻转课堂”教学模式改革与实践 [J]. 邢台学院学报，2016,(04).157–160.

[42] 梁丽萍，陈晓琴．融创新创业与专业教育为一体的应用型人才培养模式改革——以国际经济与贸易专业为例 [J]. 赤峰学院学报 (自然科学版),2015,(20):223–224.

[43] 高金城．关于应用型本科商贸类专业加强创新创业教育的研究 [J]. 中国市场，2015,(19):208–210.

[44] 胡伟辉．国际经济与贸易专业实践教学改革探讨——以重庆工商大学为例 [J]. 经济研究导刊，2015,(15):216–218.

[45] 席岩．基于职业能力培养的国际经济与贸易专业实践教学改革研究与实践——以山东青年政治学院为例 [J]. 高教学刊，2015,(18):222–224+226.

[46] 张恩韶，李清晨．新建应用型本科院校大学生创新创业教育的实

践与探索 [J]. 山东青年政治学院学报 ,2015,(02):73–77.

[47] 鞠志宇 , 陈新华 , 贾晓红 . 应用型本科高校创新创业教育课程体系的构建 [J]. 创新与创业教育 ,2015,(01):74–76.

[48] 丁波 , 郗婷婷 . 基于应用型本科院校视角构建创新创业课程与专业课程融合体系 [J]. 黑龙江教育学院学报 ,2014,(03)39–41.

[49] 吴中江 , 黄成亮 . 应用型人才内涵及应用型本科人才培养 [J]. 高等工程教育研究 ,2014,(02):66–70.

[50] 翁玮 . 国际经济与贸易专业实践教学改革 [J]. 学术探索 ,2013,(10):153–156.

[51] 杨娜 . 应用型本科高校市场营销专业实践教学体系的改革与实践——以辽宁对外经贸学院市场营销专业建设为例 [J]. 黑龙江教育 (高教研究与评估),2013,(10):61–63.

[52] 张颖 . 国际贸易实务课程实践教学应用研究 [J]. 对外经贸 ,2013,(06):140–142.

[53] 张晓明 , 刘文广 , 吉庆彬 , 等 . 国际贸易实务课综合性教学解决方案的研究与实践 [J]. 中国大学教学 ,2013,(04):65–67.

[54] 陈小虎 , 杨祥 . 新型应用型本科院校发展的 14 个基本问题 [J]. 中国大学教学 ,2013,(01):17–22.

[55] 陈新民 . 应用型本科的课程改革 : 培养目标、课程体系与教学方法 [J]. 中国大学教学 ,2011,(07):27–30.

[56] 袁兴国 . 应用型本科院校创新创业人才的培养模式 [J]. 江苏社会科学 ,2011,(S1):20–23.

[57] 胡际莲 . 应用型本科国际经贸专业的综合实践教学改革 [J]. 中国成人教育 ,2009,(21):162–163.

[58] 潘懋元 , 车如山 . 略论应用型本科院校的定位 [J]. 高等教育研究 ,2009,(05):35–38.